Alles Mythos!

20 populäre Irrtümer über die Germanen

Thomas Brock

Alles Mythos!

20 populäre Irrtümer über die Germanen

THEISS

Die Deutsche Nationalbibliothek verzeichnet diese Publikation in der Deutschen Nationalbibliografie; detaillierte bibliografische Daten sind im Internet über http://dnb.d-nb.de abrufbar.

Der Konrad Theiss Verlag ist ein Imprint der WBG.

Die Herausgabe des Werkes wurde durch die Vereinsmitglieder der WBG ermöglicht.
Lektorat: Raul Jordan, Hamburg
Satz: Satzpunkt Ursula Ewert GmbH, Bayreuth
Einbandabbildung: © abg-images; nmann77/fotolia.com
Einbandgestaltung: Stefan Schmid Design, Stuttgart
Gedruckt auf säurefreiem und alterungsbeständigem Papier
Printed in Germany

Besuchen Sie uns im Internet: www.wbg-wissenverbindet.de

ISBN 978-3-8062-2844-1

Elektronisch sind folgende Ausgaben erhältlich:
eBook (PDF): 978-3-8062-2925-7
eBook (epub): 978-3-8062-2926-4

Inhalt

Die Germanen – Zwischen Mythos und Wirklichkeit

Als wild und unzivilisiert, roh und bestialisch beschrieben schon die antiken Historiker vor rund zweitausend Jahren die Germanen. Dass diese Klischees bis in die Gegenwart fortleben, liegt vor allem auch daran, dass die Germanen ihre Geschichte selbst nicht aufgeschrieben haben. Stattdessen berichteten über sie nur einige wenige römische und griechische Schriftsteller. Für die waren andere und fremde Völker sowieso Barbaren, die sich in Felle kleiden, auf dem Erdboden schlafen und den Wein unverdünnt trinken. Sie blickten auf die Germanen durch die Brille von Eroberern, überhöhten und spitzten zu und stellten den Feind als besonders gefährlich dar, um die Siege der eigenen Feldherren umso bedeutender und die Verluste umso unvermeidbarer erscheinen zu lassen. Der römische Schriftsteller Plutarch etwa stellte die Kimbern und Teutonen, die am Ende des zweiten Jahrhunderts v. Chr. über 5000 Kilometer durch Europa gezogen waren, als besonders roh und wild dar – so wirkten die Taten des Heerführers Marius umso größer. Der römische Feldherr Gaius Julius Caesar betonte die Aggressivität der Germanen – um so seinen Gallienfeldzug zu begründen. So ist vieles von dem, was in den römischen Geschichten, Kaiserchroniken und Feldzugberichten über dieses Volk geschrieben steht, zweifelhaft. Vor allem Caesar begründete mit seinem umfassenden „Bericht über den gallischen Krieg" maßgeblich das Klischee der wilden Barbaren. Der römische Geschichtsschreiber Publius Cornelius Tacitus griff später vieles davon wieder auf. Die Klischees und Irrtümer, die sich schon in der

Antike gefestigt hatten, werden in den ersten sechs Kapiteln dieses Buches dargestellt.

Rein und unvermischt, Urväter deutscher Nation, von überlegener Rasse – diese Klischees entwickelten sich um 1500 durch deutsche und italienische Humanisten und in der um 1800 aufkommenden deutschen Nationalbewegung. Sie mündeten schließlich in dem Versuch, eine jahrtausendealte, rassische Überlegenheit der „Deutschen" zu konstruieren. Doch auch hier liegen die Ursprünge Jahrhunderte zuvor in der Antike vor allem bei dem römischen Autor Publius Cornelius Tacitus. Er hatte in seiner kleinen Ethnographie „Germania" um 100 n. Chr. die Germanen als sittliches Gegenbild zu dem – in seinen Augen – moralisch verkommenden Römischen Reich stilisiert und damit in weiten Teilen erstmals das Klischee vom Edlen Wilden geschaffen. Die Irrtümer, die sich daraus in der frühen Neuzeit und Moderne entwickelten, werden im zweiten und dritten Teil dieses Buches beschrieben.

Der rote Faden, der die einzelnen Kapitel dieses Buches miteinander verbindet, ist das Bild der Germanen, dessen Rezeption und Missbrauch von der Antike bis zur Gegenwart. Für dieses Thema gibt es einen Begriff: Es ist der Germanenmythos. Die vielen einzelne Irrtümer und Klischees über die Germanen bilden zusammen einen Gesamtmythos. Da Mythen sinnstiftende Erzählungen sind, die Ursprung und Herkunft von Personengruppen, Kulturen und Völkern ausdrücken sollen, ist der Germanenmythos ein deutscher Mythos im engsten Sinne des Begriffes. Er beruht auf einem historisch wahren Kern, der vereinfacht und durch zeitgenössisch gängige Schemata in Form gebracht wurde. Arminius vom germanischen Stamm der Cherusker etwa war so ein mythologischer Idealheld, der sogar weit über Deutschland hinausstrahlte, etwa als „Herman the German" im angelsächsischen Sprachraum. Noch bis in die jüngste Vergangenheit bedienten sich seiner die Medien. Zum Jahreswechsel 2008/2009 titelte etwa das Nachrichtenmagazin DER SPIEGEL: „Die Geburt der Deutschen. Vor 2000 Jahren: Als die Germanen das Römische Reich bezwangen". Der Hauptartikel ist überschrieben mit: „Feldherr aus dem Sumpf". „Wollte Hermann der Cherusker ein germanisches Ur-Reich schaffen? 2000 Jahre nach der Varusschlacht liefern Archäologen ein verblüffendes Bild. Der später zum Nationalhelden erhobene Heerführer war ein Machtpolitiker, der Rom weit mehr ins Wanken brachte als bislang gedacht." Mit diesen Sätzen bediente DER SPIEGEL wenigstens die folgenden sechs Irrtümer und Klischees, denn: 1. Deutsche gab es vor 2000 Jahren nicht, 2. Von einem germanischen Reich kann keine Rede sein, 3. Das Römische Reich bezwangen die Germanen nicht, 4. Hermann kam nicht aus dem Sumpf, 5. Hermann hieß nicht Hermann, sondern Arminius und 6. Das Römische Reich des ersten Jahrhunderts nach Christi Geburt wankte nicht wegen der Germanen. Nur eines stimmt: Arminius wurde später zum Nationalhelden erhobenen. Das war ab etwa 1500 der Fall und zeitigte ab 1933 verheerende Folgen.

Als die Schriften der römischen Autoren, allen voran die Germania des Tacitus, im 15. und 16. Jahrhundert wiederentdeckt wurden, nachdem sie mehr als eintausend Jahre in Vergessenheit geraten waren, nahmen die Reformatoren den antiken Mythos von den Germanen auf. Glaubte man bislang daran, von den alten Griechen abzustammen, wurden aus den Germanen allmählich die Urahnen der Deutschen. All die schlechten Eigenschaften, die die römischen Autoren ihnen zuschrieben, wurden ausgeblendet. Im 17. und 18. Jahrhundert waren Arminius und seinen Germanen als Motiv auch eine kurzfristige internationale Karriere beschieden, etwa unter französischen Philosophen wie Charles de Montesquieu oder Jean-Jacques Rousseau und italienischen Opernkomponisten.

Einen Wendepunkt in der Germanenrezeption markierte die Zeit der napoleonischen Feldzüge. Der Konflikt zwischen Römern, Romanen und Germanen in der Antike wurde zum Konflikt zwischen Franzosen und Deutschen. Die Philosophen und Schriftsteller Johann Gottlieb Fichte, Ernst Moritz Arndt und der „Turnvater" Friedrich Ludwig Jahn verliehen dem bis dahin patriotisch geprägten Germanenmythos erstmals einen deutlich nationalistischen, chauvinistischen und rassistischen Anstrich.

Vor allem im 19. Jahrhundert wurde die Schlacht im Teutoburger Wald (Varusschlacht) des Jahres 9 n. Chr. zum „Wendepunkt der

Weltgeschichte", wie es unter Anderen der Nobelpreisträger Theodor Mommsen behauptete. Die blonden Recken unter Arminius hätten damals die Römer verschreckt, weshalb wir heute mit deutscher und nicht mit romanischer Zunge sprächen. Zwar war die Varusschlacht im Jahr 9 n. Chr. eine der verlustreichsten, die der römischen Armee je widerfahren ist, doch ihre Auswirkungen waren regional beschränkt. Die Römer marschierten schon wenige Jahre nach der Schlacht in den angeblich befreiten Gebieten wieder auf. Die Koalition des Arminius zerbrach und der angebliche deutsche Nationalheld wurde schließlich von seiner eigenen Verwandtschaft ermordet. Bei den Römern war die Schlacht schon nach wenigen Jahren wieder vergessen. Und „Deutsche" und „Deutschland" lagen im Jahr 9 n. Chr. wenigstens noch eintausend Jahre entfernt in der Zukunft. Dennoch hält sich kaum ein Germanen-Mythos so hartnäckig, wie der von der Schlacht im Teutoburger Wald.

Im deutschen Kaiserreich (1871–1918) drang der Germanismus in weite Teile der Bevölkerung ein. Theaterstücke wie Heinrich von Kleists „Hermannsschlacht" kamen Jahrzehnte nach ihrer Schöpfung auf die Spielpläne der großen Theater. Bei Detmold wurde 1875 das Hermannsdenkmal eingeweiht und seit 1876 befeuerte Richard Wagner den Germanenmythos in seinem „Ring des Nibelungen". Vor allem ab 1890 entstand in der völkischen Bewegung das Gedankengut der Nationalsozialisten. Völkische Agitatoren gründeten ariosophische Orden, die sich der Rassereinhaltung verschrieben, völkische Wissenschaftler wie Gustaf Kossinna propagierten eine angebliche „altgermanische Kulturhöhe", völkische Laien zelebrierten Sonnenwendfeiern und Runenorakel und erträumten ein blond-blauäugiges Endzeitparadies. Die Herkunft der Arier wurde in den Norden verlegt und die Germanen zu ihren edelsten Abkömmlingen gemacht. Dieser Germanenmythos kostete nach 1933 Millionen von Menschen das Leben.

Dennoch ist der Germanenmythos noch heute allgegenwärtig, wie nicht nur das Spiegel-Zitat zeigt. In der Alltagssprache findet er sich in Begriffen wie „Tussi" (von Thusnelda) oder in der Redewendung „einen Hermann machen". Bielefelds Fußballverein heißt „Arminia".

Die Mannheimer Eichbaum-Brauerei brachte 2012 als „Bier des Jahres“ den „Goldenen Germanen“ heraus, auf dessen Etikett einem ein rotblonder, langhaariger Mann mit Hörnerhelm und Hornbecher zuprostet. Im Jahr 2009, zum 2000sten Jahrestag der Schlacht im Teutoburger Wald, verkauften Bäckereien „Varusbrötchen“, Museumsshops Marmelade „Thusneldas Beste“ und Salami „harter Herrmann“ – wobei dies jedoch salopp-süffisant gemeint war –, während sich in den Buchläden die Titel zum historischen Ereignis türmten. So mancher fabulöse Mythos wurde da schon gleich auf dem Titel transportiert, wo es zum Beispiel hieß: „Der Tag, an dem Deutschland entstand“ – wenngleich dieses Buch inhaltlich eine andere Tendenz aufwies.

Aus den Schulbüchern verschwand das Bild der kriegerischen, heldenhaften, blonden und blauäugigen Germanen erst in den 1980er-Jahren und nur allmählich. Noch immer verlegte so manche Schullektüre die Herkunft der Germanen und die Ursprünge dieses Volkes in die Bronzezeit, manchmal sogar in die Jungsteinzeit – ein Mythos, den die Nazis geschaffen hatten. Auch in den Kinder- und Jugendbüchern lebt das Klischee gelegentlich bis heute fort. Raubeine in Pelzen, Fellen und mit Hörnerhelmen sind in den Texten und Bildern keine Ausnahme.

Und auch die Zeitungen und Zeitschriften spinnen den unheilvollen Faden weiter: Die Germanen sind groß und blond, die Wälder dicht, das Land unwegsam und ständig ergießen sich Schauer vom Himmel. Nicht nur das Nachrichtenmagazin DER SPIEGEL, bedient sich regelmäßig bis in die jüngste Vergangenheit längst überkommener Mythen, die der völkischen Bewegung und der nationalsozialistischen „Blut und Boden“-Ideologie entstammen. Der STERN meinte 2009 etwa: „Die Germanen – Archäologen entwerfen ein neues Bild unserer kriegerischen Vorfahren“ und zeigte einen blonden Germanen. Auch P. M. Hefte und P. M. Magazine machen sich immer wieder auf die „Spuren der Germanen“ und zeigen muskulöse, kräftige Männer Hammer schwingend auf Streitwagen und verknüpften so nordische Mythologie und Wikingerklischees des Mittelalters mit den Germanen der Antike.

Der Ursprung der Germanen wird dabei nicht nur bis in die graue Urzeit verlängert, sondern auch eine Kontinuität in die jüngere Vergangenheit gezeichnet. Da den Überblick zu behalten fällt schwer. Immerhin lässt sich anhand der antiken Schriften ein grober Abriss einer römisch-germanischen Geschichte erstellen. Zusammen mit den archäologischen Hinterlassenschaften und modernsten Methoden gelingt es zumindest in groben Zügen den Menschen der Zeit zwischen 100 v. Chr. bis etwa 300 n. Chr. an Rhein, Elbe und Donau ihre Geschichte zu entlocken – und viele Mythen zu entzaubern.

IRRTUM 1:

Die Germanen gab es nicht

Wer sie waren, woher sie kamen, wohin sie wollten – alles das war in der „zivilisierten“ Welt im südlichen Europa, bei Römern und Griechen, damals unbekannt. Wenigstens 19 Jahre hatten die Kimbern und Teutonen Europa durchwandert. Waren 120 v. Chr. auf der jütischen Halbinsel aufgebrochen, von dort bis Serbien marschiert, hatten nach 113 Frankreich, Spanien und Belgien verwüstet und schließlich 101 die Alpen überquert, um Rom, der ewigen Stadt, den Garaus zu machen. Manch einer von ihnen wurde in einer Wagenburg geboren, wuchs auf zwischen Planen, Feuerstellen und Ochsen und starb noch als junger Mann in einer der Schlachten dieser Jahre. Von Zweien von ihnen kennt man noch die Namen: Boiorix und Teutobod, ihre Anführer, sind in den wenigen schriftlichen Aufzeichnungen jener Jahre verewigt.

In den Städten, Dörfern und Villen im Mittelmeergebiet interessierte sich anfangs kaum jemand für die Wanderer und das Land, aus dem sie stammten. Erst als sie in Sichtweite der Grenze gelangten, nachdem sie über zehn Jahre Europa durchkreuzt hatten, verbreitete sich allmählich ihr Mythos. Man hielt sie für Räuber und Menschenfresser und als „furor teutonicus“, als teutonische Raserei, sollte die Angst vor dem Einfall der Barbaren aus dem Norden über einhundert Jahre später sprichwörtlich werden.

Es waren die ersten Germanen. Zwar nannte man sie noch Jahrzehnte nach ihrer Wanderung „Kimbern und Teutonen“ und man hielt sie für Kelten, Gallier oder für „Keltoskythen“. Doch als der Feldherr und Politiker Gaius Julius Caesar in den 50er Jahren vor Chr. erstmals den Begriff Germanen für alle Stämme östlich des Rheins prägte, zählte er auch die Kimbern dazu, genauso wie das auf ihn folgende Schriftsteller wie Strabon, Plinius der Ältere und Tacitus taten. Bis dahin aber sollte es noch etwas mehr als fünfzig Jahre dauern.

Als Kimbern und Teutonen durch Europa schweiften, wusste man von Germanen nichts. Und von „Kimbern“ hatte man bis dahin auch nicht gehört. Die ersten Geschichtsschreiber am Mittelmeer und in Vorderasien interessierte das Land jenseits der Alpen nicht. Für sie gab es wichtigere Länder zu entdecken.

Am Rande ihrer bewohnbaren Welt lag der „Okeanus“. Dort gab es phantastische Inseln, Länder und Völker. Hakataois verfasste am Ende des 6. Jahrhunderts eine „Rundreise“ durch Europa und Asien. Der griechische Geschichtsschreiber und Geograph Herodot beispielsweise berichtete von Lydern, Persern, Babyloniern, Ägyptern, Skythen, Libyern und natürlich auch Griechen, doch nicht von Germanen. „Über die in Europa am weitesten westlich gelegenen Länder“, schreibt Herodot in den Historien „vermag ich nichts Genaues zu berichten. Auch habe ich trotz aller Bemühungen von niemandem, der dort gewesen wäre, etwas von der Beschaffenheit des Meeres jenseits von Europa erfahren können. Aus diesen entlegensten Gegenden kommt aber das Zinn und der Bernstein zu uns.“

Die Pioniere der Geschichtsschreibung und ihre Nachfolger hatten den hohen Norden ausgespart – mit einer Ausnahme: Pytheas von Massalia hatte sich das Land jenseits von Kelten und Skythen um 325 v. Chr. etwas genauer angesehen. Als Alexander der Große das Makedonische Reich bis nach Indien ausdehnte, führte Pytheas eine Flottenexpedition in den hohen Norden.

Seine Reise begann in Großbritannien, dass den Römern wegen seiner Zinnlagerstätten in Cornwall vertraut war. Sechs Tage segelte er von dort bis Thule, wo das Eismeer und das Polarlicht nur noch einen Tag entfernt lagen. Er habe „ein merkwürdiges Gemisch, einer Meerlunge ähnlich, gesehen“, notiert der Geograf, „in dem Land und Meer und alle Dinge schweben“ und Gegenden, „in denen nur einmal im Jahre Tag und einmal Nacht ist“.

Zurück fuhr er wahrscheinlich entlang der Nordseeküste, wo er in einem „Mündungsgebiet“ auf den Stamm der Guiones traf. Dort lag auch die Insel Abalon, an deren Strand Bernstein angespült werde, mit dem die Bewohner heizten, oder den sie an die Teutonen, einen Nachbarstamm der Guiones, verkauften.

Der genaue Verlauf von Pytheas’ Flottenexpedition ist heute nicht mehr bekannt. Ob Pytheas’ Thule, das seit ihm sprichwörtlich für den äußersten Nordrand der Welt steht (lateinisch: ultima Thule), in Norwegen, auf Island oder den Shetland-Inseln lag, ist ungewiss. Abalon, so wurde immer wieder vermutet, könnte Helgoland gewesen sein. Immerhin blieben von seinem Bericht „Über das Weltmeer“ Beschreibungen anderer antiker Autoren erhalten. Ein Originalzitat ist so überliefert: „Und die Barbaren zeigten uns, wo die Sonne sich zur Ruhe begibt.“

Das Land nördlich der Alpen lag fern. Es reichte an gesichertem Wissen, dass dort im Norden westlich Kelten lebten, als Spezialisten im Verhütten und Schmieden von Eisen bekannt, und östlich Skythen, ein Reitervolk aus den Steppen nördlich des schwarzen Meeres. Die Konkurrenten vor der Haustür, wie die Etrusker in der Toskana, hatte die aufstrebende Römische Republik seit 395 v. Chr. mehrfach besiegt. Das südliche Etrurien hatten sie 265 v. Chr. erobert und die nördlichen Städte der Etrusker schlossen Bündnisse mit Rom. Die Iberische Halbinsel unterteilte Rom im Jahr 197 v. Chr. in die römischen Provinzen Hispania citerior und Hispania ulterior, nachdem die Karthager unter Hannibal am Ende des zweiten Punischen Krieges vertrieben waren. Karthago und den Rest des Reiches in Nordafrika eliminierte Rom im Dritten Punischen Krieg (149–146 v. Chr.) und Griechenland stand nach der Zerstörung Korinths 146 v. Chr. unter römischer Herrschaft.

121 v. Chr., kurz bevor Kimbern und Teutonen ihren Marsch durch Europa antraten, hatte Rom im Süden Frankreichs die Provinz Gallia ulterior (später: Gallia Narbonnensis) geschaffen. Der Name bedeutete das „entfernte Gallien“ – im Gegensatz zur älteren Provinz Gallia citeria (auch: cisalpina), dem „näheren Gallien“. Um das Jahr Einhundert v. Chr. kontrollierte Rom die Küste rund um das Mittelmeer und

dessen Hinterland. Doch das Land nördlich der Alpen lag noch immer fern.

Das änderte sich auch nicht, nachdem der Treck der Kimbern und Teutonen seit 120 v. Chr. 5000 Kilometer durch Europa gewandert war und dabei ein ums andere Mal der römischen Armee empfindliche Verluste beigebracht hatte und schließlich im Jahr 101 sogar Italien angriff. Wer diese Menschen waren, woher sie kamen, wohin sie wollten, blieb den Römern verborgen. Stattdessen machte manch schauderhaftes Gerücht die Runde.

Selbst beim Sizilier Diodor, einem Zeitgenossen Caesars, taucht der Name Germanen nicht auf. Er nannte die Bewohner Nordeuropas Kelten und Gallier. „Es heißt, dass von den wildesten (Galatern), die gegen Norden und in der Nähe des Skythenlandes leben, einige sogar Menschenfresser seien“, schrieb er etwa in seiner Universalgeschichte. Noch immer lagen die Länder jenseits der Alpen fern. Der Begriff Germanen war unbekannt.

Erfinder oder Entdecker

„Germanien“, so nannte erstmals der römische Feldherr Gaius Iulius Caesar das Land zwischen Rhein, Weichsel und Donau. „Germanen“, so nannte er all die Menschen, die es besiedelten. Genauso, wie die antiken Historiker in den zweihundert Jahren danach auch.

Es war wohl das Jahr 51 v. Chr., als Caesar die Bezeichnung schuf, oder sagen wir besser, in die Welt setzte. Er hatte von 58–52 Gallien erobert und war bei den unzähligen militärischen Operationen in Frankreich, Belgien und am Rhein auf Stämme gestoßen, die er nicht zu den Kelten oder Galliern zählen wollte. In seinem Bericht von dem Krieg „Commentarii de bello Gallico“ (Über den gallischen Krieg) widmete er ihnen zwei Exkurse.

Niemand bei ihnen besitze Land, schrieb der Feldherr, sondern dieses werde jährlich von der Stammesleitung neu zugewiesen. Außer im Krieg gebe es keine gemeinsame Regierung. Recht und Streitfälle schlichten die „führenden Männer der einzelnen Gaue“. Raubzüge, so schrieb Caesar, seien häufig und keine Schande – vielmehr hielten sie die Jugend vom Müßiggang ab: „Ihr ganzes Leben besteht aus Jagen und militärischen Übungen: Von klein auf streben sie danach, Härte und Anstrengung zu ertragen.“ Von den Galliern, so notierte Caesar, unterschieden sich die Germanen vor allem dadurch, dass sie keine Druiden haben, wenig Ackerbau betrieben und sich zum größten Teil von Käse, Milch und Fleisch ernährten.

Rechts des Rheins nannte Caesar als germanische Stämme unter anderen die Haruden, Markomannen, Sedusier, Ubier, Cherusker sowie Sugambrer. Einige, wie die Triboker, Vangionen und Nemeter seien einstmals keltisch gewesen. Nur wenige, wie die Ubier, seien aufgrund ihres Kontaktes mit Händlern zivilisierter als die übrigen germanischen Stämme. Sie hätten gallische Sitten angenommen und besäßen städtische Ansiedlungen.

Andere Stämme wären einst wegen der Fruchtbarkeit des Bodens von der rechten Rheinseite in das Land der Gallier gekommen. So stammen etwa die meisten Belger von Germanen ab, die die Gallier vertrieben hätten. Dazu zählte Caesar auch Reste der Kimbern, Teutonen, Ambronen aber auch die Condrusen, Eburonen, Caeroser, Caemanen und Segner. Einige, wie die Atuatuker, sollen gerade einmal 6.000 Menschen umfasst haben.

Manch einer dieser Stämme verschwand schon bald wieder: Die Eburonen, die bedeutendsten linksrheinischen Germanen, hatte Caesar gleich nach ihrem ersten Auftritt in der Geschichtsschreibung, 53 v. Chr., bis auf geringe Reste vernichtet, ebenso die Usipeter und Tenkterer. Die Sedusier, Caeroser, Caemanen und weitere tauchen in der Geschichtsschreibung nicht wieder auf. Den Sugambrern war wenigstens noch eine Lebensdauer bis um 8 v. Chr. beschieden, dann siedelte man sie auf die linke Seite des Rheines um und sie gingen in der provinzialrömischen Bevölkerung auf.

Andere, wie die Cherusker und Markomannen, die Caesar nur beiläufig erwähnte, standen erst am Anfang eines langen und ereignisreichen Weges durch die Geschichte. Die Sueben waren die ersten Germanen, auf die Caesar stieß. In seinem vierten Buch beschrieb der Feldherr den Stamm ausführlich: „Er soll aus 100 Gauen bestehen, deren jeder jährlich jeweils ein Heer von 1000 Mann aufstellt, um außerhalb ihres Gebietes in den Krieg zu ziehen. Der Rest, der in der Heimat bleibt, sorgt für die Ernährung der Gemeinschaft. Im nächsten Jahr stehen diese wieder ihrerseits unter Waffen, und die anderen bleiben zu Hause."

Unter ihrem „König" Ariovist, ein Titel, der ihm von den Römern verliehen worden war, hatten die Sueben sich um 72 v. Chr. in Gallien als Söldner der Haeduer gegen die Arverner und Sequanern verdingt. Zuerst waren es 15.000. Nach und nach kamen weitere Stammesangehörige über den Rhein, so dass sie im Jahre 58 bereits 120.000 waren. Schließlich hätten sie alle Gallier bei Magetobriga 61 v. Chr. geschlagen und unterworfen.

Es war der Haeduer Diviciacus, der Caesar diese Klage im Namen aller Gallier im Jahre 58 v. Chr. in einer geheimen Versammlung vortrug. Ein Drittel ihres Landes hätten die Sequaner freimachen müssen und Ariovist hätte alle ihre Städte in seine Gewalt gebracht. Ariovist regiere grausam und jähzornig, klagte der Haeduer. Er verlange ständig neue Geiseln, die er foltere. Gerade sollten die Sequaner ein Drittel ihres Gebietes freimachen um Platz für 24.000 neu eingetroffene Haruden zu schaffen.

Um den 14. 9. 58 v. Chr. schlug Caesar den Germanenkönig vermutlich in der Nähe von Mühlhausen. Ariovist konnte sich, wie wenige andere Germanen auch, über den Rhein retten. Seine beiden Frauen, eine Suebin und eine Norikerin, sowie eine seiner Töchter wurden getötet. Ariovist starb spätestens 54 v. Chr.

Viele hatten unter den Sueben zu leiden. Nur die Ubier konnten sie nicht aus ihrem Siedlungsgebiet am Rhein vertreiben. Jahrelang hatten sie etwa die Usipeter und Tenkterer mit Krieg überzogen. Nach dreijähriger Wanderung hatten schließlich auch diese im Jahr 55 v. Chr. den Rhein nahe der Mündung in die Nordsee überschritten und ihre Streifzüge auf das Land um den Fluss Maas ausgedehnt.

Caesar schlug die Bitte der Usipeter und Tenkterer nach Siedlungsland aus, nutzte einen Vorwand, überrumpelte zuerst die Krieger und dann auch die Frauen und Kinder am Niederrhein. Die Masse floh zum Rhein. Ein Teil von ihnen wurde schon in der Schlacht getötet, ein anderer auf der Flucht, die Übrigen fanden den Tod, als sie sich unweit der Einmündung der Maas in die Fluten stürzten.

Die meisten der 430.000 Usipeter und Tenkterer kamen so ums Leben. Lediglich ein Teil der Reiterei konnte sich in das Gebiet der Sugambrer absetzen. Caesar ließ in nur zehn Tagen eine Brücke ins Land der Germanen bauen und sugambrische Dörfer und Gehöfte in Brand setzen.

53 v. Chr., dem sechsten Jahr der gallischen Kriege, traf Caesar ein letztes Mal auf Germanen. Sugambrer plünderten das verwüstete Land der Eburonen und versuchten ein römisches Lager anzugreifen. Im selben Jahr schickten die Sueben noch einmal ihre Männer über den Rhein, diesmal als Hilfstruppen für die Treverer.

Der Feldherr baute eine zweite Brücke, die, etwas oberhalb der ersten, in das Gebiet der Ubier führte. Doch die Sueben waren aus den angrenzenden Landstrichen gewichen. Caesar zog sich nach Gallien zurück. Die Brücke ließ er, bis auf Reste, die als Mahnmal dienen sollten, abreißen. 51 oder 50 vor Christi Geburt veröffentlichte er die „Commentarii de bello Gallico."

Eine frühe Ethnographie

Was Caesar da eigentlich entdeckt hatte, ist heute noch umstritten. Manche seiner Passagen wirken schon auf den ersten Blick kurios. Archäologen konnten den antiken Feldherrn so manches Mal Lügen strafen. Manche Textstelle stammt nicht einmal aus seiner Feder. So ist beispielsweise das gesamte 8. Buch von Aulus Hirtus Pansa, einem politischen Weggefährten Caesars, geschrieben worden. Andere Passagen der heutigen Commentarii stehen im Verdacht, nachträglich verändert worden zu sein. Der dänische Altphilologe Allan A. Lund meinte sogar, das gesamte Volk der Germanen sei mehr oder weniger eine Erfindung des römischen Feldherrn gewesen.

Entdecker oder Erfinder – was war der Feldherr? Als Caesar seinen Bericht über die Eroberung Galliens verfasste, hatte er natürlich großes Interesse daran, seine Feldherrenschaft in Gallien möglichst positiv darzustellen. Im Jahr 50 v. Chr. standen in Rom Konsulatswahlen an und Caesar war innenpolitisch umstritten. Sicherlich war er kein neutraler Kriegsberichterstatter. Schon der römische Politiker Asinius Pollio, ein Freund des Feldherrn, bemängelte, dass Caesars Commentarii zu ungenau und zu wenig wahrhaftig seien. Der Feldherr hätte sich bei der Abfassung leichtgläubig auf Gewährsmänner verlassen und er hätte sein Buch gewiss korrigiert, wenn er nur genügend Zeit dafür gehabt hätte. Pollio rügte vor allem sachliche Ungenauigkeiten, die durch ungenügende Recherche und Quellenprüfung entstanden seien.

Gelehrte wie Gerold Walser haben in den 1950er Jahren Caesars Berichten die ethnographische Aussagekraft fast vollständig abgesprochen. Ihm zu Folge stützte sich die Beschreibung der Germanen nicht auf Caesars eigene Beobachtungen, sondern lehnte sich an vorhandene Klischees über die Nordvölker an. Caesars Germanenbild sei „von der politischen Tendenz geformt" die Aggression der Germanen nachzuweisen, um so einen Angriffskrieg zu rechtfertigen. Caesar, so urteilte Walser, stellte aus propagandistischen Zwecken den Rhein als Völkerscheide dar.

Sollten die Germanen, Ariovist, die Sueben, alles das, eine Lüge Caesars gewesen sein? Gab es da östlich des Rheins wirklich ein neuartiges Volk? Oder nicht? Nannten sie sich Germanen? Oder nicht? Oder hatte der Feldherr, trotz aller Zweifel an den Details seines Berichtes, tatsächlich in groben Zügen etwas erkannt, was vor ihm noch keiner erkennen konnte: Dass da im europäischen Norden noch ganz andere Völker lebten als Gallier und Kelten.

Sicher ist, dass vor Caesar der Name Germanen für eine größere Volksgruppe nördlich der Alpen in den Schriftquellen nicht vorkommt. Das aber ist einfach zu erklären: Kaum ein Römer und Grieche hatte diese Gegend zuvor bereist. Immerhin war Caesar nach Pytheas der erste, der das Land östlich des Rheins betreten hatte und davon berichtete.

Er hatte selbst in den Jahren 55 und 53 v. Chr. Fuß auf seine Rheinbrücken gesetzt. Und niemals zuvor hatten so viele Römer das Land der Barbaren gesehen, wie zur Zeit der gallischen Kriege Caesars. Damit gab es reichlich Zeugen der Ereignisse, die grobe Fälschungen widerlegen hätten können, so dass Caesar nicht willkürlich lügen konnte.

Vor allem eines könnte den Römern in den 50er Jahren vor Christi Geburt bei den Menschen am Rhein aufgefallen sein: Dass sie anders sprachen als Gallier, Römer und andere bekannte Völker. So betonte Caesar ausdrücklich, dass der Germanenkönig Ariovist nicht nur germanisch spräche, sondern darüber hinaus auch das Gallische erlernt hätte.

Über die Sprache definiert auch die Sprachwissenschaft die Germanen – zwar als Sprachgemeinschaft, nicht jedoch als Volksgemeinschaft. Als Ur-Germanisch bezeichnen sie diese. Sie soll sich aus dem Indoeuropäischen gebildet haben, als „p“ zu „v“, „k“ zu „ch“ und „t“ zu „th“ wurden. Statt „Pater“ sagte man „Vater“. Diese so genannte 1. germanische Lautverschiebung ist durch den Begründer der historisch-vergleichenden indogermanischen Sprachwissenschaft Franz Bopp in seinem Werk „Über das Konjugationssystem der Sanskritsprache in Vergleichung mit jenem der griechischen, lateinischen, persischen und germanischen Sprache“ beschrieben worden. Sie soll sich, der heute gängigen Lehrmeinung zufolge, vor ca. 1000 v. Chr. bis 500 v. Chr., möglicherweise in Norddeutschland und Dänemark vollzogen haben.

Einer jüngeren Untersuchung der Sprachwissenschaftler Konrad Badenheuer und Wolfgang Euler zufolge könnte sich die Lautverschiebung aber weit später vollzogen haben. Denn die Kimbern und Teutonen werden von den antiken Historikern als „cimbri teutonique“ wiedergegeben. Hätte die erste Lautverschiebung sich zur Zeit ihrer Wanderung vollzogen, wären sie als „chimbri theudonique“ bezeichnet worden. Möglicherweise entstammte ihr Name einem späten Prägermanisch und erst nach der Kimbernwanderung setzte sich die neue Sprechweise durch. Demzufolge vollzog sich die Lautverschiebung kurz bevor Caesar die Germanen „entdeckte“.

So ganz unrecht scheint der Feldherr wohl nicht gehabt zu haben. Auch die Archäologie scheint Caesar in Teilen Recht zu geben. Im Verlauf der jüngeren vorrömischen Eisenzeit vollzieht sich auf den Friedhöfen, die Hauptquelle für jene Zeit, ein auffallender Wandel. Besonders gegen Ende des zweiten vorchristlichen Jahrhunderts, als Kimbern und Teutonen nach Süden zogen, änderten sich die Bestattungsweisen. Einige Friedhöfe wurden um das Jahr 100 v. Chr. aufgelassen, neue wurden angelegt. Die Familienareale wurden aufgegeben, Kinder vom Begräbnis ausgeschlossen und verstorbenen Männern Waffen in die Gräber gelegt. Bestimmte Typen an Grabbeigaben und Bestattungssitten breiteten sich in den Jahrzehnten unmittelbar vor Caesars Gallischen Kriegen von östlich der Elbe über Mittelgebirge, Rheinland bis ins heutige Frankreich aus. Ein Zusammenhang mit der von Caesar geschilderten Suebenwanderung liegt in diesem Fall auf der Hand.

Einen weiteren Hinweis darauf, dass die Bezeichnung Germanen jung war, liefert Publius Cornelius Tacitus mit seinem – in der Forschung so genannten – „Namenssatz". Ihm zu Folge wäre die Bezeichnung Germanen erst wenige Jahrzehnte vor Caesar entstanden und allmählich auf alle Stämme und Völker rechts des Rheins übergegangen. Tacitus schrieb:

„Die Bezeichnung Germanien sei übrigens neu und erst vor einiger Zeit aufgekommen. Denn die ersten, die den Rhein überschritten und die Gallier vertrieben hätten, die jetzigen Tungrer, seien damals Germanen genannt worden. So habe der Name eines Stammes, nicht eines ganzen Volkes, allmählich weite Geltung erlangt: zuerst wurden alle nach dem Sieger, aus Furcht vor ihm, als Germanen bezeichnet, bald aber nannten auch sie selbst sich so, nachdem der Name einmal aufgekommen war."

Was „Germanen" überhaupt heißt, hat sich bis heute einer schlüssigen Deutung entzogen. Eine häufig erwogene, vorwissenschaftliche Deutung war es, die „Ger-Mannen" als die „Speer-Träger", aufzufassen. Dagegen spricht aber, dass der „Ger" (Speer) in dieser Zeit „gaisaz" hieß. Einer anderen populären Leseweise folgt Strabon, der schrieb: „Deshalb haben, glaube ich, die Römer ihnen diesen Namen gegeben, weil sie sie die ‚echten' Gallier nennen wollten. Denn in der Sprache der Römer bedeutet ‚Germanen' ‚die Echten'." Eine andere Ableitung ist: die „einen Zaun hegen", also Leute einer Hegung, eines

„Dings“ seien. Doch Wanderzüge, Kriege oder politische Veränderungen ließen damals schnell viele neuen Namen entstehen. Diese konnten auf den oft positiv belegten Eigenbezeichnungen (die Starken, Großherzigen, Freien) beruhen oder auf negativ-besetzten Fremdbezeichnungen (die Unverständlichen, Trägen, Bösen). Die Lebensdauer solcher Namenszuweisungen war nicht selten kurz. Der Begriff Germanen blieb.

Indianer, Aborigines, Eskimo, Germanen

Vielleicht war es mit der Benennung der Germanen ein wenig so, wie mit den Indianern. Natürlich hat es die Indianer nicht gegeben, genauso wenig die Germanen. Weder Indianer noch Germanen begriffen sich als ein Volk. Der Begriff Indianer beruht nicht nur auf einem grundlegenden Irrtum, sondern auch auf einer vereinfachenden Sichtweise. Man ahnt es, dass „Indianer“ nicht ganz korrekt ist, doch verbannen will man den Begriff aus dem Wortschatz nicht. Nach ähnlicher Logik müsste man sich auch von der Bezeichnung „Römer“ verabschieden, denn Römer war nur ein verschwindend geringer Teil der Bevölkerung des Römischen Reiches.

Selbst wenn die Germanen ein antikes Konstrukt sind – die Bewohner der Mittelmeerwelt wussten, wer damit gemeint war. Wer sie waren, woher sie kamen, wohin sie wollten, war egal. Sie waren auf einmal da. Eine reine Erfindung des Feldherrn Gaius Julius Caesar waren die Germanen jedenfalls nicht. Kolumbus war auch nicht der Erfinder von Amerika und den Indianern.

IRRTUM 2:

Barbaren – Wilde, Riesen, Krieger

Mit den Kimbern und Teutonen verbreitete sich erstmals der Mythos von den riesigen, wilden, furchterregenden und massenhaften Scharen an Raufbolden des europäischen Nordens. Der griechische Schriftsteller Plutarch ließ sie in der Lebensbeschreibung des Marius mit nacktem Oberkörper als Giganten durch das Etschtal nach Italien einfallen. Sie „stiegen durch Eis und tiefen Schnee auf die Berge, setzten sich oben auf ihre breiten Schilde, stießen sich ab und sausten an Steilschluchten und schroffen Felsen vorbei die Hänge hinunter. Als sie dann in der Nähe ihr Lager aufgeschlagen und das Flussbett betrachtet hatten, begannen sie, (das Wasser) zu stauen; sie rissen wie die Giganten ringsum die Hügel auf, trugen Bäume mitsamt den Wurzeln und Felsbrocken sowie Erdmassen in den Fluss, ließen das (gestaute) Wasser dann ab und lenkten (mit der Strömung) gegen die Brückenpfeiler mächtige Stämme, die flussabwärts treibend durch ihre Stöße den Bau erschütterten."

Selbst noch fünfhundert Jahre nach dem Zug der Kimbern und Teutonen schilderte der Mönch und Geschichtsschreiber Orosios einen „wilden" Brauch dieses Volkes. Die Kimbern hätten nach der Schlacht gegen die Römer bei Arausio im Jahr 105 vor Christi Geburt sich der Lager und einer gewaltigen Beute bemächtigt „und zerstörten in einem neuen und ungewöhnlichen Fluch all das, was sie an sich genommen hatten; die Kleidung wurde zerrissen und weggeworfen,

Gold und Silber in den Fluss geschleudert, die Panzer der Männer zerschlagen, der (Stirn- und Brust-) Schmuck der Pferde vernichtet, die Pferde selbst wurden in den Fluten ertränkt; den Menschen legte man Schlingen um den Hals und hängte sie an den Bäumen auf, so dass der Sieger nichts von der Beute, der Besiegte nichts von einem Mitgefühl spürte."

Vor dem Einmarsch von Kimbern und Teutonen nach Italien schildert Plutarch, in welchen Unmengen sie daher kamen: „... jetzt erst wurde durch die Länge und Dauer des Zuges richtig deutlich, um welche Menschenmassen es sich handelte; sie sollen nämlich sechs Tage lang ununterbrochen am Lager des Marius vorbeimarschiert sein."

Und die Furcht, dass die Kimbern in Italien einfallen und wie die Gallier 387/86 v. Chr. die Metropole am Tiber in Schutt und Asche legen könnten, „war fast noch größer als zu Zeiten Hannibals in den Punischen Kriegen", schrieb der römische Historiker Eutrop. Waren schon die Gallier fürchterlich, so schienen Kimbern und Teutonen alle barbarischen Eigenschaften auf einmal und in vollem Maße zu vereinen. Man hielt sie für Räuber, Menschenfresser und Giganten.

Der Schock, den die Kimbern bei den Römern hinterlassen hatten, saß tief. Caesar zählte sie fünfzig Jahre nach Ende ihrer Wanderung nicht nur zu den Germanen. Indem er an die Angst und den Schrecken erinnerte, die sie verbreitet hatten, stilisierte er sie zum Prototyp einer latenten germanischen Dauerbedrohung. Als „furor teutonicus", als teutonische Raserei, sollte die Angst vor ihrem Einfall noch über einhundert Jahre später in einem Theaterstück des römischen Dichters L. Annaeus Lucanus sprichwörtlich werden.

Vielleicht glaubte manch ein Römer wohl wirklich, dass die Kimbern in ihrer Heimat an der Nordsee mit Waffen gegen die Fluten ankämpften. Zumindest rügte der Universalgelehrte Poseidonios von Apameia seine zeitgenössischen Kollegen, die solch einen Unsinn behaupteten: „Lügen verbreitet auch derjenige Autor, der behauptet, dass die Kimbern mit Waffengewalt gegen die Fluten angingen." Sowieso bemängelte er die wahrheitstreue seiner Kollegen: „Über die Kimbern sind manche Berichte unzutreffend", mahnte der Gelehrte.

Wirklich Genaues wussten die meisten Römer über Germanien nicht. So konnte auch folgende Passage eines unbekannten Autors in Caesars Bericht Eingang finden: „Daneben gibt es Tiere, die Elche genannt werden. Sie sehen ähnlich aus wie Ziegen und haben auch ein buntes Fell. Sie sind jedoch etwas größer als Ziegen, haben stumpfe Hörner und Beine ohne Gelenkknöchel. Sie legen sich zur Ruhe nicht nieder und können nicht wieder auf die Beine kommen oder sich wenigstens vom Boden erheben, wenn sie zufällig zu Fall kommen und stürzen. Sie benutzten daher Bäume als Ruhestätten, daran lehnen sie sich und können so, etwas zur Seite geneigt, ausruhen. Wenn Jäger aus ihren Spuren herausfinden, wohin sie sich gewöhnlich zur Ruhe zurückziehen, untergraben sie von den Wurzeln her alle Bäume an dieser Stelle oder schneiden sie nur soweit an, dass der Eindruck erhalten bleibt, als stünden die Bäume fest. Wenn sich die Tiere nach ihrer Gewohnheit daran lehnen, bringen sie mit ihrem Gewicht die ihres Halt beraubten Bäume zu Fall und stürzen zusammen mit ihnen um."

Klischees und Topoi

Viele der heutigen Mythen über die Germanen haben ihren Ursprung im Barbaren-Klischee römischer Autoren. Die meisten Eigenschaften, die man den Germanen zuschrieb, waren nicht neu. Weder Reinheit der Abstammung, Blondheit, Größe noch Kampfesmut waren exklusiv germanisch. Auch die Kelten bzw. Gallier galten als groß und kräftig. Der griechische Geschichtsschreiber Strabon sah große Ähnlichkeiten zwischen Galliern und Germanen, wobei letztere noch roher, größer und blonder seien. Der Sizilier Diodor schrieb im 1. Jahrhundert v. Chr. über die Gallier, sie hätten „einen hohen Wuchs, einen kraftvollen Körper und eine weiße Haut." Für den römischen Geschichtsschreiber Titus Livius hatten sie sogar einen „erschreckend" hohen Wuchs. Und auch Ägypter und Skythen rühmte man als unvermischt und nur sich selbst gleich. Wenn etwas die Germanen von den Galliern auf Bildzeugnissen und in Schriftquellen schied, dann, dass die Germanen noch wilder und noch unzivilisierter waren. Die Germanen wurden zu den Barbaren schlechthin.

Es waren Klischees, die die Römer und Griechen zuvor auch anderen nördlichen Bewohnern zugewiesen hatten. Um auf Münzen und Reliefs deutlich zu machen, dass es sich bei den dargestellten Personen um entfernte, irgendwo aus dem Norden stammende Menschen handelte, benutzte man einen bestimmten Code. Zu dem gehörte Hose und nackter Oberkörper, grobes Gesicht und ungepflegtes, wildes Haar. Wüsste man nicht um den historischen Zusammenhang, so wäre auf frühen Bildwerken kaum zwischen Galliern, Skythen und Germanen zu unterscheiden.

Äußerliche Unterschiede zwischen den Menschen verschiedener Länder führten die Griechen auf Land und Klima zurück. In dem Traktat des Hippokrates „Über Luft, Wasser und Orte", das um das Jahr 400 v. Chr. entstanden ist, heißt es, dass feuchtes Klima Menschen groß, dick, gelbhaarig, faul und träge; Wasser-, baum- und strauchloses Land, blond; und flache, wiesenreiche Gegenden mit drückendem Klima und warmen Winden breit, fleischig und dunkelhaarig mache.

Das Wort „Barbaros" hatten die Römer von den Griechen übernommen. Damit bezeichneten sie Menschen mit einer unverständlichen oder stotternden Sprechweise. Das traf natürlich auf alle Völker zu, die nicht griechisch sprachen, so dass Barbar zunächst automatisch auch „Nicht-Grieche" bedeutete.

Der griechische Philosoph Aristoteles schrieb im 4. Jahrhundert v. Chr. in seinem Werk, „Politika", über Barbaren: „Die Völker in den kalten Gegenden und in Europa sind zwar voller Mut, aber in geringerem Maße mit Verstand und Kunstfertigkeit begabt. Gerade darum können sie leicht ihre Freiheit bewahren, doch sie sind nicht imstande, Staaten zu bilden und über ihre Nachbarn zu herrschen. Die asiatischen Völker sind dagegen begabt und haben künstlerisches Talent, aber ihnen mangelt es an Mut. Deshalb leben sie in Unfreiheit und Sklaverei. Das griechische Volk, das in der Mitte lebt, hat dagegen etwas von beiden Teilen. Es ist nämlich sowohl mutig als auch intelligent."

Weil die Römer demzufolge ursprünglich auch Barbaren waren, weiteten sie den Begriff aus. So argumentierte der römische Politiker Marcus Tullius Cicero noch im 1. Jahrhundert v. Chr.: „Falls dagegen Barbar auf das Verhalten und nicht die Sprache abzielt, sind die Griechen meiner Meinung mindestens genau so barbarisch wie die Römer.“ Aus Sicht der Römer war es damit möglich, dass aus Barbaren Zivilisierte werden konnten. Somit meinten die Römer nicht nur das Recht, sondern geradezu die Pflicht zu besitzen, fremde Völker zu unterwerfen und unter die Pax Romana, den römischen Weltfrieden, zu führen, um sie zu „entbarbarisieren.“

Es gibt viele Gründe, warum die Germanen in den römischen Zeugnissen so furchterregend daher kommen. Die Gallier hatten durch die Nähe zur antiken Hochkultur bereits viel von der mediterranen Lebensart übernommen, noch bevor Rom sie in ihr Weltreich integrierte. Zuerst importierten, später imitierten sie römische Krüge, Schalen und Platten und kopierten so vieles von der römischen Ess- und Trinkkultur. Nach der Eroberung durch Caesar gab sich zuerst die Elite bewusst römisch. Männer traten jung als Söldner der Armee bei und waren mit über fünfzig Jahren, nach Ende ihrer Militärzeit, römische Bürger. Statt Brei aus Näpfen wie ihre Großväter speisten sie nun Wein und Oliven von exquisitem Tafelgeschirr. „Den Galliern aber hat die Nähe der römischen Provinzen und die Kenntnis überseeischer Verhältnisse viel an Reichtum und Verfeinerung der Lebensweise gebracht, so dass sie sich langsam daran gewöhnten, von den Germanen besiegt zu werden,“ beschrieb Caesar in seinem Bericht vom Gallischen Krieg einen Nebeneffekt der Entbarbarisierung. Doch hielt man schon die entbarbarisierten Gallier für wild, so erschienen den Römern die Sitten der Germanen nun noch roher.

Germanien war für die Römer weit weg. Die daraus resultierende Unwissenheit führte dazu, dass noch lange Zeit das unglaublichste Gerücht die Runde machen konnte. Die wenigen Nachrichten, die einem Römer damals zu Ohren kamen, wurden ausgeschmückt, vereinfacht und übertrieben. Kaum ein römischer und griechischer Schriftsteller konnte sich vor Ort erkundigen. Es war ihnen nur unter größten Anstrengungen möglich, weite Reisen zu unternehmen. Die meisten von ihnen, wie Tacitus, hatten Germanien nie gesehen. Das, worüber sie schrieben, war ihnen von Gewährsmännern zugetragen worden, von Soldaten, Händlern, germanischen Söldnern und Angehörigen der kaiserlichen Leibgarde. Außer Caesar hatte von den römischen Historikern nur Velleius Paterculus Germanien in den Jahren um Christi Geburt als Kriegsteilnehmer selbst gesehen. Nur er und Caesar konnten aus eigener Anschauung berichten. Die Anderen kopierten die Fehler und Irrtümer ihrer Vorgänger.

Für die Römer gab es weitere Gründe, um das Barbaren-Klischee bis ins Absurde zu steigern. Man brauchte wohl auch eine Erklärung dafür, warum solche Barbaren überhaupt ein ums andere Mal die straff organisierte und hoch gerüstete römische Armee schlagen konnten. Die Kimbern hatten die Römer bei Noreia 113 v. Chr., bei Arausio 105 v. Chr. und in vielen kleineren Scharmützeln geschlagen und konnten erst 101 v. Chr. bei Vercallae auf den Raudischen Feldern in Italien gestoppt werden. Zudem war es üblich, Besiegte als gefährlich darzustellen, um Feldherrn noch triumphierender erscheinen zu lassen. So machte Plutarch Kimbern und Teutonen zu den eingangs zitierten Giganten, weil er die Verdienste des Feldherrn Marius umso bedeutender erscheinen lassen wollte.

Je mehr Römer und Griechen von den Barbaren wirklich wussten, umso weniger glaubhaft wurden die Klischees und Gerüchte. Natürlich wurden auch die Germanen umso weniger barbarisch, je enger sie in Kontakt mit der mittelmeerischen Zivilisation kamen. Der römische Historiker Cassius Dio schildert, wie bereits die Kimbern „viel von ihrem Ungestüm verloren" und „schlaffer und kraftloser an Leib und Seele" wurden, sobald sie sich einmal angesiedelt hatten. „Der Grund lag darin," so Cassius Dio, „dass sie (jetzt) nicht mehr wie früher unter freiem Himmel lebten, sondern Häuser bezogen, nicht mehr kalt badeten, sondern warme Bäder benutzten, die landesüblichen leckeren Speisen und Süßigkeiten aßen, während sie sich früher von rohem Fleisch nährten, und dass sie gegen ihre Gewohnheit kein Maß kannten im Weingenuss und Trinken. Diese neue Lebensweise raubte ihnen ihren wilden Mut und schwächte ihre Körperkraft, so dass sie weder Strapazen noch Mühsal, weder Hitze noch Kälte noch Mangel an Schlaf zu ertragen vermochten."

Die Germanen östlich des Rheins lernten die römische Lebensweise vor allem in den Jahren zwischen 11 v. Chr. und 16 n. Chr., zur Zeit der römischen Feldzüge in Germanien, kennen. Römische Städte wie Waldgirmes an der Lahn und die Legionslager entlang der Lippe waren Vorposten der Entbarbarisierung. Verbündete germanische Stämme stellten junge Kinder als Geiseln, die in Rom aufwuchsen, ausgebildet wurden und wie unzählige germanische Söldner nach Jahren des gehobenen römischen Militärdienstes in ihre Heimat entlassen wurden, in die sie römische Sitten mitbrachten.

Es dauerte, bis die Römer in ihren Schriften und Bildern ein etwas naturalistischeres Bild zeichneten. Erst am Ende des ersten Jahrhunderts verliert sich das Klischeehafte, und die Darstellungen auf Bildwerken, wie der Trajanssäule und der Markussäule, werden realistischer. Doch selbst noch als die Römer schon lange wussten, wer oder was die Germanen waren, behaupteten römische Autoren, wie Appian in seiner „Celtica", dass sie größer als die größten Menschen seien, in Notzeiten sogar Gras äßen und so ungestüm kämpften wie Tiere.

Mit den Germanen ist es nicht viel anders als mit Indianern, Aborigines, Eskimo und Maya. Sitten und Gebräuche von Fremdvölkern werden von den Entdeckern abgewertet und Kuriositäten überbetont oder aber vorbildhaft dem eigenen Zustand gegenübergestellt.

Riesen

Noch heute gelten die Germanen als besonders hochgewachsen, kräftig und kriegerisch. Aber waren die Germanen wirklich deutlich größer als ihre damaligen Nachbarvölker? Waren sie sogar größer als wir heutzutage? „In jedem Hause wachsen die Kinder nackt und schmutzig zu diesem Gliederbau, zu dieser von uns bestaunten Größe heran", schrieb etwa der Römer Tacitus um 100 n. Chr. Den hohen Wuchs der Germanen erwähnen die antiken Werke von Plutarch, Caesar und

Appian. Ebenso äußerten sich Geschichtsschreiber ab dem dritten Jahrhundert bis in die Völkerwanderungszeit: Der Byzantiner Prokopios über die Vandalen, der Römer Ammianus Marcellinus über die Alemannen und der Gallo-Römer Sidonius Apollinaris über die Burgunder. Sollten sie alle sich geirrt haben?

Das Problem: Über die Köperhöhe der Germanen geben heute ausschließlich Skelettreste Auskunft. Davon gibt es zwar Abertausende. Doch weil sie selten vollständig sind und fast nie so, wie sie in einem aufrechten Mensch aus Fleisch und Blut sitzen, wird die Körpergröße anhand der Länge bestimmter Langknochen durch Schätzformeln errechnet. Entsprechend können die ermittelten Körperhöhen je nach Methode und Schätzformel um bis zu plus/minus 5 cm variieren. Hinzu kommt, dass die Germanen ihre Toten bis zum 4. Jahrhundert bis auf wenige Ausnahmen verbrannt haben – die Knochen sind geschrumpft und gesplittert.

Der Prähistoriker Frank Siegmund hat die verschiedenen Methoden kombiniert und kommt anhand hunderter spätantiker Skelettfunde von Gräberfeldern aus Südwestdeutschland und der Schweiz zu folgenden miteinander vergleichbaren Werten: Maßen die spätrömisch-romanischen Männer durchschnittlich etwa 1,64 m bis 1,69 m, kamen ihre etwa gleichzeitigen Geschlechtsgenossen auf alamanischen Gräberfeldern auf 1,70 m. Hier waren es also wenige Zentimeter, die Germanen und Romanen voneinander unterschied.

Weit geringere Körperhöhen ergaben die anthropologischen Untersuchungen von tausenden Leichenbränden aus Gräbern aus Schleswig-Holstein aus der Zeit von etwa 1000 v. Chr. bis 500 n. Chr. Für die germanischen Männer des 1. bis 4. Jahrhunderts n. Chr. errechneten die Wissenschaftler Körpergrößen von etwa 1,65 m. Zusätzlich konnten sie feststellen, dass die Durchschnittsgröße der Männer von 1,70 m in der Bronzezeit (vor etwa 3000 Jahren) bis auf 1,60 m in der Völkerwanderungszeit (vor etwa 1500 Jahren) schrumpfte. Die Durchschnittsgröße der Frauen blieb im gleichen Zeitraum demgegenüber weitgehend stabil um 1,60 m.

Untersuchungen anderer Gräberfelder kommen für Schleswig-Holstein auf eine Körperhöhe der Männer von im Schnitt etwa 1,72 m.

Unter den mit Haut und Haaren erhaltenen Moorleichen kam der Mann von Rendswühren auf 1,63 m, der von Windeby I auf 1,65 m, der von Dätgen auf 1,65 m.

Groß waren wohl einige Bewohner des heutigen Dänemark: Bei den 25 untersuchten Männern ergibt sich dort ein Durchschnitt von 1,77 m, bei 25 Frauen 1,63 m. Unter den wohlhabenden germanischen Frauen des 3. Jh. von Skovgårde auf der dänischen Insel Seeland schwankte die Größe beträchtlich. Die kleinste der Frauen maß 1,55 m, die größte 1,71 m. Sicherlich wird es auch mal einen Riesen gegeben haben, wie den Mann von Oldcroghan, die mit über 1,91 m größte bekannte Moorleiche. Dieser Mann jedoch wurde in Irland gefunden und war wohl kein Germane.

Die Bewohner des europäischen Nordens waren somit durchschnittlich größer als diejenigen des Römischen Reiches. Doch nicht Haupteslänge, sondern vielleicht Stirnhöhe maß der Unterschied. Im Vergleich zu uns heute waren die Germanen klein. Männer werden heute in Deutschland im Durchschnitt 1,78 m und die Frauen 1,65 m groß. Hünen waren die Germanen keinesfalls.

Ihre Pferde waren übrigens wirklich klein, wie die unzähligen Knochenfunde verraten, so wie Caesar behauptet hatte. Allerdings auch nur zehn Zentimeter kleiner als die römischen Rosse.

Krieger

Natürlich waren die Germanen furchterregende Krieger. Sie verachteten Feind und Tod, zelebrierten Menschenopfer und verschreckten ihre Gegner durch bestialisches Geschrei. „Ruhe behagt diesem Volke nicht, und inmitten von Gefahren wird man leichter berühmt. … und nicht so leicht könne man einen Germanen dazu bringen, das Feld zu bestellen und die Ernte abzuwarten, als den Feind herauszufordern und seine Wunden zu holen," umschrieb der römische Geschichtsschreiber Tacitus den ganz und gar kriegerischen Charakter der Germanen. Entsprechendes deuten die archäologischen Funde an: Germanische Männer massakrierten auf bestialische Weise die Bewohner römischer Gutshöfe, versenkten in den Mooren Nordeuropas die Ausrüstung ganzer untergegangener Armeen und bekamen Lanze, Schwert und Schild ins Grab.

Bei Regensburg-Harting fanden sich in zwei Brunnen dreizehn Schädel von Männern. Manche hatte man im 3. Jahrhundert n. Chr. skalpiert, anderen mit einer axtähnlichen Waffe die Stirn eingeschlagen. Die Schläge trafen die Opfer alle auf die gleiche Weise, offenbar konnten sie sich nicht wehren und waren gefesselt. Solche Befunde sind keine Ausnahme. Im Brunnen einer römischen Siedlung von Kaiseraugst (Schweiz) fanden sich die knöchernen Überreste zahlreicher Leichen bzw. Kadaver von Menschen, Pferden, Eseln und Hunden. Auch hier hatte man den Menschen mit Axthieben den Schädel gespalten. Ähnliche Massaker könnten sich in Regensburg (Bayern) sowie bei Pforzheim (Baden-Württemberg) zugetragen haben.

Allerdings unterschied auch das die Germanen nur wenig von ihren Nachbarn. Auch Skythen, Gallier, Kelten und Awaren bekamen ihre Waffen mit ins Grab. Griechen und Römer bekriegten ständig andere Völker. Auch ein Blick in die Ethnologie lässt ahnen, dass es in den meisten ursprünglichen Gesellschaften wohl selten friedlich zuging: Der amerikanische Archäologe Lawrence H. Keeley hat in seinem 1996 erschienen Werk „War before Civilization: The Myth of the Peaceful Savage“ dargelegt, dass über 90 % der von ihm betrachteten Gruppen gegen andere zu Felde zogen. Friedliche Völker waren die Ausnahme. Und ihre Fehden waren tödlich: Dass 20 % der Männer im Krieg starben war „normal“ bei einigen Völkern waren es sogar über 50 %. Nicht viel anders wird es sich in Europa vor zweitausend Jahren verhalten haben. Und sicherlich waren die Germanen nicht zimperlich und nach Schlacht und Gefecht entluden sich die Reste von aufgestautem Zorn und Hass.

Wahrscheinlich lag Orosios mit der eingangs zitierten Schilderung des eigentümlichen Brauches von Kimbern und Teutonen, die nach der Schlacht von Arausio Ross und Reiter, Gold und Silber in den Fluten des Stromes versenkt haben sollen, gar nicht so falsch. Archäologen förderten aus mehr als fünfzig Mooren der jütischen Halbinsel und Südskandinaviens unzählige Schwerter, Lanzen, Schilde und

Pfeile zu Tage, die von Raubzügen entlang der Küsten der Ostsee stammten. Doch mit wilden germanischen Horden hatten diese Trupps 300 Jahre nach Caesar nur noch wenig gemein. Die Ausrüstungen waren standardisiert und der Kampfstil kompliziert. Bauern kämpften nicht mit den Waffen aus den Mooren. Stattdessen heuerten Heerführer junge Männer an und bewaffneten sie, um Nachbarstämme und Gutshöfe in den römischen Provinzen zu plündern. Sie geizten nicht an Prunk: Die silberne und teilweise vergoldete Gesichtsmaske, die goldenen Zierscheiben und Schlangenkopfarmringe, die aufwändigen und reich verzierten Schwertgarnituren legen davon Zeugnis ab. Selbst die Pferde waren in silbernes Dekor gewandet. Die Truppen besaßen eine strenge hierarchische Gliederung. Funde wie Nadeln, Knochensägen, chirurgische Messer und Pipetten zum Beispiel aus Illerup belegen ärztliche Versorgung; Werkzeuge von Schmieden und anderen Handwerkern bezeugen die Kunst, Waffen zu reparieren. Das Know-how stammte von den Römern. Doch auch hier kämpften nicht Massen – die größten Kriegsbeuteopfer spiegeln in ihren umfangreichen Inventaren Kämpfe von nur einigen hundert bis zu tausend Kriegern auf jeder Seite wider.

IRRTUM 3:

Tacitus war ein Augenzeuge

Es war im Herbst des Jahres 1943. Benito Moussolini war im Juli abgesetzt worden. Italien hatte das Bündnis mit Hitler verlassen, Wehrmacht und SS daraufhin das Land besetzt. Parallel begannen alliierte Truppen im September über Sizilien mit der Invasion des damaligen Königreiches. Vor der Villa des Grafen Aurelio Balleani, 15 Kilometer von Ancona an der Adria und unmittelbar südlich des Klosters Jesi, halten Fahrzeuge der SS. Die schwarz gekleideten Männer durchsuchen das Haus und verwüsten das Anwesen. Doch das, was der „Reichsführer-SS", Heinrich Himmler hier zu finden erhoffte, war nicht da: Der Codex Aesenias, die älteste erhaltene Abschrift eines nur 30 Seiten umfassenden Büchleins, verfasst um das Jahr 98 n. Chr. von einem Senator und Schriftsteller in Rom mit dem Namen Publius Cornelius Tacitus: Die Germania.

Der italienische Historiker Arnaldo Momigliano zählte die Germania nach dem Ende des NS-Regimes zu den „hundert gefährlichsten Büchern, die je geschrieben wurden." Zuletzt hat der Philologe Christopher B. Krebs in seinem Buch „Ein gefährliches Buch. Die ‚Germania' des Tacitus und die Erfindung der Deutschen" lesenswert nachvollzogen, wie die kleine Schrift des römischen Schriftstellers und Politikers dazu werden konnte.

Himmler war nicht ohne Grund so hinter dem Codex Aesenias her. Nachdem um 1450 nach Jahrhunderten des Vergessens aus der verstaubten Bibliothek des Klosters Hersfeld eine Abschrift der Germania nach Rom gelangte, machten zuerst italienische Humanisten und bald darauf auch die deutschen Reformatoren im Umfeld Martin Luthers aus den Germanen die ersten Deutschen. Die Germania wurde zum Ausgangspunkt deutscher Geschichte. In zahlreichen Büchern zeichneten die deutschen Humanisten ein Germanen-Idyll, dessen Grundlage die kleine Schrift des Tacitus war – wobei sie ihr vor allem die positiven Eigenschaften entnahmen: Dass die Germanen ein Volk von Zechern und Raufbolden waren, verschwiegen sie lieber. Der Philologe Jacob Grimm meinte im 19. Jahrhundert: „Durch eines Römers unsterbliche Schrift war Morgenroth in die Geschichte Deutschlands gestellt worden, um das uns andere Völker zu beneiden haben."

Die Germania fand nach ihrer Entdeckung auch international Anklang. Der Franzose Charles de Montesquieu etwa schrieb 1748, die englische Verfassung sei germanischen Ursprungs, denn: „Wenn man das bewundernswerte Werk des Tacitus über die Sitten der Germanen liest, dann wird man sehen, dass die Engländer die Idee ihres politischen Regiments von ihnen übernommen haben."

Nach den Befreiungskriegen ab 1813 trieb die Behauptung des Tacitus, die Germanen hätten sich nicht mit anderen Völkern vermischt, einen verhängnisvollen Germanenmythos an. Die Philosophen und Schriftsteller beschworen die alten Tugenden und die reine Abstammung der Deutschen. Die Germanen avancierten in den sich im 19. Jahrhundert entwickelnden Konstrukten der Rassentheorien zur edelsten Rasse unter den Ariern (s. Irrtum 15) – seinen Ausgang hatte auch das mit der Germania des Tacitus genommen.

Zwar haben auch andere Römer und Griechen außer Caesar und Tacitus die Germanen beschrieben. Strabon etwa hatte unzählige Nachrichten über sie in seiner großen „Geographie" zusammengetragen. Livius hatte den Germanen in seinem Geschichtswerk einen Exkurs gewidmet. Plinius der Ältere hatte zwanzig Bände „Germanienkriege" verfasst. Die meisten dieser Aufzeichnungen sind verschollen. Doch Tacitus hatte die Jahrhunderte vollständig überdauert. Seine kleine Schrift war von Sklaven von Papyrus auf Pergament und Jahrhunderte später von mittelalterlichen Mönchen im Schein von Kerzenlicht in Codices kopiert worden. Doch bald nachdem die Germania aus „den Kerkern der Barbaren“ befreit worden war, um die Worte des Bücherjägers Poggio Bracciolini zu gebrauchen, war die Abschrift wieder verschollen.

1902 kam der Codex Aesenias ans Licht. Der Name stammt vom zeitweiligen Aufbewahrungsort Jesi am Fluss Aesis (Esino). Die darin enthaltene Germania sind Abschriften des Kanzlers von Perugia Stefano Guarnieri aus dem 15. Jahrhundert, die wiederrum auf karolingerzeitliche Abschriften zurückgehen. Der Codex fand sich in der Privatbibliothek des Grafen Balleani. Seine Existenz machte Cesare Annibaldi, ein Altphilologe aus Jesi, publik. Damit gab es einen Ersatz für die verlorene Abschrift aus dem Kloster Hersfeld.

Hitler hatte auf Drängen Himmlers schon 1936 Mussolini um Überstellung des Codex gebeten, doch stattdessen 1943 lediglich schwarzweiß-Fotos erhalten, die zudem, wenn auch geringfügig, verkleinert waren. Der Codex verblieb im Eigentum der gräflichen Familie in Italien, wo er im Jahr 1966 durch ein Hochwasser des Arno Schaden erlitt.

Eine antike Landeskunde

„Germanien insgesamt ist von den Galliern, von den Rätern und Pannoniern durch Rhein und Donau, von den Sarmaten und Dakern durch wechselseitiges Misstrauen oder Gebirgszüge geschieden“, leitete Tacitus die Germania ein. Die Germanen seien Ureinwohner und von fremden Völkern gänzlich unberührt. Sie feiern als Göttervater Tuisto und dessen Sohn Mannus. „Die Bezeichnung Germanien sei übrigens neu und erst vor einiger Zeit aufgekommen“, schrieb Tacitus und fuhr fort: „Denn die ersten die den Rhein überschritten und die Gallier vertrieben hätten, die jetzigen Tungrer, seien damals Germanen genannt worden. So habe der Name eines Stammes, nicht eines ganzen Volkes, allmählich weite Geltung erlangt: zuerst wurden alle nach dem Sieger, aus Furcht vor ihm, als Germanen bezeichnet, bald aber nannten auch sie selbst sich so, nachdem der Name einmal aufgekommen war.“

Sie wohnten in einem Land, arm an Bodenschätzen, „ohne Reiz, rau im Klima, trostlos für den Bebauer wie für den Beschauer", das „im ganzen mit seinen Wäldern einen schaurigen, mit seinen Sümpfen einen widerwärtigen Eindruck" mache. Sie hätten sich nicht vermischt und lebten in großer Sittlichkeit. Sie seien kriegerisch, wenngleich allerlei Mängel und Laster, etwa die Trunk- und Spielsucht, sie auf eine andere Stufe der Zivilisation stellen.

Nachdem Tacitus das Volk im Allgemeinen beschrieben hat, wendet er sich der Beschreibung von mehr als vierzig einzelnen germanischen Stämmen zu. Manche, wie die Semnonen huldigen ihren Göttern in einem Hain, der „durch uralte Scheu geheiligt ist", weil sich „von dort der Stamm herleite." Bei anderen wie den Reudignern, Avionen, Varinern und einigen anderen, die im Schutze von „Flüssen und Wäldern" siedeln, gäbe es eine Fruchtbarkeitsgöttin namens „Nerthus", eine germanische „Mutter Erde". „Sie (...) nehme teil am Treiben der Menschen, sie fahre bei den Stämmen umher. Es gibt auf der Insel des Weltmeeres einen heiligen Hain, und dort steht ein gewaltiger Wagen, mit Tüchern bedeckt; einzig der Priester darf ihn berühren. (...) Er geleitet sie in tiefer Ehrfurcht, wenn sie auf ihrem mit Kühen bespannten Wagen dahinfährt. Dann folgen frohe Tage; festlich geschmückt sind alle Orte. (...) Dann kennt und liebt man nur Ruhe und Frieden bis die Göttin, des Umgangs mit Menschen müde, vom gleichen Priester ihrem Heiligtum zurückgegeben wird. Dann werden Wagen und Tücher und, wenn man es glauben will, die Gottheit selbst in einem entlegenen See gewaschen. Sklaven sind hierbei behilflich, und alsbald verschlingt sie derselbe See."

Ein Volk wie sein Land: urwüchsig, bodenständig, verwurzelt. Trotzdem waren sie Barbaren. Nur im Nordosten wohnten Menschen, die Tacitus noch barbarischer fand: „Kräuter", so der Geschichtsschreiber dienen den Fennen „zur Nahrung, Felle zur Kleidung und der Erdboden als Lagerstätte." Wie die Peukiner und Venether hätten sie durch „Mischehen" mit den Sarmaten „manches von deren Hässlichkeit" angenommen und „der ganze Stamm ist schmutzig." Nur eines deklariert Tacitus als ausdrücklich „unverbürgt": Dass „die Hellusier und Oxionen Antlitz und Mienen von Menschen, jedoch Rumpf und Glieder von Tieren haben."

Der Schweigsame

Nur wenig ist über den Römer Cornelius Tacitus bekannt. Sein Name bedeutet der „Schweigsame". Das, was man über diesen Mann weiß, entstammt wenigen Angaben aus seiner eigenen Feder und zwei Briefen an seinen Freund Plinius den Jüngeren. Wahrscheinlich zeugt ein marmorner Grabstein aus Rom von Tacitus' Ableben. Zu lesen ist darauf lediglich „CITO" (als Dativ von -citus) und von einer römischen Laufbahn. Der Rest der Inschrift ist abgebrochen – dort, wo das Todesdatum stand, ist eine Lücke. So bleiben selbst die Lebensdaten des Schweigsamen unvollständig. Was bleibt ist ein dürres Skelett an Fakten, dass nur noch durch die typischen Stationen der Karriereleiter eines römischen Staatsmannes etwas Fleisch erhält.

Tacitus wurde wahrscheinlich im Südosten Frankreichs oder im Norden Italiens um 55 n. Chr. geboren. Sein Vater war Ritter und Finanzier, wobei auch das nicht sicher ist. Er studierte Rhetorik und habe, wie Plinius der Jüngere schrieb, sich alsbald als Redner einen Namen gemacht. 77 n. Chr. ehelichte Tacitus die einzige Tochter des Iulius Agricola, eines renommierten Generals und Verwaltungsbeamten. Zwischen 79 und 81 n. Chr. wählte man den etwa 25-jährigen zum Quaestor, einem Senatsgehilfen, der unter anderem Steuern eintrieb. Damit wurde er zugleich Angehöriger des römischen Senats. Im Jahr 88, unter Kaiser Domitian, war er Praetor, bekleidete damit das zweithöchste senatorische Amt in Rom. Im Jahr 97 wurde er schließlich Konsul. 112–113 n. Chr. weilte er als römischer Statthalter in Asien, der neben Afrika prestigeträchtigsten Provinz Roms. Er starb wahrscheinlich um 120 n. Chr., nachdem Hadrian Kaiser wurde (117 n. Chr.).

Sein literarisches Debüt verfasste er im Jahr 98 n. Chr. Es ist eine Biografie seines Schwiegervaters Agricola. Bald darauf machte er sich an die „Germania" und den „Dialog über die Redner". Sein Hauptwerk bestand aus den „Historien“, einer römischen Geschichte der Jahre 69–96 und den „Annalen“, das die vorangehenden Jahre von 14 v. Chr. bis 68 n. Chr. umfasste, geschrieben wahrscheinlich nach 100 n. Chr. Viel mehr als diese wenigen gesicherten Informationen gibt es über den Mann, der für die Geschichte der Deutschen noch eine so bedeutende Rolle haben würde, nicht.

Lassen schon seine Lebensstationen einen wohl situierten, gutbürgerlichen Lebenswandel erahnen, mutet der Titel seiner dritten kleinen Schrift, der „Dialog über den Verfall der Beredsamkeit“ konservativ an, so offenbaren die Inhalte seiner großen Geschichtswerke, die Annalen und Historien, schließlich ein erzkonservatives, reaktionäres Weltbild. Für Tacitus hatte „das vergangene Zeitalter die wahren Maßstäbe verloren“, so der Altphilologe Manfred Fuhrmann im Nachwort zu seiner Übersetzung der Germania.

Germanien hat er nie gesehen. Ein Augenzeuge war Tacitus nicht. Römische Beamte und Kaufleute, die Germanien bereist hatten, werden Tacitus berichtet und Auskunft gegeben haben. Vor allem aber stammten seine Informationen aus den Federn von Caesar, Livius, Plinius dem Älteren und einigen anderen. Ebenso sind Stil, Aufbau und Gliederung aus verschiedensten Quellen inspiriert. An Caesar, der einzige, den Tacitus namentlich als Gewährsmann anführt, lehnt er sich schon mit dem Einleitungssatz der Germania an. Beschreibungen von Wohnweise, Kleidung, Haartracht, Waffen und anderem stehen ganz in einer antiken ethnographischen Tradition, die bis auf Herodot zurückreicht.

Tacitus wusste weder Neues noch Genaues zu vermelden. Seine Geographie und Ortsangaben sind ungenau. Die letzten großen Entdeckungen, wie die Flottenexpedition des Tiberius im Jahre 5 n. Chr., lagen fast einhundert Jahre zurück. Abgesehen davon, dass Domitian im Jahr 85 n. Chr. die Chatten besiegt hatte und anschließend die Wetterau der neuen Provinz Obergermanien zuschlug, fußt seine Schilderung im Wesentlichen auf den Zuständen in der ersten Hälfte des 1. Jahrhunderts. Aktuelle politische Ereignisse oder neue Entdeckungen rechtfertigten das Erscheinen einer Schrift über die Germanen um das Jahr 100 n. Chr. nicht.

Offenbar hatte Tacitus sich nicht einmal bemüht, Veränderungen, die eingetreten waren, seitdem die letzten Germanenberichte verfasst worden waren, zu überprüfen. So schreibt er etwa, die Hermunduren könnten jederzeit und „allerorten ohne Beaufsichtigung" mit den Römern Handel treiben, doch das war spätestens seit etwa 90 n. Chr. nicht mehr der Fall.

Als wissenschaftliche Schrift zur Erlangung eines akademischen Grades wäre die Germania ein Plagiat, eine Kolportage und eine schlechte noch dazu. Doch ein solcher Maßstab würde der Absicht des Autors nicht gerecht werden. Tacitus Geschichtsschreibung diene nicht „der wissenschaftlichen Erkenntnis und noch weniger ästhetischem Genuß", so der Philologe Manfred Fuhrmann. „Sie bindet sich zwar streng an die Wahrheit, und sie verwendet in reichem Maße künstlerische Mittel." Doch wollte Tacitus seinen Lesern den „Kodex der republikanischen Aristokratie" einschärfen, der vor allem aus Leistung (virtus), Preis (gloria) und Freiheit (libertas) als Bedingungen für Ruhm und Ehre bestand. Seine künstlerischen Mittel und Intentionen verbauen uns heute den Zugang zum Verständnis seiner kleinen Schrift.

Tacitus kehrte die schlichten Sitten der Barbaren hervor, um seinen Landsleute ihre Dekadenz und den moralischen Verfall vor Augen zu führen: Einfach sind der Germanen Tauschhandel, Waffen, Kleidung und Haus. Sie sind nicht berechnend. Nur nach Freiheit streben sie. Häufig enden die Kapitel mit sarkastischen Pointen, die den römischen Lesern die gute alte Zeit vor Augen führen soll. Am Ende von Kapitel 8 heißt es, die Germanen verehren Frauen wie Veleda und Albruna als Seherinnen „aber nicht aus Unterwürfigkeit und als ob sie erst Göttinnen aus ihnen machen müssten", – eine Anspielung darauf, dass Caligula, Nero und Domitian, Töchter, Gattinnen und Schwestern vergotten ließen. „Ihre Pferde zeichnet weder Schönheit noch Schnelligkeit aus", spielt wiederum auf die römische Vorliebe für Reitspiele an. Denn die germanischen Pferde „werden auch nicht, wie bei uns, zu kunstvollen Wendungen abgerichtet." Das gesamte Werk durchziehen solche moralistischen Sarkasmen und Polemiken.

Doch bei aller Zuspitzung, Kontrastierung und Verherrlichung blieb der Autor im Kern um Wahrhaftigkeit bemüht. So lässt er auch die Laster der Germanen ebenso klar hervor scheinen wie ihre Tugenden. Er distanziert sich von den germanischen Exzessen, der Trunksucht und dem Würfelspiel, von Sklaventötungen und Menschenopfern. Manche Details, von denen Tacitus berichtet, konnten Archäologen bestätigen: Die Frisur der Sueben, die ihr „Haar seitwärts streichen und in einem Knoten hochbinden", ist genauso überliefert wie Kultstätten in Mooren, die die Vorlage für den heiligen Hain der Semnonen geliefert haben könnten. Über die Lebens- und Siedlungsweise berichtet Tacitus etwa: „Ihre Dörfer legen sie nicht in unserer Weise an, dass die Gebäude verbunden sind und aneinander stoßen: Jeder umgibt sein Haus mit freiem Raum (...). Nicht einmal Bruchsteine oder Ziegel sind bei ihnen in Gebrauch; zu allem verwenden sie unbehauenes Holz, ohne auf ein gefälliges oder freundliches Aussehen zu achten. Einige Flächen bestreichen sie recht sorgfältig mit einer so blendend weißen Erde, dass es wie Bemalung und farbiges Linienwerk aussieht. Sie schachten auch oft im Erdboden Gruben aus und bedecken sie mit reichlich Dung, als Zuflucht für den Winter und als Fruchtspeicher." In diesem Satz stimmt vieles. Wie Archäologen nachweisen konnten, gab es sogar die von Tacitus beschriebenen bemalten Häuser. Nur selber dort gewesen, bei den Germanen, das ist der römische Schreiber nicht. Auch wenn der römische Geschichtsschreiber in seiner Germania viel Wahres berichtet, so bleibt sein Büchlein in erster Linie eine moralistische Agitationsschrift.

IRRTUM 4:

Blond und blauäugig

Haare sind Kult. Schon die alten Sumerer, Babylonier und Ägypter färbten sie mit einem Extrakt aus Wacholder-Beeren und Blut schwarz. Römerinnen und Griechinnen flochten Perücken und Zöpfe aus fremdem Haar und selbst die Steinzeitdamen vor über 25.000 Jahren machten sich ihr Haar zu kunstvollen Frisuren zurecht, wie viele kleine Frauenfigurinen bezeugen.

Die Ideale dabei waren höchst unterschiedlich: Ägypter, Babylonier und Sumerer, die von Natur aus überwiegend dunkel- bis schwarzhaarig waren, bevorzugten schwarzes Haar. Die Römer und Griechen dagegen, die vorwiegend dunkelhaarig waren, begeisterte helles Haar. Blond war für sie das Haar der Götter. Apollo, Athene, Aurora aber auch Dido, Helena und die Musen waren blond – so, wie fast alle wichtigen griechischen Götter und Helden. Doch bei Römerinnen galt ebenso auch rotes Haar als chic. So berichteten viele Autoren, dass sich die römischen Frauen ihr Haar mit Asche rötlich färbten.

Haar ist weit mehr als eine Äußerlichkeit. Es ist eine Botschaft. Biologisch zeugt es von Alter und Gesundheit. Sozial ist seine Farbe mit bestimmten Stereotypen belegt. In Europa und Amerika lauten sie: Blondinen sind geistig minderbemittelt, Rothaarige zornig, Brünette sanft. Vor allem das Klischee der Blonden hat sich seit Antike, Mittelalter und Neuzeit stark gewandelt. Nicht ganz unschuldig daran ist auch die Darstellung der germanischen Frau Thusnelda in der Hermannsschlacht von Heinrich von Kleist.

Haare wachsen. Beim Menschen, anders als bei Tieren, dauert es bis zu sechs Jahren bis ein einzelnes Haar stirbt. Anders als Affe, Katze und Hund sind wir gezwungen, unser Haar zurechtzustutzen. Genetischen Untersuchungen zu Folge, soll das ungebremste Haarwachstum vor 240.000 Jahren seinen Lauf genommen haben. Davor wuchsen sie am ganzen Körper, stellten ihr Wachstun aber ab einer gewissen Länge ein.

Haar war vor allem auch ein Symbol von Macht. In ihm würden magische Kräfte schlummern, wie es in der nordischen Mythologie und in Schriften des Mittelalters heißt. Bei den Merowingern vor 1500 Jahren war es Symbol des Königtums. In der Bibel erschlaffte der starke Simson, nachdem seine Frau Delila ihm die Locken raubte. Ebenso wurde König Nisos geschlagen, weil seine Tochter ihm das purpurne Haar geschnitten hatte. Das Scheren des Haars war im Mittelalter nicht umsonst eine besonders entehrende Strafe. Wer jemandem jedoch zu Unrecht das Haar abschnitt, musste laut einem Gesetz Alfred des Großen eine saftige Geldbuße berappen. Dem Römer Tacitus zu Folge schnitten schon die Germanen Ehebrecherinnen das Haar und jagten sie aus dem Haus.

Tacitus: Rotschöpfe

Doch nicht von Tacitus stammt das Gerücht, die Germanen hätten blondes Haar. Im vierten Kapitel seiner Germania charakterisierte er die äußere Erscheinung dieses Volkes damit, dass sie, außer blauen Augen, „rötliches Haar und große Gestalten" hätten (lateinisch: „rutilae comae, magna corpora"). Dieses Aussehen, so der Römer, sei bei allen Germanen gleich. Auch wenn es ihm immer wieder untergeschoben wird: Statt „flavus", hellem Blond, bezeichnete er die Farbe des Germanenhaares mit „rutilus", einem rötlichen oder rötlich-blondem Farbton. Sollten die Germanen Tacitus folgend nun etwa Rotschöpfe mit Sommersprossen gewesen sein?

Andere römische Autoren erwähnten direkt oder indirekt blondes germanisches Haar: So habe sich dem römischen Schriftsteller Herodian zu Folge der römische Kaiser Caracalla gelbes Haar aufgesetzt, um seiner germanischen Leibwache zu schmeicheln. Ebenso habe sich der römische Kaiser Gallienus mit germanischem Haar geschmückt, um seiner Frau, der Tochter eines Markomannenkönigs, zu gefallen. Der Bruder des Cherusker Arminius bekam den Beinamen „Flavus", wohl, weil er blond war. Der letzte große Geschichtsschreiber der Antike, Prokop von Caesarea, berichtet im Vandalischen Krieg, die Vandalen wären blond und blauäugig, groß und schlank. Daneben überlieferten die antiken Autoren für die Germanen außer Rot-blond und Blond, auch flavus (Hellblond), rufus (Rot), auricomus (Goldgelb) als Haarfarben. Nur Schwarz und Dunkelbraun fehlen.

Fast mehr noch als das Haar scheinen den Römern die Augen der Germanen imponiert zu haben. Als Gaius Julius Caesars Kundschafter im Jahr 58 v. Chr. auf Germanen stießen, berichteten sie, dass die Germanen nicht nur ungeheuer groß, unglaublich tapfer und waffenerprobt seien. Vielmehr noch hätten die Kundschafter „nicht einmal die Mienen und dem scharfen Blick ihrer Augen aushalten können." Auch Tacitus schrieb von wilden, drohenden oder furchtbaren und blauen Augen (lateinisch: „truces et caerulei oculi").

Doch an Haar und Augen konnte ein Römer Kelten, Skythen und Germanen nicht auseinander halten. Im antiken Nordbarbaren-Klischee (s. Irrtum 2) waren die Germanen lediglich noch blonder oder noch rothaariger als ihre Nachbarn. Wie sehr es sich dabei um einen antiken Topos handelt, verdeutlicht eine Szene aus Suetons „De vita caesarum". Darin zwang der römische Kaiser Caligula Gallier sich in einem Triumphzug für Germanen auszugeben, indem sie sich die Haare rot färben und lang wachsen lassen sollten. Die einzigen, die auch mal blond waren, waren die Germanen aus Sicht der Mittelmeerbewohner nicht. Wie zuvor Poseidonios und Caesar betonte auch Strabon in „De situ orbis" die Ähnlichkeit von Galliern und Germanen und meinte, dass die Germanen nur eben noch roher, größer und eben auch noch blonder seien. Der Grieche Herodot nannte im 5. Jahrhundert v. Chr. blonde Skythen, die nördlich des Schwarzen Meeres lebten. Über die Gallier schrieb Diodor im 1. Jahrhundert v. Chr., sie hätten nicht nur einen hohen Wuchs, kraftvolle Körper und eine weiße Haut, sondern auch helles Haar, das sie, wenn nötig, färbten.

Lockenkrieg

Als um 1500 die Schriften aus der Antike erstmals seit Jahrhunderten wieder gelesen, abgeschrieben und gedruckt wurden, erwachten in der Vorstellung über die Germanen erneut die antiken Klischees. Der deutsche Humanist Conrad Celtis, der 1497 an der Wiener Universität die erste deutsche Universitätsvorlesung über Tacitus' Germania hielt, ergänzte in seiner Germania generalis (1500) den alten Text um ein beinahe 300 Hexameter umfassendes lateinisches Gedicht: „Blond ist das Haar, hell sind auch die Augen," schreibt er darin – aus Tacitus' „rutilae comae" war „flava comae" geworden. Celtis' Beweggründe für diese Änderung liegen heute im Dunkeln. Vielleicht war er sich bewusst, dass die römisch-griechischen Berichte bestimmten Schemata und Absichten folgten. Sicherlich wird ihm aber rötlich als unpassend für die edlen und wilden Germanen, die ersten Deutschen, wie man damals dachte, erschienen sein.

Zum Inbegriff des Deutschseins machte schließlich Heinrich von Kleist den blonden Germanen in seiner „Hermannsschlacht" von 1808, zur Zeit der Napoleonischen Feldzüge. Natürlich sind in seiner „Hermannsschlacht" Thusnelda, die Gemahlin des cheruskischen Heerführers, und ihre Söhne Rinold und Adelhart blond. „Gib eine Locke," haucht bei Kleist der Römer Ventidius Thusnelda, der Gattin des Cheruskerführers, ins Ohr. Germanien verdingt sich bei ihm in ihrer blonden Locke. Ventidius will sie der Kaiserin nach Rom schicken und versprechen, ihr eine ganze Perücke aus jenem Haar zu schenken. Was die Kaiserin in Rom damit will, muss der germanische Recke Hermann seinem „Thuschen" erst erklären. Denn, so Hermann, wenn die Römer kommen, „Scheren sie dich so kahl wie eine Ratze", weil: „Die römischen Damen müssen doch, wenn sie sich schmücken, hübsche Haare haben?" Thuschen fragt: „Nun, haben denn die römischen Damen keine?" Hermann: „Nein, sag ich! Schwarze! Schwarz und fett, wie Hexen! Nicht hübsche, trockne, goldne, so wie du!" So erklärt er blondes deutsches Haar zum Grund für die römische Invasion Germaniens.

Seine volle Wirkung sollte Kleists Hermannschlacht erst nach Gründung des deutschen Reiches 1871 erfahren. In den zwanziger und dreißiger Jahren gehörte sie mit zu den am häufigsten gespielten Bühnenwerken. Zu dieser Zeit wurde das heutige Klischee der blonden Tussi geboren.

Bald darauf gestand die Wissenschaft, dass sich die Haarfarbe als wenig hilfreich erwies, um Menschengruppen und Völker zu beschreiben. Die Masse der Menschheit war und ist dunkelhaarig. Dennoch wurde blond ab 1890 zum Ideal einer vermeintlich arisch-germanisch-deutschen Abstammungsgemeinschaft zuerst in der völkischen Bewegung und später im Nationalsozialismus. Blond und blauäugig sollten Arier und die nordische Rasse sein, so wie ihre Nachfahren, die Germanen und die Deutschen. Völkische und nationalsozialistische Rassenkundler hielten Norddeutschland und Skandinavien für die Urheimat der Arier und glaubten, dass sich von hier aus alle Blonden über die Welt verteilt hätten (s. Irrtum 17).

Männer schalteten in den unzähligen Agitationsblättern der völkischen Bewegung Kontaktanzeigen, in denen sie nach reinrassigen, blonden germanischen Frauen suchten. Lanz von Liebenfels gründete 1905 in Österreich die Zeitschrift „Ostara – Briefbücherei der Blonden und Mannesrechtler". Der Arzt und völkische Agitator Ludwig Woltmann suchte in Gemälden und Beschreibungen von Italienern und Franzosen nach Hinweisen auf große blaue Augen und blondes, lockiges Haar, um so nachzuweisen, dass die großen italienischen und französischen Künstler wie Galileo Galilei, Christopher Kolumbus oder Leonardo da Vinci Nachkommen von Germanen seien (s. a. Irrtum 17). Alles Blonde wurde germanisch. So hält sich noch bis heute hartnäckig das Gerücht, manche nordafrikanischen Berber wären aufgrund einer Vermischung mit den germanischen Vandalen blond. Dagegen spricht allein der Umstand, dass schon Hieroglyphen, die von der Libyschen Invasion in Ägypten 1227 v. Chr. berichten, blonde Nordafrikaner zeigen – mehr als eintausend Jahre vor den Germanen. Die Nazis schließlich machten sich rücksichtslos an die Erschaffung ihres „blühenden, blonden Endzeitparadieses". Hans K. Günther („Rassen-Günther"), der Rassentheoretiker des Dritten Reichs, in seinen „Rassenkunden", wie auch Heinrich Himmler, führten dabei Römer wie Tacitus an, denen zu Folge die Germanen hochgewachsene, blonde und blauäugige Menschen gewesen sein sollen. Dass auch Skythen und Kelten den antiken Schriftstellern blond erschienen und dass Tacitus von rötlichem Haar schrieb, ignorierten sie.

Gene

Nur zwei Stoffe entscheiden über die Haarfarbe eines Menschen. Eumelanin sorgt für nussbraunes bis schwarzes Haar, Phäomelanin für rotes und blondes Haar. Fehlen die Pigmente, wird das Haar bleich. Über die Leuchtkraft entscheiden farblose Schuppenzellen der Haaroberfläche. Abstehende Schuppen lassen das Haar matt wirken, anliegende leuchten.

Wie viel von welchem Typ Melanin in den Melanozyten, das sind Zellen, die in dem Haarbalg (auch -Follikeln), der die Haarwurzel umgibt, sitzen, produziert werden, ist genetisch bestimmt. Ebenso steht es mit der Augen- und Hautfarbe. Auch diese werden durch Melanine bestimmt. Hellhäutige und blonde Menschen besitzen eher blaue, grüne, rote oder graue Augen, dunkelhäutige mit dunklen Haaren meist braune.

Doch die Ermittlung der Haarfarbe von Toten und damit auch der Germanen erweist sich als außerordentlich komplex. Der Forensiker Manfred Kayser von der Erasmus Universität Rotterdam hat im Jahr 2011 den bislang genauesten genetischen Haarfarben-Test vorgestellt: Mit 80-prozentiger Sicherheit offenbaren Blut-, Speichel- oder Hautpartikel, ob jemand blond oder braunhaarig war. Für Schwarz- und Rothaarige steigt die Trefferquote auf über 90 Prozent.

Immerhin ergaben genetische Analysen von archäologischer DNS aus 26 Gräbern aus der Gegend um die heutige Stadt Krasnojarsk zwischen 1500 v. Chr. bis 400 n. Chr., dass die hier bestatteten überwiegend blau- und grünäugig, hellhäutig sowie blond waren. Germanen waren diese Menschen nicht, eher Skythen. Zwar gelingt es immer häufiger alten Knochen und Leichenteilen Erbgutinformationen abzuringen, doch nach wie vor ist es selbst bei jüngeren Leichenfunden schwierig, anhand des Erbgutes die Haarfarbe zu ermitteln.

Eine wichtige Rolle für die Haarfarbe spielt das Melanocortin-Typ-1-Rezeptor-Gen (MC1R). Von diesem sind mehr als 70 Varianten bei Homo sapiens sapiens bekannt. Wird das Gen gebremst oder ausgeschaltet, werden Haare rötlich, die Haut hell und sommersprossig. Schon ein Teil der Neandertaler habe möglicherweise rote oder helle Haare und helle Haut gehabt, fanden Genforscher anhand von MC1R heraus.

Heute sind nur etwa zwei Prozent der Weltbevölkerung blond bzw. hellhaarig. Doch dass Blondinen aussterben könnten, wie es gelegentlich kolportiert wird, ist unwahrscheinlich. Zwar werden die Gene für die Phäomelanin-Produktion (helle Haare) rezessiv und die für die Produktion von Eumelanin (dunkle Haare) dominant vererbt. Doch die rezessiven Hell-Alelle werden auch an den dunkelhaarigen Nachwuchs weitergegeben. Treffen er oder seine Erben Generationen später auf ein Blond- bzw. Rot-Alell, kann das helle Haar wieder zum Vorschein kommen.

Überdurchschnittlich viele Blonde finden sich heute in Schweden, Norwegen und Dänemark, entlang der Nordseeküste Großbritanniens, der Niederlande und Deutschlands, wenngleich auch hier die überwältigende Mehrheit dunkelhaarig ist. Die Finnen sind von allen am häufigsten blond und blauäugig. Sie sprechen übrigens mit dem Finno-Ugrischen eine Sprache, die mit dem Germanischen nichts zu tun hat. Des Weiteren gibt es Blonde in bestimmten Regionen und unter bestimmten Bevölkerungsgruppen in Afghanistan, Pakistan, der Türkei, dem Iran, den Ländern der Levante und unter den Berbern Nordafrikas. Am häufigsten sind blonde Haare jedoch unter Kindern und Jugendlichen der Aborigines in manchen Regionen Australiens und auf manchen Inseln Ozeaniens. Über 90% kommen dort blond zur Welt. Erst im Verlauf der Adoleszenz verdunkelt sich das Haar der meisten von ihnen. Rothaarig sind heute vor allem Iren. Jeder zehnte ist es dort, in Schottland jeder vierzehnte, in den USA und England jeder fünfundzwanzigste und in Deutschland jeder fünfzigste. Deutlich seltener sind Rothaarige unter Asiaten, Afrikanern und Südamerikanern.

Dass die Blonden im Norden häufig sind, könnte tatsächlich klimatisch bedingt sein. Unter der schwachen Sonne Mittel- und Nordeuropas waren sie weniger anfällig für Rachitis, weil ihre helle Haut mehr Vitamin D3 bilden konnte. Diese so genannte Vitamin-D3-Mangel-These vertreten unter anderem Jonathan Rees, Dermatologe an der University of Edinburgh und die Oxforder Genetikerin Rosalind Harding. Unter der starken UV-Strahlung im Süden waren Hellhäutige dagegen deutlich benachteiligt, unter anderem durch ein höheres Krebsrisiko. Stimmt dies, wäre die Menschheit, die Jahrhunderttausende vor allem in den warmen Regionen der Erde mit hoher Sonneneinstrahlung lebte, die längste Zeit dunkelhaarig gewesen. Erst mit der Besiedlung nördlicherer Regionen vor etwa 600.000 Jahren konnten sich rote und blonde Haare häufiger durchsetzen.

Auch die Augen werden von Melaninen gefärbt. Deswegen verteilen sich Blauäugige wie Blonde auf der Landkarte: Sie sind in den baltischen Staaten und in Skandinavien häufiger als im Rest der Welt. Etwa 90 % der Finnen sollen blauäugig sein. Ein wichtiges Gen hatte der Australische Genetiker David Duffy mit seiner Arbeitsgruppe von der University of Queensland erst Anfang 2007 entdeckt: OCA2. Es trägt Informationen für den Bau von P-Proteinen, aus denen die Farbstoffe gebildet werden. Wird es unterdrückt, werden Haut und Haar weiß und die Augen verlieren ihre Pigmentierung. Vor dem blutgefärbten Augenhintergrund verdünnt sich ihre Farbe bei schwachem Verlust bläulich, bei vollständigem Verlust bleibt das Rot.

Der Genetiker Hans Eiberg von der Universität Kopenhagen stellte im Erbgut von fast achthundert blauäugigen Skandinaviern, Türken, Indern und Jordaniern eine bestimmte Mutation eines Nachbargenes von OCA2 fest, die die Braunfärbung durch Eumelanin bremst. Ursprünglich hätten alle Menschen braune Augen besessen, so Eiberg. Durch eine einmalige, so genannte „Gründungsmutation“, wäre aber der Defekt entstanden. Eiberg zu Folge wäre dies vor 6.000 bis 10.000 Jahren nordwestlich des Schwarzen Meeres gewesen. Von dort sei der „Gen-Defekt“ ins nördliche Europa gelangt. Eiberg kam zu dem Schluss, dass alle Menschen mit blauen Augen einen bestimmten gemeinsamen Vorfahren nordwestlich des Schwarzen Meeres gehabt haben sollen – das aber ist äußerst umstritten.

Haare färben

Zu den Haarfarben schweigen die archäologischen Quellen. Die Germanen haben ihre Toten verbrannt und dabei die DNS weitgehend zerstört. Erst in wenigen Fällen ist es gelungen, dem Leichenbrand Erbgutinformationen abzugewinnen. Lediglich im Falle des Mannes von Grauballe, der berühmten dänischen Moorleiche eines Mannes aus dem vierten Jahrhundert v. Chr., konnte genetisch die Haarfarbe ermittelt werden – er war wahrscheinlich rothaarig.

Zwar kamen vor allem in Mooren immer wieder einzelne Zöpfe und ganze Schöpfe zu Tage. Doch in nur wenigen Fällen meinten Forscher, histologische Hinweise auf die Haarfarbe von Menschen, die ein Römer als Germane bezeichnet hätte, gefunden zu haben: Der Mann von Husbäke (1936) sei eher schwarz-, der Mann von Windeby dunkelhaarig, der „Rote Franz" blond oder rot-, und das Mädchen von Yde hellhaarig gewesen. Die Häupter, die man in Mooren bei Osterby und Dätgen fand, sollen hellblonde Schöpfe besessen haben. Doch die Moorsäuren haben die einstige Färbung des Haares zerstört. In den extremen chemischen Milieus der Moore erweist sich das dunkle Eumelanin weit weniger stabil als das helle Phäomelanin. Dadurch hellten die Haare auf. Gleichzeitig trat die so genannte Melanin-Reaktion hinzu, die Haar und Haut der Moorleichen ihr ledrig-braunes Antlitz gibt. Deshalb ist es mit histologischen und mikroskopischen Verfahren allein nicht möglich, die Farbe der Haare aus den Mooren zu ermitteln.

Offenbar aber waren die Germanen, ebenso wie die Kelten, mit ihrer eigenen Haarfarbe nicht ganz zufrieden. Jedenfalls finden sich einige Hinweise darauf, dass sie mit Färbemitteln nachhalfen. Tacitus schrieb in seinen Historien, dass Civilis, Anführer des aufständischen Bataver-Stammes am Rhein um 70 n. Chr., sein Haar lang wachsen ließ und es rot färbe. Ebenso sollen sich laut Ammianus Marcellinus' Res gestae die Alamannen ihre Haare gefärbt haben. Plinius dem Älteren zu Folge färbten sich auch Kelten das Haar bevorzugt rot. Römerinnen bleichten ihr Haar mit „spuma Batava" (Schaum der Bataver), „spuma Chattica" (Schaum der Chatten) und „Mattiacae pilaetto"

(Haarmittel der Bataver). Diese Haarfärbemittel werden die Germanen wohl kaum für den Export allein hergestellt haben.

Ein Mythos ist schließlich auch der angeblich schwunghafte Handel mit germanischem Haar. Schon vor Heinrich von Kleist hatte sich Friedrich Nicolai 1801 in einer Zusammenstellung von antiken Perücken ausgedacht, dass die Römer auf germanisches Haar versessen gewesen wären. Dieser Mythos vom germanischen Exportschlager „Haar" hält sich bis heute. Neben Fellen, Häuten, Bernstein und Getreide, hätten germanisches Haar und Haarmittel „einen nicht unwesentlichen Beitrag Germaniens am römischen Luxusartikelmarkt dargestellt", wie gelegentlich auch in der Fachliteratur zu lesen ist.

Das Gerücht vom germanischen Exportschlager Haar beruht auf Textpassagen antiker römischer Historiker. Ovid und Martial schrieben, dass Römerinnen das Haar einer Sugambrerin und Chattin tragen würden. Der Archäologe und Althistoriker Reinhard Wolters hat darauf hingewiesen, dass die römischen Historiker Ovid und Martial von gefangenen Germaninnen schreiben – beim erwähnten Haar handelt es sich somit um Beute und nicht um Handelsware. Damit eignen sich diese Textstellen nicht, um daraus einen freiwilligen Handel abzuleiten. Zudem scheinen sie den römischen Autoren der literarischen Ausschmückung gedient zu haben, in der das Darbringen des Haares zum Symbol der Unterwerfung stilisiert wurde.

Übrigens: Blauäugig zu sein kennzeichnet Unwissen- und Unbedarftheit, hat aber nichts mit den üblichen Klischees von blonden Haaren und blauen Augen zu tun. Der Spruch rührt daher, dass Kinder überwiegend blauäugig zur Welt kommen und die Melanine ihre Augen erst allmählich einfärben.

IRRTUM 5:

Fleischfresser und Biertrinker

Germanen aßen endlos Fleisch und tranken ohne Maß. Dieses Stigma werden sie wohl schwerlich wieder los. Denn dieser Mythos ist schon von den antiken Historikern verbreitet worden, seitdem sie von Germanen schrieben, und er lebte unter den germanisch sprechenden Völkern des frühen und hohen Mittelalters in der nordischen Sagaliteratur über Jahrhunderte fort.

Seinen Ausgang nahm das Klischee in einer kurzen Notiz des Gelehrten Poseidonios von Apamira. Um das Jahr 80 v. Chr. schrieb er von einem kleinen Stamm am Rhein, den er Germanen nannte. Sie würden „zum Frühstück gliederweise gebratenes Fleisch genießen und dazu Milch und den Wein ungemischt trinken." An anderer Stelle behauptete Poseidonios, „dass sie sogar rohes Fleisch genießen." Ebenso äußerten sich auch die antiken Historiker Cassius Dio und Pomponius Mela. Und Diodor weiß sogar von Menschenfressern zu berichten: „Es heißt, dass von den wildesten, die gegen Norden und in der Nähe des Skythenlandes leben, einige sogar Menschenfresser seien."

Den antiken Historikern galten die Germanen als zu unstet und faul, so dass ihnen die notwendige Ausdauer zum Bestellen der Äcker fehle. Caesar meinte in seinem Gallischen Krieg, dass auf dieser Ernährung ihre angeblich so großen und kräftigen Körper beruhen würden. Er schrieb: „Sie ernähren sich auch weniger von Getreide als überwiegend von Milch und Fleisch und sind viel auf der Jagd." In dasselbe Horn stieß Tacitus, der behauptete, ein Germane würde lieber in den Krieg ziehen, statt das Feld zu bestellen und die Ernte abzuwarten. Entsprechend, so der Römer ist „die Kost ... einfach: wildes Obst, frisches Wildbret oder geronnene Milch. Ohne feine Zubereitung, ohne Gewürze vertreiben sie den Hunger."

Nur der Naturkundler Plinius der Ältere weicht von den einhelligen Berichten ab, wenn er schreibt, dass Haferbrei die typische Speise der Germanen sei und die Nordseeküstenbewohner auch Fischfang betrieben. Allerdings meinte er auch, dass die Barbaren nicht einmal Käse kennen würden. Stattdessen sei „aus Kuh- und Schafsmilch gewonnene Butter die feinste Speise barbarischer Völkerschaften, die Reich und Arm voneinander unterscheide."

Das Klischee der fleischlichen und einfachen Ernährung ist ein antiker Topos. Er entspringt im Wesentlichen dem Nordbarbaren-Klischee. Die Kost ist bei Tacitus „einfach", weil er in seinem Sittenbild alles bei den Germanen als „einfach" darstellt. Zumindest einem wohlhabenden Römer, der des Lesens und Schreibens mächtig war, konnte kaum etwas unzivilisierter erscheinen, als so – saufend und Fleischkeulen essend, wie Poseidonios behauptete – den Tag zu beginnen. Die wohlhabenden Familien am Mittelmeer dagegen aßen zum Frühstück etwas Brot, das in Wein getaucht und mit Salz bestreut werden konnte, dazu vielleicht Oliven, Datteln, Käse. Mittags bereiteten sie warme oder kalte Speisen, Fisch, Fleisch, Wurst, Gemüse, Käse und Wein. Die Hauptmahlzeit am Abend nahmen sie im Kreise der Familie oder von Freunden ein. Je nach Anlass und Wohlstand konnte der Hausherr in einem 3-Gänge Menü auch raffiniert zubereitete Speisen reichen: Als Vorspeise Salat, Spargel, Gurke, Pilze, Eier, Schnecken, gesalzener Fisch oder Muscheln, als Hauptgang vor allem gebratenes und gekochtes Fleisch, und als Nachspeise Obst und Süßigkeiten. Immer war „Garum" dabei, eine Würz-Sauce, deren Grundsubstanz Sardinen waren. Zwar gehörte der Wein bzw. Honig-Wein, „Mulsum", zu fast jeder Mahlzeit, doch tranken die Römer ihn nicht unverdünnt.

Viele Römer frönten solchen Leckereien jedoch nicht. Die römischen Soldaten transportierten und bereiteten ihre Kost selbst zu. Entsprechend leicht mussten die Nahrungsmittel zu beschaffen, konservieren und transportieren gewesen sein. So bot die Ernährung der Legionäre kaum Abwechslung und bestand vor allem aus Getreide und etwas Speck, Essigwasser, Salz und Käse. Auch die verkohlten Pflanzenreste in römischen Städten, Bauernhöfen und Militärlagern lassen auf eine einfache Kosten der Massen schließen: Es sind meist Hülsenfrüchte wie Bohnen, aber auch Linse und Erbse. Ebenso scheint Kohl ein wichtiges Nahrungsmittel gewesen zu sein. Zuletzt hat ein Forscherteam der University of West Florida und der University of South Florida anhand der Gräber einfacher Bewohner aus römischen Vororten herausgefunden, dass bei ihnen vor allem Hirsebrei auf den Tisch kam. Doch um auch dem letzten Römer deutlich zu machen, wie barbarisch die Germanen waren, behauptete manch römischer Autor, dass sie Fleisch roh und unzerlegt aßen und tranken wie die Haubitzen.

Ackerbau

Die Archäologie verfügt heute über zahlreiche Erkenntnisse zur Ernährung der Germanen. Spuren der damaligen Äcker, Getreidefunde in Siedlungen, Mageninhalte von Moorleichen, Speise- und Getränkereste an Töpfen und Krügen verraten zumindest, dass die Germanen, anders als behauptet, unter großer Mühe ihre Äcker bestellten. Fruchtbare Böden und Hänge an sanften Flusstälern, wie etwa im Leinetal, wurden schon um Christi Geburt großflächig beackert. Weniger geeignete Böden hatten die Bauern urbar gemacht, indem sie Generation für Generation zur Düngung humose Plaggen aufschichteten. Einige dieser Aufträge sind im Laufe von Jahrhunderten auf bis zu einen Meter angewachsen.

Auf den weniger geeigneten sandigen und lehmigen Moränenböden im nordwestlichen und nördlichen Mitteleuropa grenzten die Landwirte die einzelnen Ackerparzellen durch niedrige Erdwälle, manchmal auch Zäune, voneinander ab. Diese von Fachwissenschaftlern so genannten „Celtic fields“ waren überwiegend quadratisch oder kurzrechteckig und konnten, wie im jütländischen Byrstedt Hede, bis zu 300 m lang sein. Größere solcher Ackerparzellen aus Nordeuropa sind unter anderem zusammen mit einer germanischen Siedlung in Skørbæk Hede ausgegraben worden. Dort maßen die Fluren zwischen 500 bis 5000 m^2 und waren von Wällen mit 5 Meter Breite und einem viertel Meter Höhe begrenzt. Auf der Feddersen Wierde, der gut untersuchten germanischen Siedlung im Elb-Weser-Dreieck, fanden Archäobotaniker vor allem Reste von Gerste und Ackerbohne (auch „Sau-„ oder „Dicke Bohne“), sowie Lein und Leindotter als Ölpflanzen. Auf den höheren Geestböden dagegen pflanzte man als Hauptfrucht Emmer an, seltener Gerste und Roggen, Saatweizen und Hafer. Den Boden ihrer Äcker bearbeiteten die Bauern mit einem einfachen Pflug, der keine Wendevorrichtung besaß. Da diese „Arder“ die Erde nur aufritzten, pflügten die Bauern ihre Äcker mehrmals in verschiedener Richtung. Pflüge, die Schollen wendeten, kamen erst allmählich in Gebrauch.

Zu faul und zu unstet, wie von den römischen Historikern behauptet, waren die Germanen nicht. Ackerbau kannten sie und betrieben ihn fleißig. Wie von Tacitus geschildert, sammelten sie auch Wildgemüse und Wildfrüchte. In den Siedlungen fanden sich Reste von Sellerie, Kohl, Melde, Löwenzahn, Brennnessel, Apfel, Pflaume, Kirsche, Walderdbeere, Heidelbeere, Himbeere, Brombeere, Fliederbeere, Eichel und Bucheckern.

Viehzucht und Jagd

Die Jagd dagegen spielte – anders, als von Caesar, Tacitus und manch anderem behauptet – eine eher geringe Rolle. Unter den Knochenresten in den Siedlungen entlang der Küsten von Nord- und Ostsee stammen meist nur 0,2 bis 0,7 % von Wildtieren. Etwas häufiger sind stattdessen Fischreste.

In den Siedlungen des Binnenlandes betrug der Anteil an Tierknochen von Wildtieren 3 bis 5 %, im Rheinland und in Süddeutschland 1 bis zu 3 %. Unter den Wildtierknochen finden sich solche von Biber,

Rotfuchs, Reh, Rothirsch, Ur, Schwan, Gans, Ente, Wal, Seehund, Dorsch, Lachs und Stör.

Je weiter man nach Norden kam, desto bedeutender wurde die Viehzucht. Dies kommt in den typischen germanischen Behausungen, den Wohn-Stallhäusern, deutlich zum Ausdruck. In deren Innern lag auf der einen Seite der Wohnbereich, mit einer Feuerstelle im Mittelpunkt und auf der anderen Seite der Stall mit Viehboxen, in denen um die 20 Rinder aufgestallt werden konnten. Das Vieh stand darin mit dem Kopf in Richtung der Außenwand und dem Hinterteil zur Mistrinne entlang des Mittelganges.

In weiten Teilen West-, Mittel- und Nordeuropas hielt man überwiegend Rinder. Umso mehr, je weniger der Boden zum Ackerbau geeignet war, wie es in vielen Regionen nördlich der Mittelgebirge und vor allem entlang der Küsten, in den Marschen, der Fall war.

Knochen aus germanischen Siedlungen im heutigen Niedersachsen stammen zu 80 % vom Rind, 13 % vom Pferd, 3 % von Schaf und Ziege und zu nur 3 % vom Schwein. Das Schwein wurde erst ab dem frühen Mittelalter zum Haupt-Fleischlieferanten. Es ließ sich einfach halten und hatte einen schnellen Umsatz. Entlang der Nord- und Ostseeküsten überwogen in germanischer Zeit Rind und Schaf, Weidegänger, mit zusammen meist 70 % bis 90 %.

Das ist noch heute so, wo im Münster- und Oldenburger-Land mehr Schweine und auf den Weiden und Wiesen Schleswig-Holsteins und im nördlichen Niedersachsen überwiegend Rinder grasen.

Weiter südlich hielt man statt Rindern (56 %) und Pferden häufiger auch Schweine (28 %). Des Weiteren flatterten und gackerten um die germanischen Wohnstallhäuser Enten, Gänse und Hühner. Und auch Hauskatzen schlichen durch Hecken und Ecken.

Fleisch und Milch

Wofür die vielen Rinder? Rind, Schaf, Pferd und Ziege lieferten nicht nur Fleisch, sondern auch Milch. Möglicherweise zehrte man nicht vom Fleisch, sondern, wie bei vielen Völkern, die als Nomaden oder

Viehhirten lebten, von der Milch. Machte also Milch die Germanen munter und kräftig? Die Analysen von Tierknochen aus germanischen Siedlungen deuten deutlich daraufhin. Statt zu gleichen Teilen Ochse und Kuh, wie in römischen Siedlungen, waren 70 % der germanischen Rinder weiblich. Zudem hatten sie ein längeres Leben als die zeitgleichen römischen Rinder.

Eine Besonderheit scheint den Römern allerdings entgangen zu sein: Anders als in West- und Süd-Europa verzehrte man im Norden auch Pferd. Pferdeknochen machen entlang der Nordseeküste meist über 10 % unter den Tierknochen aus. Zudem wurde ein Großteil der Tiere vor dem zweiten Lebensjahr geschlachtet. Auch bei germanischen Stämmen östlich der Elbe lässt sich ein ähnlich häufiger Verzehr von Pferdefleisch beobachten.

Einen weiteren Hinweis auf die Nahrungszusammensetzung geben die Reste von Speisen in den Moorleichen. Die Magen- und Darminhalte waren Ausgangspunkt umfangreicher wissenschaftlicher Analysen. Der etwa siebenjährige, gehbehinderte Knabe aus dem Moor von Kayhausen, der in den Jahrhunderten vor Christi Geburt verstarb, hatte zuletzt Äpfel, Lein, Rispenhirse und einige weitere Wildpflanzen, wie Ampfer-Knöterich und Acker-Spörgel, gegessen.

Der Mann von Tollund – die wohl bekannteste Moorleiche, von dessen Tod durch Strangulation noch der Strick um den Hals zeugt – hatte zuletzt einen Speisebrei aus Gerste, vermischt mit Samen von Wildpflanzen, Knöterich, Spörgel, weißem Gänsefuß, Wegerich und Leinsam verzehrt. Der Mann von Husbäke, der nach Christi Geburt lebte, hatte Hirse und Gerste gegessen. Nur in den Mägen der Frau aus dem Huldremose fanden sich außer Roggen und Wildkräutersamen auch Tierhaare. Knochensplitter und Reste tierischen Gewebes waren in den Innereien der Moorleichen von Dätgen und Grauballe erhalten.

Ein weiterer Hinweis auf die Ernährungsweise ergibt sich aus dem Gehalt der stabilen Isotope Kohlenstoff-13 (13C) und Stickstoff-15 (15N) in menschlichem Gewebe. Je weniger tierische Produkte ein Mensch verzehrte, desto geringer der 15N-Wert, je weniger Fische und Meeresfrüchte desto geringer der 13C-Wert. Diese Isotope suchte die kanadische Rechtsmedizinerin Heather Gill-Robinson in den Haaren von vier Moorleichen, die alle in den Jahrhunderten um oder nach Christi Geburt lebten. Ihr Schluss: Die einstigen Menschen speisten kaum Fleisch und Maritimes. Eher glichen die Daten denen von heutigen Veganern.

Die Moorleichen liefern weitere Hinweise auf die Kost der alten Germanen. Häufig entdecken Rechtsmediziner beim Röntgen ihrer Langknochen parallel angeordnete Strukturverdichtungen – so genannte Harris Linien. Diese bilden sich bei Mangelernährung und Krankheit, vor allem bei vitaminarmer Ernährung in Verbindung mit reduzierter Sonneneinstrahlung in den Wintermonaten. Solche Linien fanden sich unter anderem an den Moorleichen von Kayhausen, von Windeby (I) und dem Mädchen von Yde, wie auch an Skelettteilen einer erwachsenen Frau von der Feddersen Wierde und eines Jungen aus einem kleinen Friedhof bei Heiligenhafen. Viel Eier und Fisch werden diese Menschen nicht gegessen haben. Mit deren Gehalt an Vitamin-D hätten sich die rachitischen Wachstumsstörungen im Knochen nicht manifestiert.

Zubereitung und Verzehr

Wie die römische Hausmannskost, so war auch die germanische schlicht. Doch es gab auch feinere Speisen. Schon Tacitus schrieb, sich selbst widersprechend: „Nach Vermögen bewirtet ein jeder den Gast an reichlicher Tafel." Anders als von Plinius behauptet kannten die Bewohner des Landes, das die Römer Germanien nannten, auch Käse und Butter. Hiervon zeugen Reste tönerner Siebgefäße aus germanischen Siedlungen. Möglicherweise aber war es damals schon so, wie heute: Während in Griechenland 80 % der Milch zu Käse, Joghurt und ähnlichen Produkten weiterverarbeitet wird, beträgt dieser Anteil im nördlichen Europa teilweise nur 10 %. Wenn auch sehr selten, so stießen Archäologen doch auf Gewürze. Aus einem kaiserzeitlichen Brunnen bei Klötze in der Altmark kam Koriander zu Tage. Auch damit würzten sie ihre Speisen.

Wenn die tägliche Kost auch einfach war, so bedurfte sie der Zubereitung. Getreide hat man in leicht muldenförmig vertieften, großen Steinen mit kleineren Läufersteinen zermahlen. Immer wieder finden sich die Mahlsteine in den Siedlungen der Jahrhunderte vor und nach Christi Geburt. Von den Steinen abgebrochene Körnchen gelangten in die Speise und schliffen den Menschen die Zähne ab. Ein regelrechtes Backhaus könnte sich in der Siedlung von Helgö befunden haben. Einige dort gefundene Brote sind durch die Radiokarbondatierung in die Zeit um 200 n. Chr. datiert worden. Vielleicht verwendete man dabei, wie in Rom, einen Sauerteig, möglicherweise buk man es auch ohne Treibmittel auf einer Steinplatte über dem Feuer.

Alles in Allem: wenig Fleisch, stattdessen Getreide, Kräuter, Früchte, Gemüse und Milch.

Bier oder Wein

Deutsche Frauen, Deutsche Treue, Deutscher Wein, Deutscher Gesang. Als 1841 erstmals das Deutschlandlied von Hoffmann von Fallersleben erschallte, war von Bier nicht die Rede. Fallersleben sprach wohl selbst lieber dem Wein zu. So schrieb er: „Ja, ich will' s gestehen, und wenn's meine größte Schwäche wäre, ich bin dem guten Weine herzlich gut, ich verdanke ihm mit die schönsten und heitersten Stunden. … Der Wein ist eine verkörperte Idee der Liebe". Statt Wotan und Met hing von Fallersleben wohl dem römischen Bacchus oder dem griechischen Dionysos an, als er Wein statt Bier zum deutschen Nationaltrank und Inbegriff deutscher Glückseligkeit kürte.

Den Römern galt Bier als Trunk der Barbaren. Um 100 n. Chr. erwähnt Tacitus das Gebräu: „Als Getränk dient ein Saft aus Gerste oder Weizen, der durch Gärung eine gewisse Ähnlichkeit mit Wein erhält", weiß der Römer zu berichten. Doch archäologische Hinweise auf dessen Herstellung und Genuss gibt es um Christi Geburt bei den Germanen nicht.

Poseidonios berichtete, dass am Rhein die Germanen Wein tränken. Caesar aber schrieb, die Sueben am Main würden keinen Wein kaufen, weil er verweichliche. Als einziges germanisches Getränk erwähnte der Feldherr lediglich Milch. Von vergorenem Getreide schrieb er nichts. Dies hat einige Althistoriker zu der Annahme geführt, die Germanen zu Caesar Zeiten hätten noch kein Bier gekannt. Vielleicht weil sie die Kunst, Bier zu brauen, noch nicht beherrschten und erst von ihren keltischen Nachbarn erlernten. Stattdessen käme für die germanische Frühzeit Honigwein aus Getreide und Honig in Betracht. Von dem weiß der Seefahrer Pytheas von Massalia um 325 v. Chr. zu berichten. Hinweise auf Honigwein fanden sich auch in dem Grab des Mädchens von Egtved aus der Bronzezeit. In einem Gefäß in ihrem Grab befand sich einstmals ein vergorener Saft aus Weizen, Preiselbeeren, wildem Rosmarin und Honig.

Bierbrauen war sicherlich keine Besonderheit der Germanen. Das Biertrinker-Klischee galt auch den Kelten. Poseidonios schrieb, dass jene noch Bier aus Gerste tränken, während man in den vornehmen italienischen Häusern dagegen Wein verkostete.

Die frühesten Hinweise auf das Brauen von Bier sind rund 5500 Jahre alt. Sie stammen aus Mesopotamien und Ägypten: Es sind ein Siegelabdruck aus Tepe Gaura, Bildzeichen aus Uruk und die archäologischen Hinterlassenschaften einer Brauerei in Oberägypten. Schon im alten Mesopotamien und Ägypten gab es unzählige Biersorten. Schülern ägyptischer Schreibschulen brachten Mütter täglich zwei Krüge Bier. Plinius zu Folge war um Christi Geburt Bier in Ägypten, Gallien und Spanien bekannt. Andere erwähnen es bei den Völkern rund um das Schwarze Meer: den Skythen im Norden, den Thrakern im Westen, den Phrygern im Süden und den Armeniern im Südosten. Nur Römer und Griechen waren Weintrinker.

Dass Bier überhaupt so populär wurde, liegt wohl daran, dass es sättigt und mit dem Backen Hand in Hand ging. Getreide keimt, sobald es feucht wird, und bildet Malz. Hefe zur Gärung ist leicht verfügbar. So war das älteste Bier wohl ein Brei, der zufällig in Gärung geriet. Auch die Geräte zum Brauen waren im Haushalt vorhanden. Aufwändig war es vor allem, große Mengen Wasser zu beschaffen und zu erhitzen.

Welche Bedeutung das Wort Bier einst hatte ist unbekannt. Es könnte sich vom lateinischen „biber“ (Trunk) herleiten und um 600

n. Chr. in nordgallischen Klöstern aufgekommen sein. Oder es besitzt eine germanische Wurzel, möglicherweise mit den Bedeutungen „Hefe“ oder „Brauen“. Auch „Bienen“, deren Honig ins Bier gemischt wurde, könnten ursprünglich in dem Wort stecken.

Braugetreide waren Gerste, Weizen und Hafer. Die Hefen waren obergärig, was die Biere leicht säuerlich machte. Hopfenfunde aus den ersten Jahrhunderten nach Christi Geburt sind außerordentlich selten. Stattdessen würzten und konservierten Wacholderbeeren, Schlehen, Eichenrinde, Eschenblätter, Fieberklee und andere Pflanzen das Bier.

War Bier trinken an sich schon barbarisch und weit verbreitet, so steigerten die römischen Historiker das Klischee bei den Germanen durch dessen übermäßigen Verzehr. „Gleich nach dem Schlafe, den sie häufig bis in den lichten Tag hinein ausdehnen und nachdem sie sich gewaschen und gespeist haben“, so Publius Cornelius Tacitus „gehen sie in Waffen an ihre Geschäfte oder, was öfters der Fall ist, zu Gelagen.“ Dabei sei es für niemanden eine Schande, Tag und Nacht durchzuzechen, wobei die dabei entstehenden Streitigkeiten und Pöbeleien nicht selten in „Totschlag und Blutvergießen“ enden würden. Sie würden sogar glauben, dass der Mensch „zu keiner Zeit aufgeschlossener für unverstellte oder stärker entbrannt für erhabene Gedanken“ sei. Die Germanen, so Tacitus, beraten offenen Herzens im Rausche. Ihre Entscheidungen aber träfen sie nüchtern am folgenden Tag. Ihre Zügellosigkeit mache sie jedoch verwundbar, meinte Tacitus: „Wollte man ihnen, ihrer Trunksucht nachgebend, verschaffen, soviel sie wollen, so könnte man sie leichter durch ihr Laster als mit Waffen besiegen.“

Ähnlich schildern auch andere römische Historiker den regen Zuspruch der Germanen zum Alkohol. Wenn Poseidonios schrieb, Germanen am Rhein tränken Wein unvermischt, so hieß das für einen Römer: Die Germanen waren Zecher. Wein unverdünnt zu trinken galt geradezu als Trinken auf „skythische Art“ – das Klischee vom Trinker galt eben nicht nur den Germanen, sondern auch Skythen, Kelten und anderen Völkern.

Erst in der nordischen Mythologie des Mittelalters wurde Met zum Göttertrunk. Odin, der Gott des Todes, des Krieges und der Dichtung soll sich ausschließlich von ihm ernährt haben. Im Walhall kämpften die toten Krieger täglich aufs Neue, wofür ihnen Wallküren Eberfleisch und Met reichten, der aus dem Euter der Ziege Heidrun, die am Weltenbaum äste, floss. Wovon sonst sollte ein Wikinger schon träumen? Der Mythos von den aus Hörnern saufenden Wikingern fand mit den Walküren des Komponisten Richard Wagner Eingang in die Moderne des späten 19. und 20. Jahrhunderts. Der Jenseitsmythos aus der Wikingerzeit aber lässt ahnen, dass die irdische Ernährung weit entbehrungsreicher war. Täglich Eberfleisch und Honigwein gab es wohl nur in den kühnsten Träumen der Wikinger.

IRRTUM 6:

Nackt und in Fellen

„Könnt' im Lande der Deutschen ich wohnen // Wäre lieber mir selber von Büffeln die Haut // Als wie all' Deine flimmernden Kronen!" schrieb der bayerische Oberschullehrer Franz Bachler in seinem dilettantisch wirkenden Rührstück „Thusnelda". Wie bei ihm waren die Germanen auch im 19. Jahrhundert Vielen noch ein Volk von Bärenhäutern – trotz aller Germanentümelei. Dass sich an diesem Klischee lange nichts ändern sollte, lag auch an Wagners Ring der Nibelungen. Die Kostüme und Bühnenbilder renommierter Künstler für die Uraufführung 1876 erinnerten die Zuschauer mit ihren Fellen, Flügelhelmen und Hörnern an so etwas wie Indianer. Siegfried erschien im Bärenpelz. Zwar hatten die antiken Germanen mit den Helden aus der altisländischen Sagendichtung, allen voran der Edda, nicht viel gemein. Doch mit Fellen und Hörnerhelmen, wüstem Haar und struppigem Bart zogen auch die rund tausend Laiendarsteller aus Anlass des 1900-jährigen Jahrestages der Varusschlacht am 15. August 1909 durch die Detmolder Innenstadt. Erst danach und vor allem im Nationalsozialismus wich das moderne Zottelklischee edlen Trachten, die für große Ausstellungen wie „Lebendige Vorzeit" im Städtischen Museum Neumünster als Nachweis angeblich „altgermanischer Kulturhöhe" gestaltet wurden.

Natürlich gehörte auch Nacktheit zum antiken Klischee vom Nordbarbaren. Als die Kimbern im Jahr 101 v. Chr. in Italien einfielen, sollen sie mit bloßen Oberkörpern am Brennerpass durch den Schnee gestapft sein. Caesar schrieb im vierten Buch der Gallischen Kriege über den germanischen Stamm der Sueben: „Obwohl die Gegend dort überaus kalt ist, haben sie sich angewöhnt, in den Flüssen zu baden und nichts außer Fellen als Kleidung zu tragen. Da diese sehr kurz sind, bleibt der größte Teil des Körpers nackt."

Entsprechend zeigen die wenigen frühen römischen Münzen, Reliefs und Stelen das Bild von halbnackten Wilden. Immer erscheinen die Männer aus dem Norden mit Hosen, wildem Haar und nacktem Oberkörper. Noch aus der 2. Hälfte des 1. Jh. n. Chr. stammt eine solche Darstellung von einer Säulenbasis aus einem Legionslager in Mainz.

Um das Jahr Einhundert n. Chr. hatte sich das Klischee jedoch teilweise gewandelt. Nachdem Römer und Germanen sich näher gekommen waren, war offenbar auch im Süden Europas klar geworden, dass selbst den wildesten Barbaren ein Leben in den nördlichen Breiten ohne den Schutz einer vollständigen Kleidung schwerlich möglich gewesen wäre.

Die Bildwerke des 2. Jahrhunderts, vor allem die Trajans- und Markomannensäule, aber auch andere Denkmäler wie das Tropaion Traiani (Rumänien), zeigen „Nordbarbaren" vollständig bekleidet mit Obergewand, Hosen und Mantel – selbst in Unterwerfungsszenen wie auf dem Aurelischen Relief.

In der Germania, die Tacitus um 100 n. Chr. niederschrieb, wuchsen nur noch die Kinder nackt auf: „In jedem Hause wachsen die Kinder nackt und schmutzig zu diesem Gliederbau, zu dieser von uns bestaunten Größe heran." Über die Kleidung germanischer Männer und Frauen schrieb er: „Allgemeine Tracht ist ein Umhang, mit einer Spange oder notfalls einem Dorn zusammengehalten. Im Übrigen sind sie unbekleidet; ganze Tage verbringen sie so am Herdfeuer. Nur die reichsten haben noch Untergewänder, nicht wallende, wie die Sarmathen und Parther, sondern eng anliegende, die jedes Glied erkennen lassen. Man trägt auch Tierfelle … .

… Die Frauen sind nicht anders gekleidet als die Männer; nur hüllen sie sich öfters in Umhänge aus Leinen, die sie mit Purpurstreifen verzieren. Auch lassen sie den oberen Teil ihres Gewandes nicht in Ärmel auslaufen; Unter- und Oberarm sind nackt, doch auch der anschließende Teil der Brust bleibt frei." Römer hätten schon das anstößig empfunden. Doch im Falle von Schlachten entblößten germanische Frauen ihre Brust auch ganz, um so ihre Männer anzuspornen – ganz auf das Klischee der Nacktheit wollte auch Tacitus nicht verzichten.

Mit Mantel, Kittel, Hemd und Hose kam das Klischee der Realität ab dem 2. Jahrhundert recht nahe. Obwohl archäologische Textilfunde außerordentlich selten sind, haben sie sich vor allem in den Mooren Nordeuropas in wenigen Fällen erhalten. Zur Kleidung des Mannes von Obenaltendorf aus dem 3. Jahrhundert n. Chr. gehörte außer einem Mantel auch ein Hemd und eine knielange Hose. Das Hemd besaß an den Seiten zwei Schlitze und war von 1,2–1,4 cm breiten, dunkleren Streifen verziert; einer quer über die Brust, zwei am unteren Rand. Die Hose des Mannes bestand aus einem hellen Grundstoff mit einem Dekor aus drei blauen Streifen. Er hatte lederne Bundschuhe und trug möglicherweise Kniebinden.

Short, Shirt und Schuhe fanden sich auch bei dem Mann von Marx-Etzel, einer Moorleiche aus den Jahrhunderten nach Christi Geburt. Die dunkle wollene Hose war stark abgenutzt und an mehreren Stellen geflickt. Lange Hosen blieben in den Mooren von Thorsberg und Damendorf erhalten, wovon die Thorsberger Hose angenähte Füßlinge besaß und wahrscheinlich eine Reiterhose war. In Thorsberg blieben, ganz dem antiken Klischee entsprechend, Mantel und Hemd, aber auch silberbeschlagene Ledersandalen erhalten.

Das Hemd aus dem Moor von Thorsberg ähnelt einer „tunica rossa", die fremden Soldaten im römischen Dienst als Auszeichnung verliehen wurde. Es bestand aus sehr feinem Diamantköpergewebe. Farbstoffanalysen ergaben eine ursprünglich rote Färbung und purpurne Borten am Ärmelabschluss. Ein umnähtes Loch auf der Rückseite der linken Schulter diente möglicherweise zur Befestigung eines Pfeilköchers.

Der sorgfältig gearbeitete Kittel von Reepsholt, der einem Kimono ähnelt, war ungewöhnlich weit und besaß an den Außenseiten kleine Gehschlitze. Seine Ärmel reichten bis zum Handgelenk. Durch die Verwendung von jeweils einem hellen und zwei dunklen Fäden erhielt der Stoff aus Heidschnuckenwolle einen zweifarbigen Farbeffekt. Vor allem anhand der Webtechnik ist eine Herstellung im 2.–4. Jh. n. Chr. zu vermuten.

Außer Hemd und Hosen waren Umhänge und Mäntel geradezu typisch für die Kleidung der damaligen Bewohner Nordeuropas – ganz so wie von Tacitus beschrieben. Reste und Fetzen davon stammen aus den Mooren Dänemarks, Norddeutschlands und der Niederlande. Einige waren mit größter Sorgfalt hergestellt worden. Den Prachtmantel aus dem Vehnemoor Nr. II, der vermutlich im 2. Jahrhundert n. Chr. getragen wurde, rekonstruierte das Textilmuseum Neumünster aus 29 Gewebefetzen zu einem knapp 3 Meter langen und 1,80 Meter breiten hellbeigen Tuch. Drei Seiten waren in eine rot-braun gestreifte Borte eingefasst, zwei Seiten liefen in Fransen aus. Bekannt ist dieses Gewand auch unter dem Namen „Oldenburger Prachtmantel". Der indigoblaue Thorsberger Prachtmantel aus dem späten 2. Jahrhundert ist mit ebensolchen Fransen aus Einzelstücken rekonstruiert worden. Wahrscheinlich gehörten solche Mäntel Angehörigen wohlhabender Schichten. Weitere Exemplare fanden sich im Moor von Illerup Ådal und in Gräbern in Dänemark, Norwegen und Polen.

Abgetragen, geflickt und gestopft war der Mantel des Mädchens von Yde. Das Mädchen war gehbehindert und um Christi Geburt im Moor versunken. Außer ihrer Leiche blieben mehrere Stücke Wollgewebe erhalten. Erkennbar bleiben mehrere aus hellgelbem, gelbem, blauem und rotem Garn eingewebte Bahnen. Außerdem fanden sich bei dem Mädchen Reste eines 220 cm langen Bandes. Möglicherweise diente das Band als Gürtel. Geflickt und abgetragen war auch der Mantel, der über dem Mann von Damendorf ausgebreitet worden war und Radiokarbondatierungen zufolge ins 2. oder 3. Jahrhundert n. Chr. datiert. Aus dem 3. oder 4. Jahrhundert stammen zwei große rechteckige Tücher mit blaugrünen Feldern und Fransenleiste aus dem Großen Moor bei Hunteburg, in die je eine Leiche eingewickelt war. In Siedlungen und auch Gräbern fanden sich zahlreiche Spinnwirtel oder Webgewichte. Häufig bauten die Germanen neben ihren großen Wohnstallhäusern in die Erde eingetiefte Häuser, in denen sie aus Wolle Mäntel und Tücher webten.

Auch Spangen, bzw. Dorne, mit denen die Germanen Tacitus zufolge ihre Gewänder feststeckten, gab es zuhauf. Mit Dornen mag er vielleicht Gürtel gemeint haben. Wie Fibeln, so die Bezeichnung der

Archäologen für Gewandspangen, bekam fast jeder Germane und jede Germanin sie ins Grab. Die Zahl ihrer Funde geht in die Zehntausende. Die Spangen funktionieren wie Sicherheitsnadeln mit Nadel, Rast, Spirale und Bügel. Die Spiralen bestanden aus mehreren Windungen, konnten bisweilen mehrere Zentimeter breit und von verzierten Rollenkappen bedeckt sein. Andere, kostbare Exemplare hatten scheibenförmige Schauseiten mit feinen Spiraldrähten.

Paarige Fibeln aus Frauengräbern befestigten vermutlich das Kleid an den Schultern. Sie wurden teilweise unter einem weiteren Kleidungsstück getragen. Eine dritte Fibel wurde wahrscheinlich im Brustbereich angesteckt. Da bei den paarigen Fibeln die Abnutzung exakt symmetrisch erfolgte, kann davon ausgegangen werden, dass sie nur selten von der Kleidung entfernt und vertauscht wurden. Die Fibeln waren bis zu 60 Jahre in Gebrauch und sind nicht selten repariert und vererbt worden.

Und die Frauen und ihre Purpurstreifen? Die antiken Bildquellen geben ab dem zweiten Jahrhundert nach Christi Geburt erstmals auch genauere Auskunft über die Tracht von germanischen Frauen. Auf der Trajans- u. Markussäule sticht der faltenreiche Schnitt ihrer Gewänder hervor. Offenbar waren peplosartige Kleider, schlauchförmige Gewebestücke, in Mode.

Ein weitgehend vollständiges Kleidungsensemble aus kurzem Rock, langem wollenen Gewand, Schultertuch und Mänteln fand sich bei der Frau aus dem Huldremose. Sie lebte um Christi Geburt. Der Rock war 87 cm lang und dürfte bis auf die Knöchel gereicht haben. Das Schultertuch maß 1,40 m in der Länge und einen halben Meter in der Breite. Es bedeckte das Haupt der Toten. Die Mäntel bestehen aus Schaffell. Sie wurden möglicherweise übereinander getragen. Der äußere war dekorativ und zum Teil gefärbt, das Haar wies nach außen. In Rock und Schultertuch waren Rautenmuster eingewebt. Ein weiteres, 75 cm langes und 1,5 cm breites, Band könnte ein Haarband gewesen sein. Hinzu kam ein langes Obergewand.

Im Weiteren sind Kleidungsreste von Frauen selten. Gelegentlich fanden sich Tierfelle bei ihren Leichen, die wohl Krägen von vergangenen Überhängen waren. Dass die Frauen im Wesentlichen nicht anders gekleidet waren als die Männer, wie Tacitus meinte, stimmt insofern auch, als für sie Mäntel und Überhänge typisch waren. Die Purpurstreifen auf den Gewändern der Frauen aber fehlen. Vielleicht erfand Tacitus sie, um so eine seiner vielen Anspielungen auf die guten alten Zeiten zu inszenieren nach dem Motto: Früher trugen nur römische Senatoren Purpurstreifen, doch heute jeder Ritter, Tribun und sogar germanische Frauen.

Schneiden, Strähnen, Locken, Knoten

Der zottelige und übermäßige behaarte Germane ist ein Klischee. Schon im Gilgamesch-Epos, das wohl vor 1200 v. Chr. entstand, steht der am ganzen Körper behaarte Enkidu als Prototyp für einen Primitivling. Sein wildes Haar offenbart seine Nähe zum Tier. Davon aber waren die Germanen weit entfernt. Wie sehr sie sich um ihr Haar bemühten, zeigen die Rasiermesser, Pinzetten und Scheren, die sich immer wieder in ihren Gräbern finden. Die in den Mooren erhaltenen Haare verraten, wenn schon nicht ihre Farbe, so aber doch Details über manche germanische Haar- und Barttracht. Im Moor von Osterby wurde 1948 ein Schädel gefunden, dessen Haar auf der rechten Schläfenseite zu einem Knoten zusammengebunden war – ganz so, wie Tacitus diese Sitte von den Sueben beschrieben hatte. 1960 kam im Moor von Dätgen ein Schädel mit einem ähnlich geflochtenem Nackenknoten zum Vorschein.

Solche Knoten sind auch aus schriftlichen Quellen und bildlichen Darstellungen bekannt. Das lange Haupthaar vom so genannten „Kopf Somzée“, der von einem Siegesdenkmal stammt, das einen Triumph über die Kimbern darstellt, ist an der rechten Schläfe verknotet. Zusätzlich besitzt der Kopf einen leichten Schnurr- und einen feinen Backenbart. Schläfenknoten tragen auch die Gefangenen, die auf dem Schlachtensarkophag aus Portonaccio dargestellt sind, dort zusammen mit einem langen Kinnbart. Weitere Beispiele von Knotenfrisuren finden sich auf der Trajanssäule, wo germanische Fürsten mit Schläfenknoten als Verhandlungspartner vor den Kaiser treten, auf dem Zinnenrelief 23 des Tropaion Traiani im heutigen Rumänien, das entlang seiner Brüstung Bilder von Gefangenen und besiegten Völkern zeigte und auf Henkelverzierungen, wie die aus Mušov. Meist zeigen sie einen Schläfen-, gelegentlich auch Scheitel- und selten Nackenknoten.

Weitere Frisuren überleferten Moore. Der „Rote Franz", der in den Jahrhunderten nach Christi Geburt bei Meppen in einem Moor versank, hatte buschige Augenbrauen und lange Wimpern, sein Bart war an Wange und Kinn mit scharfer Klinge auf etwa 0,75 Zentimeter gestutzt, der Lippenbart maß etwa 1,5 Zentimeter. Sein Haupthaar war wellig, vielleicht sogar lockig und durch einen Mittelscheitel getrennt. An Stirn und Schläfe maß es 11,5 Zentimeter, am Scheitel 18 Zentimeter und am Hinterhaupt 20 Zentimeter. Seiten- und Rückenpartien waren kurz geschoren. So detailierte Rekonstruktionen für jene Zeit sind jedoch selten. Der Mann von Husbäke trug einen Oberlippen- und Kinnbart und seine Haare waren an Stirn und Nacken geschoren. Der Mann aus dem Jührdenerfeld, der um Christi Geburt lebte, besaß einen Oberlippenbart und 15 Zentimeter langes Haupthaar.

Hörnerhelme und Prachtmäntel

Der Hörnerhelm wurde Ende des 16. Jahrhunderts populär. Die ersten wenigen Gemälde, Zeichnungen und Kupferstiche von Germanen, die in der Mitte des 16. Jahrhunderts entstanden, zeigten die vermeintlichen Urdeutschen noch in Kleidungen und Kostümen der vorangegangenen Jahrhunderte. Arminius der Cherusker erschien in seiner Landsknechtuniform dem Betrachter zwar als Held einer vergangenen Zeit, doch dass sich Stil und Mode über 1500 Jahre weit mehr verändert haben mussten, wurde den Künstler erst einige Generationen später bewusst.

In Philipp Clüvers mit 26 Kupferstichen versehenem Werk „Germania Antiqua Libri Tres" von 1616 sind die Germanen meist nackt, gelegentlich spärlich, und nur Anführer und Adlige mit Hosen, Schulterumhängen und Waffen dargestellt. Ein Bild zeigt, wie zwei einfache Krieger nackt kämpfen, nur die Felle von Tieren mitsamt Horn und Geweih haben sie sich übers Haupt gezogen. Solange archäologische Funde noch Raritäten waren, hatten die Künstler außer den Angaben der antiken Historiker vor allem ihre Fantasie, um sich ihre Germanen auszumalen. Im 19. und noch zu Beginn des 20. Jahrhundert, als man erkannte, dass viele Moorleichen aus der Germanenzeit stammten, blieb das Klischee von Fellkleidung und Nacktheit bestehen, da viele Moorleichen unbekleidet oder mit Tierfellen aufgefunden wurden. Doch die Säuren von Hochmooren hatten pflanzliche Materialien, und die basischen Niedermoore tierische Gewebe, aufgelöst. Erst 1924 wies Johannes Martin, der die Moorleiche von Kayhausen bearbeitete, ausdrücklich darauf hin, dass die Nacktheit einiger Moorleichen durch das chemische Milieu ihres Auffindungsortes verursacht sein kann.

In den Jahren darauf verschmolzen die Kleidungsfetzen aus den Mooren mit viel Phantasie zum angeblichen Nachweis altgermanischer Kulturhöhe. Doch viele dieser Gewänder, vor allem die prächtigsten, lassen eine Herkunft aus römischen Provinzen erkennen. Mantel, Hemd und Hose von Obenaltendorf etwa zeigen Besonderheiten, die auf eine Herstellung in Italien hinweisen. Das vollständig erhaltene Hemd aus Thorsberg ähnelt einer „tunica rossa“. Wahrscheinlich sind auch weitere Kleidungsfunde aus dem Thorsberger Moor nicht germanisch. Dazu gehören Prachtmantel, Tunika, Reithose, silberbeschlagene Ledersandalen.

IRRTUM 7:

Die Germanen waren die ersten Deutschen

Wie kam es eigentlich dazu, dass die Deutschen seit Anfang des 16. Jahrhunderts glaubten, Germanen zu sein, und das, obwohl die in der antiken Literatur doch wilden Barbaren glichen? Vom 4. bis ins 15. Jahrhundert war der Germanen-Begriff in Vergessenheit geraten. Zuerst, im 3. und 4. Jahrhundert, lösten ihn die Namen von Großstämmen wie Alamannen, Sachsen, Goten und anderen ab. Nur im 9. Jahrhundert erlebte er für kurze Zeit eine Renaissance, als man das ostfränkische Reich „Germania" und seinen Herrscher Ludwig (den Deutschen) als „Rex Germaniae" bezeichnete. Doch der Adel des Heiligen Römischen Reiches Deutscher Nation war um 1400 überzeugt, Nachfahren der Griechen zu sein. Trojaner, so glaubte man, hätten Städte wie Augsburg und Miltenberg am Main gegründet und wären Urväter der Franken gewesen, die von einem trojanischen König namens „Francio" abstammen würden. In Trojanischen Zeiten sollen auch die Ursprünge der deutschen Kaiser, die sich als Nachfolger der römischen Caesaren aus der Dynastie der Iulier sahen, gelegen haben.

Es waren italienische Humanisten, die diesen über Jahrhunderte verwurzelten Glauben erschütterten und den Deutschen einen neuen Ursprungsmythos bescherten. Und es war vor allem die kleine Schrift des beinahe vergessenen römischen Schriftstellers Cornelius Tacitus, die am Ende des Mittelalters wieder in den Blick der Gelehrten gespült wurde.

Germania

Tacitus Werke waren in der Antike wenig populär. Seine Schrift über die Germanen war die einzige geschlossene ethnographische Abhandlung über ein einzelnes Volk der Antike und damit reichlich ungewöhnlich. Sicher fanden die von Sklaven erstellten Papyrusrollen zu Tacitus' Lebzeiten Eingang in die Bibliotheken, doch ob er auch in den Literaturhandlungen, die es durchaus zahlreich gab, Fuß fassen konnte, ist fraglich.

In den Jahren 275 und 276 habe angeblich Marcus Claudius Tacitus, der das kriselnde Römische Reich als Kaiser anführte, die Vervielfältigung der Werke seines Namensvetters angeordnet. Vielleicht rückte Tacitus dadurch 150 Jahre nach seinem Ableben tatsächlich noch einmal für kurze Zeit ins Bewusstsein der römischen Gelehrten zurück.

Doch hätte zu Beginn des 5. Jahrhunderts nicht der christliche Mönch Orosios eine christlich geprägte „Geschichte vom Anfang der Welt bis zum Jahr 417" geschrieben – wahrscheinlich wäre Tacitus für immer vergessen geblieben. Orosios Werk wurde im Mittelalter zur wichtigsten Quelle über die Antike. Darin zitierte der Mönch Tacitus gleich mehrfach. Deshalb wird dieser Jahrhunderte später in den großen lateinischen Weltchroniken des Mittelalters gelegentlich genannt.

Völlig unbekannt war Tacitus im Verlauf des Mittelalters damit nicht. Der Autor hatte es immerhin geschafft, von seiner Nachwelt für so wichtig erachtet zu werden, dass seine Texte auf den Papyrusrollen in Pergamentbücher, so genannte Kodizes, übertragen wurden. Als unter Karl dem Großen die literarische Kultur am Ende des 8. und im 9. Jahrhunderts eine Blüte erlebte – im Sendschreiben über „die Pflege der Sprache" empfahl der Kaiser den Klöstern Sprachstudien zu betreiben – waren zumindest im Kloster Fulda Abschriften von Tacitus Werken vorhanden: Rudolf von Fulda (gest. 865) zitierte in seiner „Translatio S. Alexandri" einen Passus der Germania zur Heiratspolitik und zur Religion, ohne jedoch Tacitus zu nennen. Dafür erscheint sein Name in den Ostfränkischen Reichsannalen zum Jahr 852. Auch diese Textstelle geht auf Rudolf von Fulda zurück, der Tacitus „Annalen" als

Beweis für die alte lateinische Bezeichnung der Weser „Visurgis" heranzog. Doch obwohl Tacitus in seinen Annalen die Varusschlacht darstellt und Rudolf diese Quelle ganz offenbar kannte, interessierte er sich im Weiteren für Arminius und seine Germanen nicht.

Auch andere mittelalterliche Scholasten, Mönche und Kleriker zitierten Tacitus – meist jedoch ohne es zu wissen. Weder Adam von Bremen um 1075 in seiner „Gesta Hammaburgensis ecclesiae pontificum" (Geschichte des Erzbistums Hamburg), noch Frutolf von Michelsberg, in seiner Weltchronik von etwa 1100, nannten den Namen des römischen Historikers. Andere nannten Tacitus zwar, doch hatten sie seine Schriften nie gesehen. Um die Mitte des 12. Jahrhunderts zählte Otto von Freising Tacitus zu den heidnischen Autoren römischer Geschichte, gerade so, als würde es die Texte noch geben.

Germanien

Unter den italienischen Humanisten begann im späten Mittelalter eine Jagd auf Abschriften der antiken Klassiker. Humanist war für Italiener zunächst jemand, der sich den „freien Künsten" widmete. Ab 1300 verengte sich die Bezeichnung vor allem auf solche Gelehrte, die der antiken Literatur frönten. Die war zu großen Teilen verschollen. Originalhandschriften der alten Griechen und Römer gab es nicht, lediglich der römische Nationaldichter Vergil war über die Jahrhunderte in Form von Abschriften aus dem 4. und 5. Jahrhundert stets präsent geblieben.

Ab dem 14. Jahrhundert brachten italienische Humanisten die alten Handschriften, eine nach der anderen, wieder ans Tageslicht. Alte Römische Schriftsteller wie Cicero, Juvenal, Probus oder Quintilian hatten aber zur Geschichte des Gebietes des Heiligen Römischen Reichs Deutscher Nation nichts geschrieben. Tacitus schlummerte noch immer in den Klöstern und die Deutschen hielten sich für Sprösslinge von Römern und Griechen.

Das änderte sich erst, als 1425 der Bücherjäger Poggio Bracciolini von einer karolingische Abschrift der verloren geglaubten Germania erfuhr. Poggio war viele Jahre als Sekretär in Diensten des Vatikans tätig und handelte zusätzlich mit seinen Fundstücken. Zu seinen Kunden gehörten aristokratische Familien Italiens und Englands, Herzöge und Kardinäle. Vom Verkaufserlös einer Kopie des römischen Historikers Livius an Alfonso von Aragon erwarb er eine Villa in Florenz.

Auf der Jagd nach verlorenen antiken Schriften hatte er selbst die Abteien- und Klosterbibliotheken in Reichenau, St. Gallen, Fulda, Hersfeld und Köln durchstöbert. Mehrfach war es ihm gelungen einige Handschriften „aus den Kerkern der Barbaren zu befreien“, wie er in seinen „Epistolae“ (Briefen) notierte. An der Germania des Tacitus aber sollte sich Poggio die Zähne ausbeißen.

Ende des Jahres 1425 hatte Poggio eine großartige Nachricht für seinen Freund Niccolo Niccoli in Florenz. Auch Niccolo Niccoli hatte sich der Bücherjagd verschrieben und einen Großteil seines Vermögens in eine Bibliothek in Florenz, die 800 Bände umfasste, investiert. Poggio schrieb seinem Freund: „Ein gewisser Mönch, ein Freund von mir aus einem Kloster in Deutschland“ hätte „einige Bände von dem gefunden, was uns interessiert. Unter diesen Bänden befindet sich Julius Frontinus ebenso wie einige uns unbekannte Werke des Cornelius Tacitus.“ Damit war die Germania ein erstes Mal nach Jahrhunderten wieder ans Licht gespült worden.

Der geheimnisvolle Mönch war Heinrich von Grebenstein aus dem Kloster Hersfeld. Grebenstein war von seinem Abt in den Jahren 1425 bis 1429 mehrmals nach Rom entsandt worden. Dort bot er 1426 einige alte Abschriften auch dem italienischen Gelehrten und Humanisten Guarino von Verona an. Grebenstein erstellte ein erstes Verzeichnis der Werke, doch gab er die Schriften nicht her. Auf Drängen Poggios erstellte er 1427 ein zweites, genaueres Inventar, doch alle in den folgenden Jahren unternommenen Versuche Poggios, der Abschriften habhaft zu werden, schlugen fehl. „Tacitus schweigt inmitten der Deutschen“, spielt er 1428 in einem Brief an seinen Freund Niccolo Niccoli auf den Namen des römischen Historikers an: Tacitus – der Schweigsame. Nachdem Poggio die Suche aufgab, versuchte Niccoli in den Jahren 1431 und 1433 die Schriften in seine Hände zu bekommen – ebenfalls vergeblich.

Jahrzehnte später kam das Manuskript aus dem heute hessischen Hersfeld doch noch ans Licht. Niccoli war beinahe zehn Jahren tot, doch Poggio musste noch erleben, wie sein schärfster Konkurrent Enoch von Ascoli, der Beauftragte des Papstes Nikolaus V. zur Suche nach antiken Handschriften, den Schatz gehoben hatte. 1455 schließlich hatte von Ascoli das Manuskript in Italien.

Möglicherweise hatte von Ascoli Glück. Vier Jahre lang hatte er für die Vatikanische Bibliothek die Klöster des Nordens nach Abschriften antiker Klassiker durchsucht, „und die dortigen Bibliotheken von Staub, Würmern, Ruß und anderen mit der Zerstörung von Büchern verbundenen Dingen verunreinigt und besudelt" vorgefunden, wie ein Freund Poggios über die Klosterbibliothek St. Gallen notiert hatte.

Wahrscheinlich setzte von Ascoli unmittelbar nach der Auffindung den Benediktinermönch Sigismund Meisterlin in Kenntnis der Entdeckung. Von Ascoli hatte Meisterlin 1455 getroffen. Meisterlin änderte daraufhin seine Geschichte Augsburgs und ließ sie statt mit Nachfolgern der Trojaner mit Angehörigen des germanischen Stammes der Sueben beginnen.

Nach Enochs Tod am 10.12.1457 erhielt schließlich der Kardinal Enea Silvio Piccolomini als erster die Texte. Piccolomini wurde 1458 Papst Pius II. Mit ihm nahm die Gleichsetzung von Germanen und Deutschen kurz zuvor ihren Lauf. Die Germania des Cornelius Tacitus sollte zum Ausgangspunkt eines jahrzehntelangen italienisch-deutschen Humanistenstreites werden.

Wilde Tiere

Der Sekretär des Bischofs von Mainz, Martin Mair, gratulierte 1457 Piccolomini zwar zu dessen Kardinalswahl. Zugleich aber beschwerte er sich in seinem Schreiben ausgiebig über päpstlichen Ablasshandel und Pfründung durch Steuern. Damit begründete er die Tradition der „Gravamina nationis germanicae", der Klagen der deutschen Nation gegen die römische Kirche. Am Ende dieser Auseinandersetzung stand die Spaltung der römischen Kirche. Auch hierbei spielte die Germania ihre Rolle.

Piccolominis Antwort an Martin Mair fiel gewaltig aus: 1457 sandte er Mair drei Bücher mit dem Titel „Beschreibung der Riten, der Lage, der Sitten und allgemeinen Verhältnisse Deutschlands". Piccolomini fasste Tacitus' und die bis dahin bekannten anderen antiken Schriftsteller folgendermaßen zusammen: „Das Leben deiner Vorfahren unterschied sich damals nur wenig von dem der wilden Tiere. Größtenteils waren sie Hirten, die Wälder und Haine bewohnten und ein träges und faules Leben führten... Sie hatten weder befestigte Städte noch ummauerte Ortschaften, man sah keine Burgen auf hohen Bergen, keine Tempel aus behauenen Steinen."

Das war die eine Seite, die Vergangenheit. Das triste und wüste Land der Wilden kontrastierte Piccolomini durch das Bild eines erblühten Deutschland seiner Zeit. Heute gäbe es dort Äcker, Wein, Städte, Burgen und Kirchen – was die Deutschen der Römischen Kirche verdanken würden. Damit wollte Piccolomini die Deutschen nicht nur an die Kirche binden, sondern auch zum Kampf gegen die Türken mobilisieren, die 1453 in Konstantinopel (Istanbul) eingefallen waren.

Ein weiterer, der den Deutschen ihre germanische Vergangenheit vor Augen führte und dabei ganz offenbar aus Tacitus zitierte, war der Geistliche Giannantonio Campano. Der päpstliche Gesandte verfasste für den Regensburger Reichstag 1471 eine Ansprache „um die Fürsten der Deutschen gegen die Türken zu ermahnen und die Deutschen zu preisen." Statt verlauster Barbaren waren die Germanen nun vorbildliche Krieger. „Es ist überliefert, dass auch germanische Frauen bisweilen für das Vaterland zu den Waffen griffen und den Kampfeseifer ihrer Männer wieder neu belebten", zitierte Campano Tacitus. Auf diese Art wollte er den Deutschen Kampfesgeist wecken. „Ihr habt euch nicht mit anderen vermischt, sondern untereinander verbunden", so Campano weiter. Doch in seinen Briefen in die Heimat machte er keinen Hehl, was er von den Deutschen wirklich hielt und bat um baldige Rückkehr.

Im Jahr 1470 erschien die Erstausgabe der Germania in Venedig durch Franciskus Puteolanus. Darin enthalten waren die Annalenbücher XI bis XVI aus dem Codex Mediceus II, die Historien, die Germania und der Dialogus. 1472, sechszehn Jahre nach Einführung des Buchdruckes, wurde die Germania in Bologna gedruckt. Ihr folgte im selben oder im folgenden Jahr in Venedig die Ausgabe des Vindelinus de Spira. Von da an eroberten Tacitus´ Schriften die Druckerpressen Europas: 1473 oder 1474 in Rom und Nürnberg, 1476 und 1481 in Venedig, und zwischen 1498/1500 und 1519 in Wien, Leipzig, Erfurt, Straßburg, Paris und Basel.

Von italienischen Humanisten und Klerikern auf die Geschichte ihres Landes aufmerksam gemacht, begannen deutsche Gelehrte die hochmittelalterlichen Abschriften selbst zu studieren. Conrad Bickel (Conrad Celtis) hielt 1497 in Wien die erste deutsche Universitätsvorlesung über die Germania. 1500 fügte er seiner Ausgabe des Textes ein Gedicht bestehend aus 283 Hexametern über Deutschland an. Darin besang er die hohe Kultur und Sittlichkeit der germanischen Vorfahren, die ein uraltes, unvermischtes Volk gewesen wären. Dort heißt es: „Diesem Volk verlieh die verschwenderische Natur gewaltige Gliedmaßen, die in ihrer Größe der Brust ähnlich sind und die mit hochgewachsenen Körperteilen ihre weißen Leiber über die milchfarbenen Hälse hinaus hochragen lassen. Blond ist das Haar, hell sind auch die Augen und in heller Farbe wahren ihre Glieder wohlproportioniert die rechte Statur.“ Moderne Laster waren dem unverdorbenen Naturvolk unbekannt.

Jacob Wimpfeling hatte bereits 1501 Tacitus' Germania drucken lassen und 1505 die erste Geschichte Deutschlands mit dem Titel „Epitome Germanorum“ verfasst und darin erklärt: „Wir werden uns dessen rühmen, dass wir von unseren germanischen Vorfahren abstammen.“

Die ersten deutschen Rezipienten der Germania erkoren die Vorzüge und verheimlichten die Schattenseiten germanischen Lebens. Der Kunsthistoriker und langjährige Leiter des Deutschen Historischen Museums Hans Ottomeyer formuliert das so: „Mit zunehmender Vereinfachung behaupte[te]n die deutschen Schriftsteller geradeheraus, die Deutschen würden von den Germanen abstammen und hätten ihre Tugenden und ihre kriegerische Stärke von diesen übernommen.“

1498 publizierte der italienische Dominikaner-Mönch Giovanni Nanni, der sich Annius de Viterbo nannte, in Venedig das Buch „Antiquitates. Die ältesten Autoren neuerlich ans Licht gebracht“. Zwar hatte schon Tacitus Tuisto als germanischen Stammvater bezeichnet. Dennoch erregte Buch 4 die Gemüter der deutschen Leser. Nanni behauptete, Tuisto sei nach der Sintflut von Noah zum König zwischen Don und Rhein bestimmt worden. Das hätte der babylonische Priester Berosus geschrieben. Nun gab es mit Tuisto einen deutschen Sprössling des biblischen Noah und seinen Sohn Mannus. Nanni bot damit eine Verknüpfung von alttestamentlichen Überlieferung und antiker Geschichtsschreibung: „Beroso, wie auch Cornelius Tacitus, der Autor der Germania, nennen folgende Nachkommen: Suevus, Vandalus, Hunnus, Hercules, Teutanes, Mannus, Ingaevon Herminon, Marsus, Gabrivius und Skytha.

Nannis Behauptungen fanden in Tacitus' Germania eine scheinbare Bestätigung. Tacitus schrieb: „in alten Liedern, der einzigen Art ihrer geschichtlichen Überlieferung, feiern die Germanen Tuisto, einen erdentsprossenen Gott. Ihm schreiben sie einen Sohn Mannus als Urvater und Gründer ihres Volkes zu, dem Mannus wiederum drei Söhne; nach deren Namen, heißt es, nennen sich die Stämme an der Meeresküste Ingaevonen, die in der Mitte Herminonen und die übrigen Istaevonen. Einige versichern – die Urzeit gibt ja für Vermutungen weiten Spielraum – jener Gott habe mehr Söhne gehabt und es gebe demnach mehr Volksnamen: Marser, Gambrivier, Sueben, Vandilier, und das seien die echten alten Namen.“

Nannis Berosus war frei erfunden. Zwar gab es den sagenhaften Mönch um 300 v. Chr. wirklich. Er war Astrologe und Priester in Babylon und hatte tatsächlich eine Babylonische Geschichte geschrieben, doch die ist verschollen. Nanni jedoch gab an, die Schriften von zwei armenischen Mönchen erhalten zu haben. Sein Fund war eine Sensation. Er behauptete nicht nur den Berosus, sondern gleich eine Vielzahl neuer und verlorener Schriften zahlreicher antiker Autoren wiederentdeckt zu haben.

Die ersten Zweifel an der Echtheit wurden nach der Veröffentlichung unter anderen von Beatus Rhenanus und Philipp Melanchthon, der den Berosus als „Hirngespinst“ bezeichnete, geäußert. Doch es sollte über zweihundert Jahre dauern, bis der Spuk endgültig ein Ende haben sollte.

Die Deutschen aber nahmen das ihnen angetragene germanische Erbe an – und glorifizierten die Tugenden ihrer „neuen“ Vorfahren. Die „germanische“ Stammlinie des Fälschers Giovanni Nanni setzte sich durch. Statt von Ahnen aus Troja glaubten die Deutschen nun von Germanen und Franken abzustammen.

IRRTUM 8:

Hermann befreite Germanien

1515 erblickten Hermann, Thusnelda und Varus die deutsche Welt. Im Kloster von Corvey waren weitere Schriften des Tacitus entdeckt worden, die von Gedeih und Verderben des germanischen Volkes der Cherusker zwischen den Jahren 9 und 19 n. Chr. erzählen. Die Abschrift, der so genannte „Codex Mediceus I“ enthielt die ersten sechs Bücher der Annalen. Er war ursprünglich in Fulda angefertigt worden und von dort 1508 nach Italien entliehen worden.

Papst Leo X. hatte Beschaffung und Druck finanziert und Filippo Beroaldos mit der Betreuung und Herausgabe beauftragt. Dass der Papst die Schrift nicht wieder aushändigte, versuchte er durch die Übergabe eines besonders prachtvoll verzierten Druckes und eines Ablassbriefes auszugleichen. Wahrscheinlich wollte der Papst die Bücher nicht wieder dem Staub der Klosterbibliotheken anheim fallen lassen. Doch wird auch dieser Vorfall dazu beigetragen haben, die deutschen Humanisten gegen die katholische Kirche aufzubringen.

In den ersten zwei Büchern der Annalen hatte Tacitus die Varusschlacht und die anschließenden Auseinandersetzungen zwischen Germanen und Römern und untereinander ausführlich dargestellt. Im Mittelpunkt stand Arminius vom Stamm der Cherusker. Der war in der bisher bekannten antiken Überlieferung nicht genannt. Tacitus schrieb im 88. Kap. von Buch II einen Nachruf auf ihn: „Er war unstreitig Germaniens Befreier, und ein Mann, der nicht wie andere Könige und Heerführer die erst beginnende Macht der Römer, sondern deren Herrschaft in der höchsten Blüte anzugreifen wagte, in Schlachten nicht immer glücklich, im Kriege unbesiegt. Er hat siebenunddreißig Jahre des Lebens, zwölf der Macht erfüllt, und noch jetzt wird er bei den barbarischen Stämmen besungen, den Annalen der Griechen, die nur das Ihrige bewundern, ist er unbekannt, bei den Römern nicht sonderlich genannt." Im Jahr 1515 wurden diese beiden Annalenbücher erstmals zusammen mit den bereits bekannten Teilen, den Historien, der Germania und dem Dialogus gedruckt.

Noch im selben Jahr, 1515, war der Humanist Beatus Rheananus in der Abtei von Murbach im Elsass auf einen Codex gestoßen, der Velleius Paterculus antike „Historia Romanae" (Römische Geschichte) enthielt. Diese gibt weitere Informationen über Arminius, die Varusschlacht und die Germanen aus der Zeit um Christi Geburt.

Damit hatten die Deutschen nicht nur ein mythisches Ursprungsvolk sondern auch einen mythischen Helden. Auf ihn konnten sie nun ihren gerade erwachenden Nationalstolz projizieren: Arminius.

„der allerbeste und allerstercksteʺ

Und das taten sie: „Wenn ich ein poet wer, so wolt ich den celebriren. Ich hab in von hertzen lieb. Hat hertzog Herman geheißen" soll der Reformator Martin Luther über Arminius in seinen Tischgesprächen frohlockt haben. Es sollte nicht lange dauern, bis man in Martin Luther einen neuen Arminius sah, der, wie einst der Cherusker gegen Rom, diesmal gegen die römische Kirche kämpfte. 1517 hatte Luther in Wittenberg seine 95 Thesen an die Türen der Schlosskirche geschlagen. „Warum baut der Papst, der heute reicher ist als der reichste Crassus, nicht wenigstens die eine Kirche St. Peter lieber von seinem eigenen Geld als dem der armen Gläubigen?", prangerte Luther darin die Abgaben zum Bau des Petersdomes an, für den am 18. April 1506 der Grundstein gelegt wurde. Petersdom und Ablasshandel symbolisierten die Gier des Vatikan unter Papst Leo X. Wenige Jahre darauf war die christliche Kirche im westlichen Europa gespalten.

Wenngleich Arminius in Luthers Gesamtwerk selten Erwähnung findet, so ließ sich der Reformator doch auch selbst einmal zu einem Vergleich mit dem Cherusker hinreißen. „In den Chroniken steht zu lesen, daß ein gewisser Cheruskerherzog, ein Harzer oder Harzländer namens Hermann, die Römer vernichtend geschlagen und aus ihrer Schlachtordnung 21000 niedergemacht hätte. So verwüstet nun Luther der Cherusker, ein Harzländer, Rom."

Der Humanist und Reichsritter Ulrich von Hutten meinte sogar, dass mit Arminius die „Teutschen landen ... den aller besten und aller stercksten hauptmann der je auff erdenn gewest ist", gehabt hätten, wie er im September 1520 an Friedrich III. (der Weise) schrieb. Anstelle der Türken und Franzosen identifizierte Hutten 1518 den Papst als Hauptfeind der „teutschen Freiheit".

Um 1519 schrieb Hutten seinen „Arminius-Dialog". Darin führte er Arminius als mythischen Helden in die Deutsche Geschichte ein. In einer Gesprächsrunde bezichtigt Arminius das Gericht des Minos eines Fehlurteiles: Es hätte Alexander, Scipio und Hannibal zu den drei bedeutendsten Feldherren aller Zeiten erklärt. Arminius wünschte in eben diesen Rang erhoben zu werden. Zu den Anwesenden drei Feldherren, sowie Minos und Merkur, tritt Tacitus. Der liest seinen Nachruf in den Annalen vor: Arminius habe Deutschland den Römern entrissen, als Rom in der Blüte seiner Macht stand. Dies berechtige Arminius den Titel „summus Imperator – in re bellica omnibus praestans" zu führen. Wie Hannibal habe Arminius durch seinen Ehrgeiz aus bescheidenen Verhältnissen kommend die Macht erlangt. Am Schluss nimmt Minos Arminius in die Geschichtsschreibung auf: „Deshalb gebührt es, dass du, Deutscher, hochgeehrt wirst; es wäre Unrecht, wenn wir deiner Tugenden jemals nicht gedenken würden."

Es dauerte bis 1529 bis Huttens kleine lateinische Schrift gedruckt wurde. Zwei Jahren zuvor hatten deutsche Landsknechte im „Sacco di Roma" (Plünderung Roms) den römischen Kirchenstaat angegriffen. 1538 und 1557 brachte vermutlich Philipp Melanchthon in Wittenberg Tacitus' Germania zusammen mit Huttens „Arminius" heraus. Nachdrucke erfolgten 1624 in Lübeck und 1635 in Coburg. Erstmals ins Deutsche übersetzt erschien der Dialog im Jahr 1815. Obwohl

Huttens Arminius keine hohen Auflagen erreichte, beeinflusste er über die Jahrhunderte doch zahlreiche Autoren, wie Klopstock, Kleist, Lohenstein und Grabbe im 18. und 19. Jahrhundert.

Schon 1512 und 1515 erwähnte Hutten Arminius als Germanenkönig. Tacitus bekam er wohl bei einer Italienreise 1515 erstmals zu lesen. Darüber hinaus kannte er Paterculus, und vielleicht auch Florus, Strabon und Sueton. Auch sonst verwandte Hutten im Kampf gegen die katholische Kirche die antiken Schriften. Seit Martin Mair 1457 seine „Gravamina nationis germanicae" gegen Piccolomini gerichtet hatte, hatten sich die Beziehungen zwischen römischer Kirche und ihren deutschen Sprösslingen nicht gerade verbessert. Deutsche Humanisten wie Jakob Wimpfeling und Ulrich von Hutten setzten am Ende des 15. und in den ersten Jahrzehnten des 16. Jahrhunderts die von Mair begründete Tradition fort, Klageschriften gegen den päpstlichen Hof zu verfassen. Hutten betrübte sich, „dass mehr als halb Deutschland von Pfaffen besessen wird." Um Friedrich III. gegen Rom zu mobilisieren, schrieb er 1520 in „Clag und Vormanung gegen den übermäßigen unchristlichen Gewalt des Bapsts zu Rom", dass allein die Sachsen niemals niemand unterwerfen konnte und „in solicher Rechnung gib ich euch die Westpholen auch zu und die man vorzeiten Cheruscos und Caucos hat genennt. ... Von ihnen ist auch herkommen der allerunüberwindlichst und starkmütigst Held Arminius (...), der nit allein sein Ort, Gebiet und Vaterland, sonder die gantzenn teutschen Nation von den Händen der Römer uff die Zeit, so sie am allermächtigsten und in der Blüt ihrer Herrschung waren, erlöset und wieder in Freiheit gesetzt, den Römern großen und unverglichlichen Schaden zugefügt, sie zuletzt gestrencklich verjagt und ausgetrieben."

Andere wie der Humanist Andreas Althamer feierten Arminius in seinen zwei Kommentaren zur Germania als „Liberator haud dubie Germaniae" (ohne Zweifel der Befreier Germaniens), dessen Sieg umso bedeutender war, da, wie Althamer meinte, zuvor beinahe ganz Deutschland von den Römern besetzt gewesen sei. Doch wie auch die anderen Humanisten Beatus Rhenanus und Melanchthon, bemängelte Hutten, dass dem neuen Germanien, „Germania recenta", viel von den lobenswerten Tugenden des alten Germanien, „Germania antiqua“, verloren gegangen sei: Was, so Hutten, würde Arminius sagen, wenn er sich die Deutschen seiner Zeit besähe, die „den weichen, zarten Pfaffen und weibischen Bischöfen unterworfen seind? Fürwahr, er würd sich seiner Nachkommenden schämen.“ Schließlich hoffte Hutten, dass der Reichsritter Franz von Sickingen, der 1522 zum Bundeshauptmann der Ritter gewählt wurde, „der Befreier Deutschlands von der Tyrannei der römischen Priester sein und als Erbe des Arminius die Taten dieses Feldherrn nachahmen werde.“

Hermann

Die Eindeutschung von „Arminius“ zu „Hermann“ erfolgte um 1530. Der bayerische Geschichtsschreiber Johann Georg Turmair, der sich den lateinischen Namen Aventinus gegeben hatte, nannte in seiner ersten deutschsprachigen Darstellung der Germanenkriege um Christi Geburt Arminius „Ermann“.

In Martin Luthers Gesammelten Werken findet sich 1530 in der Auslegung des 82. Psalms folgende Erklärung für den Namen: „Herman, den die Latini ... Ariminium nennen, heißt aber ein Heer man, dux belli, der zum heer und streit tüchtig ist, die seinen zu retten und forn an zu gehen, sein leib und leben drüber wogen.“ Seit dem 18. Jahrhundert ist bezweifelt worden, dass Luther diese Zeilen überhaupt selbst verfasst hat. Denn er hätte wohl, wie an anderen Stellen auch, nicht „Ariminium“, sondern „Arminium“ geschrieben.

Dass Arminius Hermann hieße, trieb einen unbekannter Autor im Jahr 1537 so weit, den Römern zu unterstellen, sie hätten „h“ als „g“ gehört und geschrieben. So hätten sie aus „Hermania“, dem Land der Heermänner, „Germania“ gemacht.

Doch ausnahmslos glühende Arminius-Verehrer waren die Reformatoren nicht. Zwar hatten sie entscheidenden Anteil an der Popularisierung und Eindeutschung des Namens von Arminius. Doch findet sich auch damals schon Kritik an dem antiken Cherusker und dem Geschehen im Teutoburger Wald. Georg Spalatin, ein Vertrauter Martin Luthers und Privatsekretär des Kurfürsten von Sachsen, Johann Friedrich, verfasste ein erstes auf deutsch geschriebenes Buch über Arminius „Von dem thewern Deudschen Fürsten Arminio". Es erschien 1535. Zwar preist der Autor Arminius für seine militärischen und politischen Leistungen. Doch die Hinterlist und die Grausamkeit, mit der Gefangene und die Leiche des Varus behandelt wurden, lehnte der Christ Spalatin ab. Dennoch galt ihm Arminius als Befreier der Deutschen: „Da hat sich bemelter Arminius, vor allen anderen Fürsten, also herfur gethan, das er die freiheit nicht allein seines Vaterlandes, sondern aller Deudschen Nation, den Römern mehr denn alle andere (...) zu schaffen gegeben hat (...), das er wol mocht mit allen ehren, liberator Germanie, das ist ein erretter und befreier Deudscher Nation, genennt werden." Spalatins Arminius erlebte nur zwei Auflagen – vielleicht, weil die Mängel in Stil und an Wissenschaftlichkeit schon damals zu offensichtlich waren. So bezifferte er die römischen Gefallenen auf 50.000 und verlegte den Ort des Geschehens nach Duisburg.

Stammbäume

Mitte des 16. Jahrhunderts hielten die Deutschen sich für Sprösslinge der alten Germanen. In Stammbäumen verliehen sie dieser Vorstellung Ausdruck. Im Jahre 1543 erschien das Stammbuch „Vom Ursprung und herkummen der zwölff ersten alten König und Fürsten Deutscher Nation". Ganzseitige Holzschnitte, die von verschiedenen Künstlern geschaffen worden waren, malten die Väter der Deutschen aus. Jede Bildtafel war mit Versen des Pastors Burkhard Waldis versehen. Waldis übernahm die Geneaologie aus Giovanni Nannis Pseudo-Berosus mit Tuisto, dem Sohn Noahs als Ur-Urvater der Germanen. Waldis tauschte aber die berosischen Enkel Hunnus, Hercules und Teutanes durch Ariovist, Arminius und Karl den Großen aus. Damit war das germanische Erbe der Deutschen um die römisch-griechisch-asiatischen Zweige bereinigt. Statt fremder Götter berief man sich auf Germanen und Franken.

Die Erstausgabe von Waldis Stammbuch 1543 zeigte den Stammvater Tuisto als greisen Mann mit Bart, Mantel, Kleid und Hosen. Wahrscheinlich war es der Künstler Hans Brosamer, der Arminius als jungen Landsknecht schuf. Mit Hut und erhobenem Schwert hält er am Schopfe den Kopf des auf dem Boden hinter ihm liegenden Varus. Der Begleitvers weist den jungen Helden als „Arminius, ein Fürst zu Sachsen“ aus, der Varus schlug: „Da ward geschwecht der Römer macht; dergleichen vormals nie gedacht; damit Arminius erlangt; das ihm das ganze Deutschland dankt.“

Waldis Broschüre wurde unzählige Male nachgedruckt und mit neuen Abbildungen versehen. Verschiedenste Maler und Illustratoren statteten die Erstausgabe mit Holzstichen aus. Sie malten die angeblichen alten Deutschen als Kriegsknechte und Ritter in Harnisch des vorangegangenen Jahrhunderts. So wollten sie darstellen, dass jene Vorfahren „in Urzeiten“ gelebt hatten. Dass in der Antike vor fünfzig Generationen jedoch ganz anderes Rüstzeug benutzt wurde als vor fünf Generationen, vermochten sich die meisten Künstler und Betrachter im 16. und 17. Jahrhundert nicht vorzustellen.

Arminius

„Arminius“ tauften ihn die Römer, „Hermann“ die Reformatoren. Doch weder so noch so werden die alten Germanen ihn gerufen haben. Eher schon eine Form von „Sieg-“, wie „Siegfried“, denn sein Vater hieß Segimer, dessen Konkurrent Segestes und dessen Sohn, der Bruder von Thusnelda, Segimund. Aber das ist Spekulation. Die überlieferten Namen der Väter sind germanisch, die ihrer Söhne und Enkel römisch: Flavus – der Blonde hieß der eine, Italicus, der ihn Italien aufwuchs, der andere.

Tacitus schrieb in seinen Annalen, Arminius entstammte einem Königsgeschlecht der Cherusker. Er hätte zwölf Jahre die Macht besessen, lateinisch gesprochen und cheruskische Hilfstruppen im Dienst der Römer angeführt. Im Alter von 37 Jahren ermordeten ihn seine eigenen Verwandten. Tacitus verkündet das Ableben des Arminius für das Jahr 19 n. Chr. Arminius wäre dem zu Folge im Jahr 18 v. Chr. geboren und hätte vor dem Jahr 7 n. Chr. die Macht erlangt.

Allerdings ist auch eine andere Lesart der taciteischen Todesanzeige möglich, wonach Tacitus für das Jahr 19 auf Geschehnisse des Jahres 21 n. Chr. vorgreift. Dann könnte Arminius erst im Jahr 9 n. Chr., dem Jahr der Varusschlacht, König geworden sein. Diejenigen Bücher von Tacitus' Historien, in denen weitere Informationen zu finden sein könnten, sind verschollen. So ist selbst das Geburtsdatum des Cheruskerfürsten unsicher.

Außer Velleius Paterculus, der als zuverlässiger Autor gilt, weil er selbst an den Germanenkriegen unter Augustus teilnahm, überlieferten wenige andere römische Autoren einige biographische Details: Arminius besaß das römische Bürgerrecht, war Angehöriger des Ritterstandes und in irgendeiner Form „ständiger Begleiter unseres früheren Felddienstes." Arminius, so lobte ihn Paterculus, sei „tüchtig im Kampf und rasch in seinem Denken, ein beweglicherer Geist, als es die Barbaren gewöhnlich sind."

Das Volk, dem Arminius entspross, die Cherusker, erwähnte schon Caesar. Um Christi Geburt erstreckte sich ihr Land beidseits der Weser bis an die Elbe. Sie grenzten an die Angrivarier, Brukterer, Hermunduren, Sugambrer und die damals in Hessen siedelnden Sueben. Schon als die Römer unter Drusus 11 bis 9 v. Chr. Feldzüge durch ihr Gebiet führten, war der Stamm gespalten. Spätestens seit dem Jahre 8 v. Chr. kontrollierte Rom ihren Siedlungsraum. Einige Sippen der Cherusker verbündeten sich mit Rom, andere ergaben sich und stellten Söhne und Töchter als Geiseln. Darunter wohl auch Arminius.

Alle weiteren Details über Arminius' frühe Biographie sind nur durch zum Teil waghalsige Analogien zu erschließen. Nach dem Philologen Ernst Bickel trat Arminius seit 4 n. Chr. bei der Niederschlagung des „Immensum Bellum", Aufständen im rechtsrheinischen Germanien in den Jahren 1 bis 4 n. Chr., erstmals in Erscheinung. Er hätte sich Rom als Anführer cheruskischer Hilfstruppen angedient, weshalb er als Bürger und Ritter ausgezeichnet wurde. Bickel ging davon aus, dass der ursprüngliche germanische Name des Arminius Siegfried gewesen sein könnte. Das historische Vorbild des gleichnamigen Helden der Siegfriedsage des Nibelungenliedes könnte dann Arminius sein.

Der Althistoriker Ernst Hohl nahm an, dass Arminius „ständiger Begleiter" des Velleius Paterculus gewesen sei und veränderte anhand dessen Lebensdaten die Biographie des Arminius. Demnach sei der etwa zehnjährige Fürstensohn als Geisel gestellt worden und nach Italien gelangt, nachdem Drusus die Cherusker im Jahre 8 v. Chr. unterworfen hatte. Dort sei er im engsten Umfeld des Kaisers Augustus aufgewachsen und hätte die Prinzenschule besucht. Der Kaiser hätte Arminius gefördert, ihm das Bürgerrecht verliehen und ihn in den Ritterstand erhoben. Mit 18 Jahren hätte Arminius dann als Römer und ritterlicher Offizier seine Militärkarriere begonnen, anschließend in Makedonien und Thrakien gedient und im Jahr 1 n. Chr. zusammen mit Paterculus in Armenien gekämpft. Hohl zu Folge solle der Cherusker hier den Beinamen Arminius – „der Armenier" – erhalten haben. Arminius, der Armenier – aber das ist ungewiss. Nach einer Beteiligung an der Niederschlagung des Immensum Bellum stand, so Hohl, Arminius an der Spitze cheruskischer Hilfstruppen in Rom. Nach einer Abberufung nach Pannonien hätte er im Jahr 7 seine Karriere im römischen Heer beendet – zwei Jahre vor der Varusschlacht. Die wäre dann keine Rebellion innerhalb der römischen Armee gewesen, sondern ein Angriff von außen.

Viele Details von Hohls Interpretation wurden generell abgelehnt. Der Althistoriker Dieter Timpe kritisierte, dass „die Feder des Professors von der Phantasie des Romanciers geleitet worden zu sein scheint." Allerdings rief auch Timpes Rekonstruktion der Biographie des Cheruskers heftigen Widerspruch hervor. Wie Hohl ging er davon aus, dass Arminius an der Niederschlagung des Immensum Bellum beteiligt war und dabei cheruskische Hilfstruppen anführte. Zur Zeit des Überfalles auf das Heer von Varus aber wären diese regulärer Bestandteil des römischen Heeres gewesen und Arminius ihr römischen Befehlshaber – und die Varusschlacht damit eine innerrömische Meuterei.

Ein Streit- und Angelpunkt in der Diskussion ist damit die Frage, ob Arminius zum Zeitpunkt der Varusschlacht Stammesführer war oder nicht. Davon hängt ab, ob die Varusschlacht eher ein Volksaufstand oder eine Meuterei war. Dass Arminius erst nach dem Sieg im Jahr 9 n. Chr. Stammesführer wurde, deutete Paterculus an, indem er dessen Gegenspieler, dem Markomannenkönig Marbod, bescheinigt, seine Macht nicht „im Drang des Augenblicks noch zufällig", erlangt zu haben.

Erst einige Jahre nach der Varusschlacht im Jahr 9 lichtet sich ein wenig das Dunkel, das die Frühzeit des Cheruskers umgibt. So sehr Tacitus heute über die Zeit der Varusschlacht schweigt, so breit wälzte er in seinen Annalen die Geschehnisse der folgenden Jahre aus. Die zum Teil dramaturgisch überhöhten Passagen sollten noch eine hervorragende Vorlage für schwulstige Bearbeitungen liefern. Denn Tacitus hatte mit seinen Annalen nicht nur eine historische Darstellung, sondern auch ein Sittenbild geliefert. Nach der Varusschlacht habe Arminius zu seinen Kämpfern gesprochen und „der Feldzeichen und Adler im Übermut gespottet." Um das Jahr 14 n. Chr. raubte er Thusnelda – mit ihrem Einverständnis, denn, so schrieb Tacitus, die Tochter des Segestes war „mehr von des Gatten, als des Vaters Geist." Doch fiel Thusnelda 15. n. Chr. in die Hände des Feldherrn und Großneffen des Augustus Germanicus und wurde nach Rom verbracht. Dort gebar sie in Gefangenschaft Thumelicus. Das Schicksal Thumelicus' deutete Tacitus lediglich an: „Wie mit dem zu Ravenna erzogenen Knaben die harte Laune des Schicksals nachmals ihr Spiel getrieben hat, werde ich zu seiner Zeit erwähnen." Es ist vermutet worden, Tacitus habe hier mit dem Wort „Spiel" ein Wortspiel getrieben, und Gladiatorenspiele gemeint. Deswegen und weil Ravenna eine berühmte Gladiatorenschule beherbergte, findet sich häufig die Darstellung, Thumelicus wäre Gladiator geworden – wofür es aber keinen weiteren Hinweis gibt.

Mehrmals kämpften Arminius Mannen in den Jahren 15 und 16 n. Chr. gegen römische Legionäre, die zu zehntausenden das Land östlich des Rheins verwüsteten. Tacitus zufolge trieb den Arminius „außer angeborener Heftigkeit, der Gattin Raub und dass der Knechtschaft unterworfen, was die Gattin unter ihrem Herzen trug, gleich einem Rasenden umher, und so durchflog er das Cheruskerland, um Waffen gegen Segestes und gegen den Caesar aufzubieten."

Nach dem Abzug der Römer kämpften die Heere von Arminius und Marbod um die Vorherrschaft unter den germanischen Stämmen. Arminius führte Cherusker, Semnonen und Langobarden, Marbod sein Heer und Gefolgschaften von Arminius' Onkel Inguiomer. Von diesen andauernden innergermanischen Kämpfen militärisch wie auch politisch geschwächt, stürzte Marbod schließlich im Jahr 19 n. Chr. Arminius folgte ihm gemeuchelt von seinen eigenen Verwandten mit gerade einmal 37 Jahren.

War Arminius Germaniens Befreier?

Ohne Zweifel hatte der Untergang der Legionen des Varus katastrophale Ausmaße. Ohne Zweifel ist es Arminius gelungen, für eine Weile eine ganze Region von Römern zu befreien. Ohne Zweifel wurden die römischen Lager entlang der Lippe für einen Weile nicht wieder aufgesucht. Doch weder war Arminius' Erfolg von Dauer, noch umfasste das der Römerherrschaft entrissene Gebiet weite Teile Germaniens, wie etwa der Humanist Georg Spalatin behauptet hatte.

An der Varusschlacht beteiligt waren Teile der Cherusker, Brukterer, Marser, Angrivarier und Chatten. Von den über 40 germanischen Stämmen, die allein Tacitus in seiner Germania erwähnt, sind das etwas mehr als ein Zehntel. Das Gebiet, dass Arminius befreite, umschloss in etwa das westliche Rheinland, Westfalen, Teile Hessens und kleine Teile Niedersachsens. Die Chauken und Friesen entlang der Nordseeküste blieben mit Rom verbündet. Entsprechend konnte Augustus sich in seinen Res gestae, seinem Leistungsbericht, rühmen, in Spanien, Gallien und Germanien bis an die Mündung der Elbe neue Gebiete hinzugewonnen zu haben. „Beinahe ganz Deutschland", wie Andreas Althamer („haud dubie Germaniae"), Spalatin, und Andere behaupteten, war das nicht.

Die weiten Teile Germaniens jenseits der Weser und der Elbe aber haben römische Truppen wohl nur zweimal betreten. Im Jahr 9 v. Chr. kehrte Drusus am Ufer der Elbe um. Ihm sei, dem antiken Historiker Cassius Dio zu Folge, im Traum „eine Frau von übermenschlicher Größe" mit den Worten entgegengetreten: „Wohin willst du eigentlich noch ziehen, unersättlicher Drusus? Es ist dir nicht vom Schicksal bestimmt, dies alles hier zu sehen. Ziehe von dannen! Denn das Ende deiner Taten und deines Lebens ist schon nahe." Der echte Drusus starb tatsächlich noch vor seiner Rückkehr an den Rhein. Als um Christi Geburt der römische Feldherr Domitius Ahenobarbus jenseits der Elbe einen Altar für Augustus errichten ließ, untersagte jener jede weitere Elbüberschreitung.

Auch währte die Befreiung von den Römern keine 5 Jahre. Die Vergeltungskriege, die das Imperium unter seinem Feldherrn Germanicus ab 14 n. Chr. in Westfalen und im nördlichen Hessen führte, richteten sich hemmungslos gegen die dortige Bevölkerung.

IRRTUM 9:

Skandinavien war der „Mutterschoß der Völker“

Mit dem dänischen Gelehrten Ole Worm und dem isländischen Bischof Brynjólfur Sveinsson begann die so genannte „skandinavische“ oder „nordische Renaissance“. Wie zweihundert Jahre zuvor in Italien die Humanisten, förderten vor allem schwedische aber auch dänische Gelehrte im 17. Jahrhundert ein ums andere Mal Zeugnisse aus der frühen Geschichte der Völker Mittel- und Nordeuropas zu Tage. Daraus entsprang die – noch heute geläufige – Vorstellung von einer skandinavischen Abstammung der Germanen.

Der Däne Ole Worm begründete 1643 die wissenschaftliche Erforschung der Runen in Dänemark. Mit ihnen hatten schon die Germanen des 2. Jahrhunderts Namen, einzelne Worte und einfache Sinnsprüche in Waffen, Werkzeuge und Körperpflegeutensilien geritzt. Worm hatte alle 144 damals bekannten Runeninschriften Dänemarks, Norwegens und Gotlands beschrieben, katalogisiert, transliteriert und übersetzt. Von ihm stammen auch die Zeichnungen eines der berühmten Goldhörner von Gallehus, die 1802 aus der königlichen Kunstkammer gestohlen und eingeschmolzen wurden.

Im selben Jahr, 1643, gelangte Brynjólfur Sveinsson an die einzig erhaltene Handschrift der Edda, eine Sammlung altisländischer Götter- und Heldenlieder, die im 13. Jahrhundert aufgeschrieben wurde. Auf den 45 kleinen, beidseitig beschriebenen Blättern von etwa 19 mal 13 cm finden sich die Mythen von Wodan, Wallküren und Walhall. Sie beruht auf weit älteren Sagen und Legenden, darunter die „Prosa-Edda".

1648 gelangte die antike gotische Wulfila-Bibel als Beute des Dreißigjährigen Krieges nach Schweden. Diese Bibel ist das älteste umfassende Zeugnis einer germanischen Sprache. Wulfila wurde wohl 336 n. Chr. zum Bischof geweiht. Ab 343 n. Chr. trug er als geistliches Oberhaupt der Kleingoten den Titel „Gotenbischof" und übersetzte große Teile der Bibel in die gotische Sprache. Eigens dafür entwickelte er eine Schrift. 1665 edierte der Jurist und Historiker Peter Hansen Resen die Prosa-Edda, eine Vorläuferin der Lieder-Edda. 1691 erhielt der isländische Gelehrte Arni Magnússon weitere Handschriften mit Edda-Liedern. Und noch im selben Jahrhundert wurden die Sage der Hyperboreer, einem Volk, das schon der Grieche Herodot im 5. Jahrhundert v. Chr. als Bewohner des Nordostens nannte, und schließlich die Gotengeschichte des Jordanes wiederentdeckt. Der spätantike Geschichtsschreiber Jordanes bezeichnete Skandinavien darin als „Mutterschoß der Völker" und legte damit schon vor Jahrhunderten einen weiteren Grundstein für den Skandinavienmythos, dem Mythos eines gemeinsamen Ursprungs der germanischen Stämme in Skandinavien.

Runen – Magische Zeichen

Den Runen-Zeichen haftet Geheimnisvolles an. Schon der altgermanische Wortstamm „rūn" bedeutet „Geheimnis". Vom gleichen Wortstamm leitet sich das Verb „Raunen" her, ein Begriff, der bereits im 6. Jahrhundert n. Chr. in Gebrauch war. Odin erfand die Schrift, als er kopfüber und verwundet an Yggdrasil, dem Weltenbaum, hing. Nach neun Tagen entdeckte er die Macht, die in den Zeichen verborgen liegt und konnte sich durch sie befreien, wie es in „Odins Runenlied" aus der jüngeren „Lieder-Edda" steht.

Schon im 16. Jahrhundert begannen Gelehrte sich für Runen zu interessieren. In entlegenen Teilen Skandinaviens, wie in der Provinz Dalarna, wurden noch bis ins 19. Jahrhundert in dieser Schriftform Texte verfasst, so dass die einzelnen Zeichen nicht mühsam entziffert werden mussten. Anders aber sah es mit Ursprung und Bedeutung der Schriftzeichen aus – die lagen irgendwo in der Vorzeit.

Die Runen seien „vor oder kurz nach der Sintflut" entstanden, mutmaßte Schwedens Erzbischof Johannes Store in seiner großen Königschronik „De Omnibus Gothorum Sveonumque regibus" von 1554. Aus „der ältesten Zeit", als noch Riesen den Norden bewohnten, ließ sein Bruder Olaf Store sie in seiner „Historia de gentibus septentrionalibus" (Über die Völker des Nordens) aus dem Jahr 1555 herstammen. Dass die Runen von hebräischen Schriften abstammen, vermutete, wie die Store Brüder auch, Johan Peringskiöld in seiner Lebensgeschichte des ostrogothischen Königs Theoderich. Er nahm an, die Schrift sei von einem Enkel Noahs von Asien nach Skandinavien gebracht worden. Dessen Namen „Magog" meinte er auf einem der Runensteine von Bällsta entziffern zu können. Der schwedische Geistliche und Runologe Johan Göransson, der 1750 schon 1200 Runendenkmäler erfasst hatte, schrieb in seinem Werk „Bußfelsen", dass ein Mann namens Gomer die Runen schuf, als die Welt zweitausend Jahre alt war. Zuerst wären es 16 Zeichen gewesen, die auch Etrusker, Griechen und Römer zum Vorbild ihrer Schrift genommen hätten. Danach wären es 24 gewesen. Tatsächlich gab es zuerst ein langes, dann ein kurzes Runenalphabet.

Wie alt die Schriftzeichen wirklich waren und wozu sie dienten, blieb noch Jahrhunderte legendenumwoben. Ihre wissenschaftliche Erforschung begann in Schweden der Reichsantiquar Johannes Bureus. Bureus bildete in seinem Werk „Lehrtafel der Runenkenntnis" (1599) 19 Runensteine, einen Runenkalender und die in Runen symbolisierten Namen ab. Ole Worm meinte anhand seines Studiums der dänischen Runeninschriften, dass die Dänen die Runen selbst erschaffen hätten. Olof Rudbeck ging am Ende des 17. Jahrhunderts dann so weit, Schweden nicht nur zum ältesten Staat der Welt zu machen und Platons Atlantis hierin zu verlegen, sondern auch zu behaupten, dass Merkur die Runen mit seinem Stab gezaubert und den Skandinaviern gebracht hätte.

In Deutschland spielten Runen in der frühen Germanenrezeption kaum eine Rolle. Sie waren hier bis 1800 noch nicht gefunden worden. Dennoch behauptete Wilhelm Grimm, dass es sie einmal gegeben haben müsste. Mit seinem „Ueber deutsche Runen" (1821) begann auch hier die wissenschaftliche Runenforschung. Grimm sollte recht behalten: 1843 kam in Nordendorf eine Gewandspange zu Tage, auf der man im Jahre 1865 winzige Runen entdeckte.

1822 erkannte der Sprachwissenschaftler und Historiker Jakob Hornemann Bredsdorff als erster, dass das längere Runenalphabet mit 24 Zeichen das ältere, das mit nur 16 Zeichen hingegen das jüngere ist. Diese Chronologie des Runenalphabets gilt heute als zweifelsfrei. Sie wurde endgültig vom dänischen Linguisten Ludvig F. A. Wimmer in seinem Werk „Die Runenschrift" aus dem Jahre 1887 nachgewiesen.

Marken und Gegenstandsbezeichnungen

Um 1900 und zu Beginn des 20. Jahrhunderts waren die altertümlichen Runendenkmäler Norwegens, Schwedens und Dänemarks weitgehend in Katalogen erfasst, beschrieben, gezeichnet, übersetzt und gedeutet. Bis heute sind aus der Zeit bis etwa 700 n. Chr. rund 350 Inschriften des „älteren" Runenalphabets erhalten. Die ältesten eindeutigen Runen-Funde stammen aus Dänemark und Norddeutschland und datieren in das 2. Jahrhundert n. Chr. Am ältesten ist ein Kamm aus einem Moor bei Vimose in Dänemark, der um 160 n. Chr. in den Morast geriet. „Harja" steht in 1,3 Zentimeter hohen Ritzungen auf dem kleinen Stück aus Geweih geschrieben. Es ist der Name eines Mannes, vielleicht auch des Handwerkers, der den Kamm geschaffen hat.

Längere Texte haben die Germanen mit den Runen nicht geschrieben. So steht auf Speeren des 3. Jahrhunderts: „RaunijaR" – „Erprober", „ranja" – „Anrenner", „tilarids" – „Ziel-Reiter". Zu den längeren Inschriften zählt dieser auf einer Lanze des 4. Jahrhunderts gefundene Vermerk aus Kragehul (DK): „... helmvernichtenden Hagel weihe ich an den Speer." Häufig waren die Runen Markenzeichen, die den Besitzer oder Hersteller angaben. Etwas eigentümlich wirken die Gegenstandsbezeichnungen: Hobel wurden als Hobel, Kämme als Kämme und Schemel als Schemel gekennzeichnet. Zuletzt wurde im Jahr 2012 auf einem Kamm aus Hirschgeweih, der in einer germanischen Siedlung bei Frienstedt (Thüringen) gefunden wurde, eine neue Inschrift dieser Art erkannt: „Kaba“ ist zu lesen, was „Kamm“ heißt. Er stammt aus der Zeit um 300 n. Chr. und ist der südlichste Nachweis von Runen in dieser Zeit. Mit solchen Gegenstandsbezeichnungen, so der Göttinger Runologe Klaus Düwel, könne durchaus die naive Freude daran, überhaupt Schreiben und Lesen zu können, zum Ausdruck gebracht worden sein. Denn das Schreiben war bei den Germanen Expertensache. Nur wenige, die Runenmeister, verstanden sich auf diese Kunst.

Mit den Wanderungen germanischer Stämme kamen Runen nach Süddeutschland, in das östliche und südliche Europa und nach England. Ab dem 7. Jahrhundert wurden die Buchstabenreihen regional verändert. So kannte das angelsächsische „futhork“ 33 Runen, das skandinavische Alphabet, das sogenannte „jüngere futhark“, nur 16. Während Runen mit der Christianisierung im kontinentalen Europa außer Gebrauch gerieten, begann in Skandinavien, zur Zeit der Wikinger um 800 n. Chr., die große Zeit der Runensteine. Allein in Schweden gibt es 2500 Stück, die fast immer Gedenkschriften trugen. Die Buchstaben waren häufig ausgemalt und die Texte gelegentlich verschlüsselt, indem man die Runen spiegelte oder drehte.

Wer an so einem Runenstein vorbeikam, wusste zwar, für wen und warum der dort stand. Aber die Inschrift wirklich lesen, so vermutet der Hamburger Sprachwissenschaftler Kurt Braunmüller, konnten zu dieser Zeit nur wenige. Erst Jahrhunderte später ließen sich mit so genannten Kurzzweigrunen, das sind vereinfachte Formen der herkömmlichen Runen, schnell und einfach Notizen abfassen. Aus dem Mittelalter sind zahlreiche Runenhölzer und Bleistreifen mit Liebesbezeugungen, Gedichten und Handelsvorgängen überliefert.

Wenngleich die ältesten und meisten Inschriften aus Nordeuropa stammen und von dort aus kurzfristig in andere Teile Europas gelangten, glauben die meisten Runologen heute, dass ein mediterranes Alphabet als Vorlage für die germanische Schrift diente. Für die Latein-

These, wonach eine römische Kapitalschrift als Vorbild gedient hätte, spricht vor allem die Ähnlichkeit einiger Runen mit lateinischen Buchstaben wie „f“, „r“, „b“ und „m“. Andere Thesen gehen von einer Ableitung aus griechischen oder nordetruskischen Alphabeten aus.

Langobarden, Goten, Vandalen und der Skandinavien-Mythos

Mehr noch als die Runen haben die Stammessagen der Goten und Langobarden zum Skandinavien-Mythos beigetragen. Der Byzantiner Jordanes, ein hoher Beamter des Gotenkönig Theoderich des Großen, schuf mit seiner Ursprungsgeschichte („origo gentis“) den Mythos von Skandinavien als „vagina nationum“, dem „Mutterschoß der Völker“. Dieses Land bringe so viele Menschen hervor, dass von dort aus immer neue Völkerschaften gen Süden aufbrächen.

Jordanes bezeichnet seine Gotensgeschichte „Origo Gothica“ als Auszug einer heute verlorenen Gotengeschichte Cassiodors. Die Arbeit entstand im 6. Jahrhundert n. Chr. in Konstantinopel. Die gotische Geschichte habe von 1490 v. Chr. bis 540 n. Chr. gedauert. 1490 v. Chr. seien die Goten mit drei Schiffen von Skandinavien zur Weichselmündung gefahren. Dort kämpften sie gegen die Stämme der Rugier und Vandalen, die schließlich die Ostseeküsten für das neue Gotenreich „Gothi-scandza“, Goten-Skandinavien, räumen mussten.

Mit dem Beginn im Jahr 1490 v. Chr. legte Cassiodor den Anfang der Gotengeschichte in eine Zeit vor dem biblischen Moses und vor den Trojanischen Krieg. Die Gotengeschichte endet im Jahr 540 n. Chr. als König Vitigis vor dem kaiserlichen Feldherrn Belisar kapitulierte.

Ebenso wie von den Goten berichtet die Stammesgeschichte der Langobarden von einer skandinavischen Herkunft. In der „Origo gentis Langohardorum“, die zur Zeit des Langobarden-König Rothari niedergeschrieben wurde, lautet das Ursprungsland „Scadanan“. In der späteren Langobardengeschichte des Paulus Diaconus aus dem 8. Jahrhundert ist Skandinavien ein von den Fluten des Meeres umspültes Eiland. Weil der Stamm zu groß geworden sei, habe man ihn dreigeteilt und ausgelost, welcher Teil auswandern müsse. Unter Ibor und Ajo seien dann die Winniler in das Land Scoringa gezogen, wo sie in einer legendären Schlacht die Vandalen schlugen.

Der Sage nach kamen Sie durch einen Trick zum Sieg: Der langobardische Geschichtsschreiber Paulus Diaconus berichtet, dass die Vandalen vor der Schlacht vor den Göttervater Wotan getreten seien und um den Sieg über die Winniler gebeten hätten. Wotan versprach den Sieg demjenigen zu schenken, dessen Namen er bei Sonnenaufgang zuerst nennen würde. Die winilischen Frauen überlisteten den Schlachtengott, indem sie sich als Männer verkleideten, so dass Wotan sie als Langbärte bezeichnete und ihnen den Sieg geben musste. Paulus Diaconus schrieb: „Frea habe nämlich den Rat gegeben, dass die Frauen der Winiler ihre Haare lösten und vor dem Gesicht nach Art eines Bartes anordneten. Darauf sollten sie zeitig am Morgen mit ihren Männern kommen und sich zusammen mit ihnen dort aufstellen, wo sie Wodan sehen müsse, wenn er wie gewöhnlich aus dem Fenster gegen Sonnenaufgang schaute. Und so sei es auch geschehen. Als Wodan die Frauen bei Sonnenaufgang erblickte, habe er gesagt: ‚Wer sind diese Langbärte?' Darauf habe Frea gesagt, dass er denen den Sieg zu geben habe, denen er den Namen gegeben hatte."

Doch nicht in Skandinavien, sondern im Weichselgebiet und an der Niederelbe vermuten Archäologen und Historiker das Gotenreich und die langobardischen Siedlungen um Christi Geburt. Frühmittelalterliche Geschichtsschreiber hätten sich und ihren Stämmen eine edle Herkunft verpasst, indem sie auf Troja, die Bibel oder auf Skandinavien Bezug nahmen. So habe der Langobardische Geschichtsschreiber Paulus Diaconus die nordische Herkunft der Goten aus Jordanes Gotengeschichte als Vorbild genommen und diese auch seinem Volk verpasst. Die geographischen und historischen Angaben in den Stammessagen folgen bestimmten formalen, stilistischen und auch ideologischen Vorgaben. Um die Geschichten zu verdichten, ließ man ganze Generationen aus und Väter Söhne haben, die Hunderte von Jahren vor ihnen lebten.

Aus dem Norden das Licht

Deutschland und das übrige kontinentale Europa erreichte, die skandinavische Renaissance in den Jahren von 1750 bis 1770. Der Genfer Paul Henri Mallet, der am Hofe des Dänischen Königs ab 1755 seine „Geschichte Dänemarks" erstellte, räumte auch den Sagen der Urzeit weiten Raum ein. Der Dichter Friedrich Gottlieb Klopstock lebte 19 Jahre in Kopenhagen, schuf dort seinen Messias und griff mit dem „Bardiet" die Form des Bardengesanges wieder auf. Der Dichter Johann Gottfried Herder setzte in einer Rezension zu Mallet im Jahr 1765 altdeutsche und altnordische Kultur gleich, weil sie von einem „benachbarten Volk auch deutschen Stammes" sei.

Inspiriert durch die angebliche Entdeckung des Ossians, einem Epos der keltischen Mythologie mit Ossian als „celtischen Helden und Barden", verfasste Johann Gottfried Herder die Aufsätze „Ossian" und die „Lieder alter Völker". Der Ossian, der nicht unwesentlich die englische Romantik begründete, wurde später als Fälschung des Schotten James MacPherson entlarvt.

Dem Topos und der Lehre von der nordischen Abstammung und Skandinavien als Mutterschoß der Völker war in der völkischen Bewegung ab dem Ende des 19. Jahrhunderts eine große Karriere beschieden. Unter Deutsch-Nationalen und im Nationalsozialismus wurde die vermeintlich arische Herkunft aus dem Norden zum Dogma erhoben. Der älteren Theorie vom Ursprung des Menschen im Osten stellten sie eine Herkunft der Arier aus dem Norden entgegen. Sie setzten der „Ex-oriente-lux" („Aus dem Osten das Licht") eine „Ex-septentrione-lux-Theorie" („Aus dem Norden das Licht") entgegen.

Vor allem der Heidelberger Arzt Ludwig Wilser tat sich nach 1900 mit Abhandlungen und Büchern mit Titeln wie „Urheimat und Rassengliederung des Menschengeschlechts", „Menschwerdung" und „Der nordische Schöpfungsherd" als Verfechter der nordischen Abstammungslehre hervor. Die von der etablierten Wissenschaft vertretene Meinung, die Runenschrift der Germanen wäre von einer griechischen, römischen oder etruskischen Schrift entlehnt, widersprach

Wilser. Die Runen seien eine eigenständige Erfindung der Skandinavier beharrte er auf längst überkommenen Vorstellungen aus dem 17. und 18. Jahrhundert. Sie hätten auch die Bronzeverarbeitung und das Hakenkreuz erschaffen.

Doch weder die Runen, das Hakenkreuz noch die Bronzeverarbeitung haben ihren Ursprung im Norden. Und genauso wenig, wie ein Mann namens Gomer die Runen erfand, stammten die germanischen Stämme der Antike und Völkerwanderungszeit allesamt aus Skandinavien.

IRRTUM 10:

Die Germanen waren edel, rein und unvermischt

„Die Germanen selbst sind, möchte ich meinen, Ureinwohner und von Zuwanderung und gastlicher Aufnahme fremder Völker gänzlich unberührt. Denn ehemals kam nicht auf dem Landwege, sondern zu Schiff gefahren, wer neue Wohnsitze suchte, und das Weltmeer, das ins Unermeßliche hinausreicht und sozusagen auf der anderen Seite liegt, wird nur selten von Schiffen aus unserer Zone besucht," schrieb Tacitus im Jahr 98 n. Chr. in seiner Germania über „Ursprung und Name der Germanen".

Diese Sätze und die einige Absätze weiter folgenden sollten zu den vor allem von Nationalisten, Rassisten und Nationalsozialisten am häufigsten aus der Germania zitierten werden. Zum Volkstypus schrieb Tacitus: „Ich selbst schließe mich der Ansicht an, dass sich die Bevölkerung Germaniens niemals durch Heiraten mit Fremdstämmen vermischt hat und so ein reiner, nur sich selbst gleicher Menschenschlag von eigener Art geblieben ist. Daher ist auch die äußere Erscheinung trotz der großen Zahl von Menschen bei allen dieselbe".

Schon bald nachdem die deutschen Humanisten um 1500 meinten, die Germania sei die Quelle der Deutschen Geschichte, entbrannte über diese Aussagen ein Gelehrten-Streit. Denn wie ließ sich die Überlieferung des Alten Testaments, wonach die Völker ihren Ursprung am Turme zu Babylon hätten, damit übereinbringen, dass die Germanen Ureinwohner seien und sich nicht mit anderen vermischt hätten? Aufgrund dieses Problems versah der Historiker und Theologe Franciscus Irenicus seine Beschreibung Germaniens aus dem Jahr 1518 gleich mit zwei verschiedenen Abstammungstafeln. Die eine begann in Babel, die andere in Skandinavien.

Eindeutig bibeltreu positionierte sich der Nürnberger Universalkünstler Jost Amman, als er für eine Stammvätergenealogie der alten Deutschen, die 1566 der Neuauflage von Johann Turmairs Bayrischer Chronik vorangestellt wurde, Tuisto abbildete. Amman riss Tuisto als morgenländischen Patriarchen mit Mantel und wallendem Bart ins Holz. Tuistos Kopf bedeckte er mit einem Turban, im Hintergrund war der Bau eines Turmes zu sehen. Indem Amman und Turmair Tuisto so gewandet und mit Turmbau zeigten, ließen sie keinen Zweifel, dass die Deutschen ihren Ursprung – ganz im Sinne des Berosus-Fälschers Giovanni Nannis – am Turm zu Babel hätten.

Edle Wilde

In ihren Büchern und Bildern zeichneten die Humanisten des 16. Jahrhunderts ein Germanen-Idyll. Den historischen Vorlagen, den Schriften der Antike, entnahmen sie nur die vermeintlich positiven Eigenschaften wie die angeblich reine Abstammung. Die zahlreichen negativen Eigenschaften, die auch Tacitus den Germanen zuschrieb, wurden ignoriert: Dass ihre großen Gestalten nur zum Angriff taugten, dass sie für Strapazen und Mühen keine Ausdauer aufbrächten, dass sie weder Durst noch Hitze ertrügen, raufsüchtig, versoffen und spielsüchtig wären. Stattdessen knüpften sie lediglich an die Passagen an, in denen Tacitus ein Bild der sittlichen Tugendhaftigkeit der Germanen zeichnete. Davon gab es reichlich, hatte der Römer die Germanen doch zu edlen Wilden stilisiert, um den von ihm befürchteten Zerfall der römischen Zivilisation schärfer hervortreten zu lassen.

So waren Waffen, Kleidung und Ernährung, ja die ganze Lebensweise der Germanen, einfach. Trotz ihrer Armut seien sie gastfreundlich. Ehebruch wäre „überaus selten … Die Strafe folgt auf der Stelle und ist dem Manne überlassen: Er schneidet der Ehebrecherin das

Haar ab, jagt sie nackt vor den Augen der Verwandten aus dem Hause und treibt sie mit Rutenstreifen durch das ganze Dorf."

Schon Tacitus nahm mit solchen Darstellungen über weite Passagen das Klischee vom „edlen Wilden" des 18. Jahrhunderts, das vor allem auf den Gelehrten Jean-Jacques Rousseau zurückgeht, vorweg. Die Humanisten und später die frühen Patrioten und Romantiker griffen es dankbar wieder auf.

„Ein Bild des goldenen Zeitalters" (lateinisch: „Aurei saeculi imago, sive Germanorum veterum vita, mores, ritus et religio") nannte der flämische Geograph Abraham Ortelius seine 1596 in Antwerpen erschienene Darstellung „des Lebens, der Sitten, Gebräuche und Religion der alten Germanen." Auf den zehn Seiten trollen sich Kleinkinder nackt und spielen den Kampf mit Lanze und Speer. Aus den Häusern vertrieben werden unkeusche Frauen. Sie leben in Hütten in den Wäldern.

Ebenso einfach, rein und schlicht erscheinen die Germanen in den 26 Kupferstichen zur „Germania Antiqua Libri Tres" (Beschreibung Germaniens in drei Büchern) von Philipp Clüver, das 1616 in Leiden erschien. Lediglich ihre Anführer und Adligen tragen Hosen und Umhänge. Der Rest ist nackt oder trägt einfache Kleidung. Auf Tafel 17 erscheinen zwei germanische Krieger. Bekleidet sind sie nur mit über den Köpfen gestülpten Tierhäuten mitsamt Horn im einen und Geweih im anderen Fall. Als Waffen halten sie Keule und Lanze.

Ein neuerlicher Impuls für die Adelung der Germanen kam im 18. Jahrhundert von den französischen Staats- und Gesellschaftstheorikern Jean-Jacques Rousseau und Charles Montesquie. Baron de Montesquieu griff 1748 im „Vom Geist der Gesetze" die antike Klimatheorie wieder auf: Die Völker des Nordens seien tatkräftig, tugendhaft und freiheitsliebend, die des Südens dagegen träge. Montesquieu hob die Germania geradezu in den Rang einer Utopie: „Wenn man das bewundernswerte Werk des Tacitus über die Sitten der Germanen liest, dann wird man sehen, dass die Engländer die Idee ihres politischen Regiments von ihnen übernommen haben. Dieses schöne Lehrgebäude wurde in den Wäldern gefunden." Tacitus hatte geschrieben: „über kleinere Dinge gehen die Fürsten zu Rat, über größe alle, so jedoch, dass auch das, worüber die Entscheidung beim Volke liegt, bei den Fürsten vorausbehandelt wird." Diese „Freiheit der Germanen" wurde später noch sprichwörtlich.

Montesquieu meinte, dass den Germanen die Natur des Landes ihnen ihre Kraft einhauche, so dass es „zu lange dauernden, schwierigen, großen und kühnen Unternehmungen befähigt" wäre. Es benötige kaum Gesetze, denn, so in Anlehnung an einen Satz von Tacitus, „dort wirken gesunde sittliche Anschauungen stärker als anderswo gute Gesetze."

Die Essenz: Während Frankreich durch die abolutistische Verfassung immer von Despotismus bedroht werde, besaßen die Germanen schon vor Jahrtausenden demokratische Prinzipien. Damit hatte der französische Philosoph die Germanen für eine Weile auch bei Italienern und Franzosen dem Rang von Barbaren enthoben.

Der zweite französische Denker, der den Germanenmythos befeuerte, war Jean-Jacques Rousseau. „Ob der Fortschritt der Wissenschaften und Künste zur Läuterung der Sitten beigetragen habe" hatte die Akademie von Dijon 1750 als Preisfrage gestellt. Rousseau antwortete mit seinem berühmten „Nein". Denn, so argumentierte Rousseau, alle großen antiken Reiche wären untergegangen. So schrieb er: „Vergleichen wir nun mit diesen Bildern das Bild, das die Sitten der wenigen Völker bieten, die von dieser Ansteckung mit eitlen Kenntnissen verschont geblieben, durch ihre Tugend ihr Glück gegründet haben und für die anderen Völker ein Vorbild waren. Das sind die frühen Perser (...), da sind die frühen Skythen (...). Da sind die Germanen, deren Einfachheit, Unschuld und Tugend zu schildern einem Schriftsteller wohltat, der es leid war, die Verbrechen und Gemeinheiten eines gebildeten, reichen und genussfreudigen Volkes aufzuzeichnen. So war Rom selbst in den Zeiten Armut und Unwissenheit." Doch für Rousseau lebten die Germanen dagegen wie die Hirten und damit im Einklang mit der Natur.

Damit waren die Germanen für einige Jahrzehnte in der europäischen Geistesgeschichte aufgenommen. Herder, Kant, Lessing, Möser, Schiller und Wieland nahmen in Deutschland Montesquieus und Rousseaus Ideen auf. Justus Möser stellte an den Anfang seiner „Osnabrückischen Geschichte", deren erster Band 1768 erschien, ein

„goldenes Zeitalter" der altsächsischen Siedler „in der jeder deutsche Ackerhof mit einem Eigentümer oder Wehren besetzt" war. Ein Land, in dem ein jeder als Bauer seine Scholle getreu den Sitten und Bräuchen, die Tacitus beschrieben hatte, beackerte. Zusammen bildeten sie einen Staat. Voller stolz behauptete Möser: „Die kleinen städtischen Republiken der Griechen waren gewiß nur Puppenwerke gegen die nordischen Staaten, worin Millionen Menschen jener großen Rechte ungestört genossen".

Auch Johann Gottfried Herder übernahm in seinem 1769 veröffentlichten Aufsatz „Gedanken bei Lesung Montesquieu" die Vorstellung vom Volk als natürlich gewachsenem und eigenen Regeln unterworfenem Organismus. Doch statt des Klimas, wie bei Montesquieu, beruhe der Charakter eines Volkes auf seiner eigenen genetischen Kraft, wie Herder in seinen „Ideen zur Philosophie der Geschichte der Menschheit" postulierte – wobei die genetische Kraft der dem Volk innewohnende Geist sei. 1767 schrieb er: „Die alten Deutschen nannten die Sprache der Römer eine barbarische, fürchterliche und hochmütige Sprache ... durch sie suchten die Römer die Haine der deutschen Tapferkeit, Freiheit und Aufrichtigkeit zu zerstören, die Bewohner dieser Wälder in Städte und Schulen zu zwingen, und sie mit Gelehrsamkeit und Unglück zu beschenken."

Unvermischt

Schon am Ende des 15. Jahrhunderts zitierten einige Humanisten diejenigen Sätze von Tacitus, in denen er schrieb, die Germanen wären Ureinwohner. „Ihr habt euch nicht mit anderen vermischt, sondern untereinander verbunden", verlautbarte schon der italienische Humanist Giannantonio Campano als päpstlicher Gesandter auf dem Regensburger Reichstag im Jahr 1471. 1513 schrieb auch der Dichter Conrad Celtis, dass die Germanen ein uraltes, unvermischtes Volk waren, das ihr angestammtes Siedlungsgebiet nie verlassen hätte.

In der Aufklärung, ab Mitte des 18. Jahrhunderts, griffen Künstler und Gelehrte das Tacitus-Zitat vermehrt wieder auf. Der Dichter

Friedrich Gottlieb Klopstock schrieb, die Germanen waren „gesondert, ungemischt, und nur sich selber gleich." Stolz behauptete er, er selbst wäre „reines Cheruskerblut." Doch als „Deutsche" galten Klopstock alle, die Deutsch sprachen. In seinem Gedicht „Unsre Sprache" beschrieb er das Deutsche als das, „was wir selbst in jenen grauen Jahren, / Als Tacitus uns forschte, waren, / Gesondert, ungemischt, und nur sich selber gleich."

„Lies Tacitus, da findest du ihren Charakter," schrieb Herder: „Die Völker Deutschlands, die sich durch keine Vermischung mit andern entadelt, sind eine eigne, unverfälschte originale Nation, die von sich selbst das Urbild ist. Selbst die Bildung ihres Körpers ist in einer so grossen Menge Volks noch bei allen gleich: u. s. w. Nun siehe dich um, und sage: ‚Die Völker Deutschlands sind durch die Vermischung mit andern entadelt, haben durch eine langwierige Knechtschaft im Denken ganz ihre Natur verloren, sind, da sie lange Zeit mehr als andere ein tyrannisches Urbild nachgeahmt, unter allen Nationen Europas am ungleichsten sich selbst'."

Wie für Klopstock war auch für Herder nicht Abstammung, sondern Sprache das verbindende Element der Deutschen. 1764 schrieb Herder, dass Nationen sich in ihrem Geist unterschieden, was am deutlichsten in ihrer volkstümlichen Kultur zum Ausdruck komme. Um 1767 meinte er: „Keine größerer Schaden kann einer Nation zugefüget werden, als wenn man ihr den Nationalcharakter, die Eigenheit ihres Geistes und ihrer Sprache raubt." Auch für die Kriegsrhetorik Friedrich des Großen brachte ein früher Patriot wie Herder keine Sympathie auf. Stattdessen betonte er, dass jedes Volk ein Recht auf Selbstbestimmung habe. Für Herder klangen alle Sprachen schön. Den Begriff „Rasse", der zu dieser Zeit in Verwendung kam, verwarf er wegen seiner Unbestimmtheit. Herder pries Vielfalt und Austausch: „zur Vollkommenheit der menschlichen Natur gehört, daß sie unter jedem Himmel, nach jeder Zeit und Lebensweise sich neu organisiere und gestalte." Wenn Herder an Reinheit dachte, dann an die der Sprache.

Nation und Rasse

Nachdem Napoleon Preußen in Jena und Auerstadt 1806 geschlagen hatte, traten erstmals deutlich auch rassistische und chauvinistische Komponenten in der deutschen Germanenverehrung hervor. Der liberalistische Patriotismus des späten 18. Jahrhunderts wich chauvinistischem Nationalismus. Das Tacitus-Zitat von der Reinheit und Unvermischtheit der Germanen erlebte unter neuen Vorzeichen eine neue Blüte.

1807/08 huldigte der Erzieher und Philosoph Johann Gottlieb Fichte im besetzten Berlin in seinen „Reden an die deutsche Nation" einem germanischen Urvolk, das politisch, kulturell und sittlich überlegen sei. Die Engländer sollen von ihnen ihre Verfassung übernommen haben, zitierte Fichte Montesquie. Ihre Krieger wären fromm, ihre Frauen wären treu. Das deutsche Volk sei unter allen Völkern das „reinste", es sei „in den ursprünglichen Wohnsitzen des Stammvolkes" beheimatet geblieben und lebe durch seine ursprüngliche Sprache fort.

Der Schriftsteller Ernst Moritz Arndt sah die Tugenden der Ahnen in den Deutschen seiner Gegenwart fortleben. Arndt entwarf eine Rassengeschichte, in der Völker durch „Bastardisierung" ihren Niedergang finden: „Die Deutschen sind nicht durch fremde Völker verbastardet sie sind mehr als viele andere Völker in ihrer angeborenen Reinheit geblieben und haben sich aus dieser Reinheit ... langsam und still entwickeln können; die glücklichen Deutschen sind ein ursprüngliches Volk. Wir haben für unsere Altvordern ein großes Zeugnis von einem der größten Männer, die je gelebt haben, von dem Römer Tacitus." Italien dagegen sei „ein verruchtes und verworfenes Mischlingsgesindel."

Statt Sprache, Kultur und Geist definierte Arndt so erstmals eine Volksgemeinschaft über die biologische Abstammung. In dasselbe Horn stieß Friedrich Ludwig „Turnvater" Jahn, der 1810 über Völkerzucht spekuliert hatte und schlussfolgerte: „je reiner ein Volk, je besser; je vermischter, je bandenmäßiger."

Der Pädagoge Friedrich Kohlrausch setzte die Ideen von Volksreinheit und germanischer Abstammung der Deutschen mit seinen Schulbüchern einer breiten Mittelschicht vor. Angespornt durch Fichte, Arndt und Jahn, verfasste er „Die deutsche Geschichte für Schule und Haus“, deren erster Band 1816 erschien und bis 1875 sechzehn Auflagen und eine englische Übersetzung erlebte. Sie war Jahrzehnte lang die deutsche Geschichte schlechthin. Bei Kohlrausch heißt es: „Die Römer hielten (die Germanen) mit Recht für ein uraltes, reines, ungemischtes Stammvolk. Es war nur sich selbst gleich; und wie die gleichartigen Gewächse, die aus einfachem, reinem Samen ... emporwachsen, durch Ausartung nicht von einander abweichen, so war auch unter den Tausenden des einfachen teutschen Stammes nur Eine, feste, gleiche Gestalt.“ Rasserein waren die Deutschen gewesen, rasserein sollten sie wieder sein. Doch schon Tacitus hatte mit seiner berühmten Formulierung, die Germanen seien nur sich selbst gleich und unvermischt, Klischees aufgegriffen, die andere Historiker zuvor bereits anderen Völkern zuschrieben. So heißt es bei Herodot im 5. Jahrhundert: „Gebräuche der Hellenen anzunehmen, vermeiden die Ägypter. Überhaupt nehmen sie von keinem Volke irgend welche Sitten an.“ Ebenso archaisch und unzugänglich für äußere Kultureinflüsse galten ihm die Libyer und Skythen.

IRRTUM 11:

... dass die Vandalen Vandalen waren

Die Geschichte der Vandalen ist voller Irrtümer. Schon spätantike und frühmittelalterliche Gelehrte stigmatisierten sie als Räuber und Plünderer. Um 1800 wurde der Mythos, dass sie sinnlos zerstörten, sprichwörtlich. Andere dagegen verherrlichten sie als Soldaten Gottes, Lehrmeister der Wikinger und Gründerväter von Städten wie z. B. von Venedig. Doch weder das eine noch das andere ist begründet, wie ein Blick in die Geschichte dieses Volkes zeigt.

Schon die Quellen zur Frühgeschichte der Vandalen sind spärlich und widersprüchlich. Anders als Langobarden, Angelsachsen und Franken haben die Vandalen keine eigene Stammesgeschichte hinterlassen. Lediglich in den Ursprungsmythen anderer Völker erscheinen sie als schmückendes Beiwerk. In der Stammessage der Langobarden, der „Origo gentis Langobardorum“ (Erzählung vom Ursprung der Langobarden) etwa, wurden sie in „Scoringa“, was so viel heißt wie „Land der Felsvorsprünge“, geschlagen. Möglicherweise war dies irgendwo an der südlichen Ostseeküste. Der Gotengeschichte des Jordanes zu Folge waren die Vandalen Nachbarn der Ulmerugier, die an der „Ozeanküste“ siedelten. Die Goten hätten Vandalen und Ulmerugier unterworfen. Wahrscheinlich liegen diesen Geschichten reale historische Ereignisse um Christi Geburt zu Grunde, doch niedergeschrieben wurden sie erst im sechsten und achten Jahrhundert.

Als frühester Zeitgenosse erwähnt Plinius der Ältere erstmalig die Vandalen. Mitte des 1. Jahrhunderts n. Chr. siedelten die einzelnen Stämme der Vandalen laut Plinius etwa im heutigen Polen. Als Unterabteilungen nennt er die Burgunder, Warnen, Chariner und Gutonen. Kurz nach Plinius, um 100 n. Chr., nennt Tacitus sie in seiner Germania Vandilier. Sie seien von „wahren und alten Namen" (lateinisch: „verum et antiquum"). Doch als Tacitus die einzelnen Stämme und Stammesgruppen in seiner Germania ausführlicher beschreibt, führt er die Vandalen oder Vandilier nicht mehr auf. Stattdessen erwähnt er die Großgruppe der Lugier, zu denen er auch die Harier, Helvecones, Manimi, Helisii und Naharnavaler zählt.

Offenbar war der Name Vandalen noch im 1. Jahrhundert außer Gebrauch gekommen. Ungewöhnlich ist das nicht, denn Namen für Stämme und Völkergruppen kamen und gingen. In geographischen Bezeichnungen blieben sie manchmal für längere Zeit bestehen. So schrieb noch im dritten Jahrhundert der römische Historiker Cassius Dio über einen Feldzug des Drusus im Jahre 9 v. Chr., von den „vandalischen Bergen", in denen die Quelle der Elbe liegen würde.

Erst im 5. Jahrhundert erscheint der Name Vandalen erneut als Name eines Volkes. Sie sind Invasoren in Afrika, die zuvor als Hasdingen und Silingen bezeichnet wurden. Vom 2. bis zum 4. Jahrhundert siedelten die Silingen im heutigen Schlesien und die Hasdingen, was „Langhaarträger" bedeutete, im oberen Theiss-Gebiet.

Rheinübergang und Spanien

Aus den zentralasiatischen Steppen drangen um das Jahr 375 Reiterkrieger, die Hunnen, nach Europa vor. Die Hunnen zerstörten Ermanarichs Ostgoten-Reich nördlich des Schwarzen Meeres. Teile der Ostgoten strömten daraufhin über die Donau in römische Provinzen. Im Jahr darauf, 376, setzten auch die Westgoten unter ihrem König Fritigern über die Donau über. Damit begann die Völkerwanderungszeit, in deren Verlauf Ost- und Westgoten Reiche in Italien und Hispania, die Burgunder am Rhein und in Frankreich, die Angeln und Sachsen in Britannien, die Alamannen, Merowinger und Franken am Rhein und weiter westlich, die Vandalen in Hispania und Afrika und zuletzt im Jahr 562 n. Chr. die Langobarden in Italien gründeten.

Das Römische Reich wurde im Jahre 395 n. Chr. geteilt. Der Regierungssitz wurde nach dem Einfall der Goten unter Alarich I. in Oberitalien 402 nach Ravenna verlegt. Im Bürgerkrieg zuvor war das weströmische Heer erheblich geschrumpft. Im Westen folgte auf Theodosius I. der 10-jährige Flavius Honorius auf den Kaiserthron. Dessen Geschicke übernahm der Heermeister Stilicho, Sohn eines vandalischen Reiteroffiziers und einer Römerin. Zwar konnte Honorius sich bis zu seinem Tod am 15. August 423 in Ravenna an der Spitze des Weströmischen Reiches halten, doch erschütterten Rebellionen immer wieder seine Provinzen.

Mit Beginn der Völkerwanderungszeit gerieten auch die Hasdingen und Silingen bzw. Vandalen allmählich in den Fokus spätantiker Geschichtsschreiber. Um 400 brachen sie gen Westen auf. Entlang der Donau und durch die Alpen gelangten sie bis an den Rhein, wobei sich ihnen zahlreiche Gruppen angeschlossen haben sollen. In der Silvesternacht 406 hätten sie, unterteilt in Hasdingen und Silingen, bei Mainz gemeinsam mit den Sueben und Alanen den Rhein überquert.

Der französische Maler, Zeichner und Titelbildillustrator Pierre Joubert ließ die Vandalen in einem sehr bekannten Bild aus dem Buch „Au temps des royaumes barbares" (Das Zeitalter der germanischen Invasion) über den gefrorenen Rhein schreiten. Doch Zeit, Ort, Art und Weise des Rheinübergangs gehen aus den Schriftquellen nicht exakt hervor. Dass der Rhein gefroren war, ist nicht auszuschließen. Allein zwischen 1780 und 1963 war der Rhein durchschnittlich alle 13 Jahre stellenweise und monatelang über eine Eisdecke passierbar – so könnten auch Teile der Vandalen durchaus über den gefrorenen Rhein marschiert sein. Andere der Wanderer könnten im Jahr 405 aber auch über die Brücke den Rhein gequeert haben. Die hatte es tatsächlich gegeben und war zu Beginn des 5. Jahrhunderts möglicherweise auch noch intakt. Auch die malte Joubert in den Hintergrund seines Bildes, doch ist sie menschenleer.

Ob es der Jahreswechsel 405/406 oder 406/407 war, ist umstritten. Das Datum stammt aus der Chronik des Prosper Tiro von Aquitanien, einem Schriftsteller und Kanzleischreiber von Papst Leo I. Tiros Terminierungsweise, Silvester 406, lässt für den Rheinübergang auch den Jahreswechsel 405/406 in Betracht ziehen. Eine solche Datierung ist zudem durch die historischen Zusammenhänge plausibel, denn sonst hätten vermutlich römische Truppen den Übergang verhindert. Doch die waren damit beschäftigt, die Goten abzuwehren. Erst im Sommer 406 hatte der römische Heermeister Stilicho die Goten bei Florenz bezwungen. Ebenfalls auf 405/406 weist die Nachricht, dass im Jahr 406 in Britannien stationierte Soldaten in Folge eines germanischen Rheinübertritts rebelliert hätten. Nicht unumstritten ist schließlich auch der Ort. Der Chronist Fredegar nennt im 7. Jahrhundert Mainz. Nicht auszuschließen, dass die Völker von Raetien aus linksrheinisch bis Mainz zogen.

Sehr wahrscheinlich wollten die spätantiken Geschichtsschreiber die Vandalenwanderung auf prägnante Daten zuspitzen. Die realen historischen Vorgänge waren wesentlich komplexer und langwieriger. Das einige in der Silvesternacht 405 bei Mainz den Rhein auf der Brücke oder mit Booten überquerten, mag dabei der Funke der Wahrheit sein. Viel mehr der Wanderer aber kamen in den Tagen und Wochen vor und nach Silvester, wahrscheinlich nicht nur bei Mainz. Möglicherweise setzten noch Silvester ein Jahr darauf die Letzten ihren Fuß aufs andere Ufer des Rheins.

Nach dem Rheinübergang sollen Silingen, Hasdingen, Alanen und Sueben Straßburg, Speyer und Worms geplündert haben. Lange währte der vandalische Aufenthalt in Gallien jedoch nicht. Rom stellte die Rheingrenze wieder her. Doch von den befestigten gallischen Städten wie Bazas, Toulouse und Reims, mussten sie unverrichteter Dinge abziehen. Am 28. September und 13. Oktober 409, so der spanische Chronist Hydatius, hätten die Vandalen, Alanen und Sueben die Pyrenäen passiert.

Auch über die Schlacht des Vandalen Godegisel herrscht Verwirrung. Im Jahr 410, als die Goten Rom plünderten, wären die Hasdingen beinahe ausgerottet worden. Das berichtet der Bischof und Chronist

Gregor von Tours. Er zitierte am Ende des 6. Jahrhunderts einen gewissen Renatus Profuturus Frigeridus: „Die Vandalen hingegen wurden in einen Krieg mit den Franken verwickelt. Als ihr König Godegisel dabei umkam und ungefähr 20 000 Mann in der Schlacht gefallen waren, hätte das gesamte Volk der Vandalen leicht vernichtet werden können, wenn nicht die Alanen mit ihrer Streitmacht zur rechten Zeit zu Hilfe gekommen wären." Obwohl der zeitliche Bezug eindeutig ist und sich auch mit den biographischen Angaben von Godegisel und seinen Thronfolgern Guntherich und Geiserich deckt, wird diese Schlacht meist unmittelbar auf den Zeitpunkt nach dem Rheinübergang verlegt und zuweilen auch auf die östliche Seite des Stroms.

Das gelobte Land

Das Römische Reich darbte. In Spanien lösten Usurpatoren einander ab. Auf Konstantin III. folgte ein Maximus, der von Konstantins General Gerontius ausgerufen wurde. Unter Maximus ließen sich die vandalischen Wanderheere ab dem Jahr 410 oder 411 als Bundesgenossen auf der iberischen Halbinsel nieder. Vielleicht insgesamt 100.000 Menschen wurden stammesweise verteilt: Im Nordosten die Hasdingen unter Guntherich, im Nordwesten die Sueben unter Hermerich, in der Mitte die Alanen unter Respendial und später Addac und im Südwesten die Silingen unter Fredbal. Doch dieser Frieden für die vandalischen Stämme währte nicht lang.

Schon die Westgoten hatten, nachdem sie Rom im Jahr 410 ausplünderten, von Sizilien aus eine Flotte nach Afrika entsandt. 415 wagten sie unter König Valia erneut einen Vorstoß nach Afrika. Diesmal führte ihr Weg über die Meerenge bei Gibraltar. Afrika galt noch immer als „Gelobtes Land" – während das Weströmische Reich zerfiel. „Ganz Gallien rauchte wie ein Scheiterhaufen", wie es der Bischof von Augusta formulierte, doch die römischen Provinzen in Afrika versorgten noch immer weite Teile des Römischen Reichs mit Getreide und Öl.

Die gotische Flotte sank. Die Masse des Volkes, die in Nordostspanien unter ihrem König Valia verblieben war, verdingte sich als Söldner für den offiziellen weströmischen Kaiser Honorius. Ab 416 führten sie Feldzüge gegen die Silingen und Alanen, bei denen diese im Süden der iberischen Halbinsel fast vollständig vernichtet wurden. Dasselbe Schicksal hätte wohl auch Hasdingen und Sueben getroffen, wären die Goten nicht von der römischen Regierung in Ravenna nach Gallien beordert worden.

Um 418–419 wandten sich die Vandalen gegen ihre bisherigen Verbündeten, die Sueben. In den „Nerbasischen Bergen" im Norden des heutigen Galizien umzingelten sie sie. Die Sueben konnten aber von einem römischen Heer gerettet werden. Dies war der Ausgangspunkt für die Wanderung der Vandalen nach Südspanien.

Dort, in der ehemaligen römischen Provinz Baetica, übernahmen die Vandalen in den Jahren 419 bis 420 wahrscheinlich die Ländereien, aus denen die Silingen und Alanen von den Westgoten vertrieben worden waren. Erneut ernannte sich in Spanien ein Mann namens Maximus zum Kaiser. Es war wahrscheinlich derselbe Maximus, der die Vandalen als Bundesgenossen auf die spanischen Provinzen verteilt hatte. Schon im Jahr 422 wird Maximus in Rom bei Spielen zur Feier der dreißigjährigen Regierungszeit des Honorius hingerichtet. Honorius befahl die Unterwerfung der Vandalen, unterlag ihnen aber verheerend in einer Schlacht des Jahres 422.

Mit dem Tod Guntherichs im Jahr 428 wurde Geiserich alleiniger Machthaber. 80.000 Menschen soll er im Jahre 429 über die Meerenge von Gibraltar geführt haben und anschließend 1200 Kilometer weit bis vor die Tore der Küstenstadt Hippo Regius (Annaba, Algerien) in der römischen Provinz Africa proconsularis.

Diese Zahl – 80.000 – nennen gleich zwei zeitnahe Informanten unabhängig voneinander: Victor von Vita schrieb im Jahr 484, dass Geiserich vor der Einschiffung das Volk zählen ließ und so auf 80.000 vandalische Frauen und Männer, Säuglinge und Greise kam. Prokop, der etwa 50 Jahre nach Victor schrieb, nannte dagegen 80.000 kampffähige Krieger. 10.000–15.000 Kämpfer hätte das Vandalenheer umfasst, schätzen Wissenschaftler heute.

Nach der Überfahrt besiegten die Vandalen unter Geiserich die römische Armee in der Provinz Numidia, dem heutigen östlichen Algerien. Noch im Jahr 430 belagerte Geiserich vierzehn Monate lang Hippo Regius. Nach der Eroberung wurde die Stadt seine Residenz.

Ein erster Frieden mit den Römern wurde am 11. Februar 435 geschlossen und den Vandalen die Ansiedlung in und um die Provinz Numidia gestattet. Im Jahr 439 schließlich griff Geiserichs Heer Karthago an, damals die hinter Rom bedeutendste Stadt im Mittelmeergebiet. Am 19. Oktober nahm sein Heer die Stadt ein.

Mit diesem Datum begann für Geiserich das Jahr 1 der vandalischen Zeitrechnung. Karthago wurde Zentrum eines vandalischen Reiches, das zunächst das heutige Tunesien und nordöstliche Algerien umfasste. 442 schlossen die Vandalen mit Rom einen weiteren Frieden.

Plünderung Roms

Mit der Ermordung des römischen Kaiser Valentian III. im Jahre 455 wurde der Vertrag aus dem Jahr 442 ungültig. Ohne auf Widerstand zu stoßen, zog Geiserich mit seinen Truppen am 2. Juni 455 in Rom ein. Die Stadt wurde 14 Tage lang geplündert. Papst Leo I. soll den Vandalen freie Hand gelassen haben, wenn sie die – sonst üblichen – Kämpfe, Brandschatzungen und Vergewaltigungen unterließen. Sie hielten sich an die Abmachung, wie unter anderem der Bericht über den vandalischen Krieg des Prokopios darlegt. Geiserich „ließ eine große Menge Gold und anderen Besitz des Kaisers auf seine Schiffe laden und fuhr nach Karthago. Er ließ weder Erz noch anderen Besitz des Kaisers im Palast zurück. Sogar den Tempel des Jupiter Capitolinus plünderte er und nahm die Hälfte des Daches mit, das aus wertvollem Erz bestand und mit einer dicken Goldschicht überzogen war," so Prokop. Nur eines von Geiserichs Schiffen soll gesunken sein – es hatte Statuen an Bord. Anschließend besetzte Geiserich Sardinien, Korsika, die Balearen und nach einigem Widerstand auch Sizilien. Geiserich war nun der mächtigste Herrscher im Mittelmeergebiet. Davon konnte ihn auch nicht eine Offensive unter Kaiser Maiorian abbringen, die im Jahre 456 gegen ihn begann.

Geiserich starb am 24. Januar 477. Seine zeitgenössischen oder bald auf ihn folgenden Biographen beschrieben ihn als wortkarg, asketisch, jähzornig und habgierig. Jedoch stammten die meisten dieser Aussagen von seinen Feinden. Wenige stellten seine Umsicht und Reaktionsschnelligkeit hervor.

Auf Geiserich folgten noch Hunnerich, Guntham, Thrasamund und Hilderich. Hunnerich sei ein fanatischer Gegner des Katholizismus gewesen. Er starb 484, als Afrika eine Hungersnot heimsuchte. Unter Guntham kehrten katholische Würdenträger zurück. Ab 496 begann mit der Regierungszeit des Thrasamund eine glanzvolle Spätphase des Vandalenreiches in Afrika, mit seinem Nachfolger Hilderich begann der Untergang. Im Jahr 533 landete schließlich der oströmische Kaiser Justinian mit einer Armee in Afrika. Das Vandalenreich brach zusammen. König Gelimer, ein Urenkel Geiserichs, nahm man gefangen.

Der Vandalen-Mythos

Die Vandalen waren zwar Christen. Anders als die römischen Afrikaner jedoch hingen sie dem Arianismus an. Dieser lehnte die Lehre der göttliche Dreieinigkeit ab und ging auf einen Priester namens Arius zurück. Arius meinte, Christus entspringe Gottes Wesen, er sei gezeugt und nicht geschaffen. Viele der völkerwanderungszeitlichen Reichsgründer hingen dieser Lehre an.

Geiserich war zuweilen harsch gegen den katholischen Klerus zu Felde gegangen. So waren es vor allem Katholiken, die in Afrika unter den Vandalen enteignet wurden. Im Jahr 437 verbannte er Bischöfe und richtete vier römische Ratgeber hin, die sich geweigert hatten, den Arianismus als wahren Glauben anzuerkennen. Nach dem Untergang ihres Reiches stigmatisierten deshalb vor allem katholische Chronisten die Vandalen als Ketzer.

Im Bericht des katholischen Historikers Victor von Vita über „Die Geschichte der Verfolgungen in der Provinz Afrika zu Zeiten der Vandalischen Herrschaft des Geiserich und Hunnerich“ liest sich das so:

„Als sie die Provinz daher friedlich und ruhig vorfanden, griffen sie mit den Heerscharen des Unglaubens die Schönheit des ganzen blühenden Landes ringsum an, das sie verwüsteten und ausplünderten, wobei sie alles mit Brand und Morden ruinierten. Nicht einmal die Obstgärten verschonten sie, damit diejenigen, die sich in den Höhlen der Berge oder in den Steilhängen oder an irgendwelchen abgelegenen Stellen versteckt gehalten hatten, sich nach ihrem Durchzug nicht von dieser Speise nähren konnten. Und indem sie immer wieder mit solcher Grausamkeit wüteten, blieb kein Ort von ihrer verderbenbringenden Berührung verschont. Ganz besonders frevelhaft wüteten sie in den Kirchen und Basiliken der Heiligen, auf Friedhöfen und in Klöstern, so daß sie die Häuser der Predigt mit noch größeren Brandstiftungen niederbrannten als die Städte und alle Siedlungen."

Und weiter: „Einigen öffneten sie den Mund mit Brechstangen und gossen stinkenden Kot in ihre Kehlen, um so ein Geständnis über das Geld (zu erzwingen); manche peinigten sie, indem sie Sehnen um Stirn und Schienbein drehten, bis diese zurückschnellten; den meisten reichten sie erbarmungslos Meerwasser, anderen Essig, Ölschaum und Tunke und manches andere Grausame dar, wie mitgebrachte Schläuche, die in den Mund eingeführt wurden. Weder das schwächere Geschlecht, noch Rücksicht auf den Adel, noch die Ehrfurcht vor dem Priester besänftigte ihre wilden Gemüter, vielmehr steigerte sich noch die Zorneswut, wenn sie einen Würdenträger erblickten. ... Die barbarische Wut riss vielmehr auch Säuglinge von den mütterlichen Brüsten und schmetterte die schuldlosen Kinder zu Boden."

Ein Gegenbild zu diesem Horrorszenario einer vandalischen Schreckensherrschaft zeichnete noch im 5. Jahrhundert der Bischof Salvian von Massilia (Marseille): „Wenn unter Goten- oder Vandalen-Herrschaft jemand ein lasterhaftes Leben führt", so Salvian in seinem Werk „Über die Weltregierung Gottes", „dann ist es ein Römer." Über die Schlacht im Jahr 422 berichtet er, sie hätten den Römern „göttliche Aussprüche" entgegen gerufen und ihnen dabei die heilige Schrift kundgetan, gleich so als wären sie Gottes Stimme. Gott hätte die Vandalen nach Afrika geschickt, um dem lasterhaften Treiben der dortigen Bevölkerung ein Ende zu bereiten. „Während die karthagische Gemeinde noch im Zirkus raste und im Theater schwelgte", tosten vor den Toren Karthagos die Vandalen, so der Bischof. „Die einen wurden draußen abgeschlachtet, die anderen gaben sich drinnen der Unzucht hin. Der eine Teil des Volkes wurde draußen Gefangener des Feindes, der andere Teil wurde drinnen zum Gefangenen der eigenen Laster."

Vandalen, vandalisme, Vandalismus

Mit dem Ende des Arianismus im 7. Jahrhundert wichen die glorifizierenden Darstellungen. An ihre Stelle traten die schaurigen Berichte katholischer Geschichtsschreiber. Damit war der Grundstein für den modernen Vandalen-Mythos gelegt. Es sollte aber noch bis zur Französischen Revolution dauern, bis Vandalismus zum Inbegriff für blinde Zerstörungswut wurde.

Seit dem 16. Jahrhundert, als die antiken Schriftwerke „wiederentdeckt" wurden, galten vor allem den italienischen und französischen Humanisten sowohl Vandalen, als auch Hunnen und Westgoten als Zerstörer der römisch-romanischen Kultur. In Frankreich hat vor allem der Staatstheoretiker Jean Bodin in seinem „Methodus" (1566) eine Abstammung von den germanischen Franken vehement abgelehnt.

Vom Ende des 17. Jahrhunderts bis weit in das 18. hinein bestimmte vor allem der Jesuitenpater Bouhours das französische Deutschlandbild. Er hatte die Deutschen zur „nation barbare" degradiert. Das sahen die deutschen Humanisten natürlich anders. So hieß es etwa schon bei dem Reformator Beatus Rhenanus: „Unser sind die Triumphe der Gothen, Vandalen und Franken." Nur die Aufwertung der Germanen bei den Philosophen Montesquieu und Rosseau in der Mitte des 18. Jahrhunderts, unterbrach für einige Jahrzehnte diese äußerst negative französische Sicht auf die Deutschen.

Nach der Französischen Revolution zeichnete Voltaire wieder ein kritisches Bild der östlichen Nachbarn: „Wer waren diese Franken, die Montesquieu aus Bordeaux unsere Vorväter nennt? Sie waren wie die anderen nördlichen Barbaren wilde Tiere auf der Suche nach Weidegründen, nach Obdach und etwas Schutz vor dem Schnee."

Am 28. August 1794 setzte Henri-Baptiste Grégoire, Bischof von Blois, den Begriff „Vandalismus" in die Welt. In seiner Schrift „Rapport sur les destructions opérées par le vandalisme" prangerte er die Zerstörung von Kunstwerken durch radikale Jakobiner an. Für Grégoire war der Revolutionsführer Maximilien Marie Isidore de Robespierre ein Vandale, der wie das antike Volk zu Beginn des 5. Jahrhunderts Rom nun Frankreich zerstören wolle. 1798 nahm die Académie française „vandalisme" schließlich als Begriff in ihrem Wörterbuch auf.

Vandalismus ist noch heute sprichwörtlich. Doch die Wortschöpfung Grégoires wurde den Vandalen nicht gerecht. Statt Rom in Schutt und Asche zu legen, demontierten sie systematisch und zielgerichtet alles von Wert. Stichhaltige Indizien für sinnlose Zerstörungen und Massaker gibt es nicht.

Sicher waren die Vandalen keine „Soldaten Gottes". Auch waren sie weder die Gründer von Städten wie Venedig oder Wandlebiria bei Cambridge noch Lehrmeister der Wikinger. Von denen kann man erst zweihundert Jahre nach dem Zusammenbruch des vandalischen Reiches sprechen. Und die Vandalen selbst waren weder ein Seefahrervolk, Schiffbauer noch Seekrieger: Sie nutzten vor allem vorhandene römische Transportschiffe, die Flotte bestand am Ende des Vandalenreiches aus vielleicht gerade einmal 120 Schiffen.

Doch nicht ohne Grund lassen sich die Vandalen in Afrika archäologisch kaum nachweisen. Denn sie nutzten das Bestehende. Prokop schrieb, dass die Vandalen schon bald einen sehr „römischen" Lebenswandel pflegten. Sie hatten eine reiche Provinz vorgefunden, und schafften es, diesen Reichtum zu bewahren. Afrika blieb unter den Vandalen die Kornkammer des Römischen Reiches. Römer machten unter Geiserich Karriere und besetzten hohe Verwaltungsposten. Kirchen, Thermen und Paläste wurden renoviert. Nach wie vor exportierten die ehemaligen römischen Provinzen Afrikas zur Zeit der vandalischen Herrschaft große Mengen Olivenöl und die Feinkeramik der Töpfereien deckten etwa 90 % des römischen Bedarfs. Dafür, dass die Vandalen Vandelen gewesen sein sollen, spricht das nicht.

IRRTUM 12:

Hermann einigte die Deutschen

Freiheit, Recht und Einigkeit. Den Mythos von der germanischen Freiheit hatten im 16. Jahrhundert die Humanisten in die Welt gesetzt. Hermann war ihr Symbol geworden. Der Mythos vom vorbildlichen Recht wiederum, das in den germanischen Wäldern beheimatet sein solle, war den Deutschen in der Mitte des 18. Jahrhunderts von den französischen Philosophen Montesquieu und Rousseau ins Stammbuch geschrieben worden. Doch Einigkeit und ein Einiger, die fehlten dem Heiligen Römischen Reich Deutscher Nation nach wie vor. Hermann auch zu ihrem Symbol zu machen scheiterte, weil sowohl der historische Arminius, als auch der mythische Hermann spaltete – der eine germanische Stämme, der andere die Konfessionen.

Zunächst aber eroberte Hermann im 17. Jahrhundert die Bühnen und Buchhandlungen der Welt. Arminius Kampf gegen Rom, die Verwandtschaft und um seine Geliebte Thusnelda bot sich als großes Drama an. Die Künstler nutzten so ziemlich alle Genres um den Stoff, den ihnen der Römer Cornelius Tacitus in seinen Annalen hinterlassen hatte, zu inszenieren: Oper, Drama, Epos, Gedicht, Lied, Roman.

1676 und 1910 entstanden mehr als 70 Arminius-Opern. Der Komponist Alessandro Scarlatti vertonte das Libretto als erster im Jahr 1703. Auf Scarlattis „Arminio“ folgten, nach einigen heute weniger bekannten Komponisten, 1732 Francesco Rinaldi in Wien und 1737 Georg Friedrich Händel in London.

In Frankreich goss der Edelmann Georges de Scudéry den Stoff in die Form der Tragikomödie. 1642 wurde sein „Arminius oder die feindlichen Brüder“ in Paris uraufgeführt, wenn auch mit eher mäßigem Erfolg. 1658 vollendete der Edelmann Gautier de Coste, seinen zwölfbändigen Roman Cléopâtre und wälzte darin auch den Arminius-Stoff breit aus. Vor allem rückte er die Liebesgeschichte zwischen Arminius und Thusnelda in den Vordergrund. So ähnlich ließ auch Jean Galbert de Campistron 1685 in „Arminius, eine Tragödie“ nicht nur den Cheruskerfürsten, sondern auch Varus, den römischen Statthalter, um die Gunst von Thusnelda buhlen. „Bevor mein Rivale die heiratet, die ich liebe, wird dieser Rivale sterben, und sei es Caesar selbst“, lässt de Campistron Arminius ertönen und: „Die Germanen fliehen vor der Eitelkeit materiellen Reichtums, / Sie sind, mein Herr, mit ihrer Freiheit viel reicher gesegnet.“ Am Ende hat Arminius das Vaterland gerettet und seine Braut befreit.

Vor allem für die Deutschen waren Arminius und die Varusschlacht Projektionsfläche aktueller politischer Konflikte. Bei dem Juristen und Dichter Daniel Caspar von Lohenstein steht Arminius für Kaiser Leopold I, der sich der französischen Expansionspolitik erwehren musste. Der schwulstige Roman erschien postum 1689. Bei ihm tritt Arminius erstmals in der Rolle als Einiger auf. Über dreitausend Seiten füllte Lohenstein mit dem ausufernden Titel: „Großmüthiger Feldherr Arminius oder Herrmann, Als ein tapfferer Beschirmer der deutschen Freyheit, Nebst seiner Durchlauchtigsten Thusznelda. In einer sinnreichen Staats-, Liebes- und Heldengeschichte. Dem Vaterlande zu Liebe. Dem deutschen Adel aber zu Ehren und rühmlichen Nachfolge.“ Auch die übrigen Akteure ordnete Lohenstein zeitgenössischen Personen zu. Im Anhang seines Werkes schlüsselte er die historischen Vorbilder seiner Figuren eigens auf.

Patrioten

„Die Deutsche Nation ist eigentlich nicht eine Nation, sondern ein Aggregat von vielen Nationen“, stellte der Pastorensohn und Dichter

Christoph Martin Wieland 1773 fest. Anders als die Nationalstaaten England und Frankreich war das Heilige Römische Reich Deutscher Nation ein zahnloser Staatenbund, der aus annähernd 1500 Ritterschaften und 314 souveränen Territorien bestand. Heerwesen und Wirtschaft darbten. Die Untertanen zahlten für die vielen Herrscherhöfe. Immer wieder drohte das Heilige Römische Reich deutscher Nation auseinanderzubrechen. In den Österreichischen Erbfolgekriegen, die bald nach Maria Theresias Krönung mit dem Einfall von Friederich II. („der Große") im habsburgischen Schlesien begannen, stritten Europas Fürsten bis 1748 um die Nachfolge des römisch-deutschen Kaisertums. Zu dieser Zeit wich die Adelsverehrung aus den Künsten. Das Heldenepos um den Cherusker wurde zur Tragödie. Bei Johann Elias Schegel lautete es 1743: „Hermann. Ein Trauerspiel". Justus Möser titelte 1749: „Arminius, ein Trauerspiel." Im Zentrum von Mösers Stück versucht Arminius König zu werden und wird von seinen Verwandten ermordet. Möser stellt den Kampf gegen Varus in den Hintergrund und akzentuiert den innergermanischen Konflikt unter den verschiedenen Stammesgenossen. Arminius Gegenspieler, der Cherusker Segestes, Thusneldas Vater, steht bei Möser für die Vielstaaterei im Heiligen Römischen Reich Deutscher Nation.

Von der Mitte des 18. Jahrhunderts bis 1850 erlebte der Hermanns-Stoff einen Höhepunkt. In dieser Zeit entstanden rund 200 Dichtungen und Opern. Zu den bekanntesten Autoren gehören: Christoph Martin Wieland, Johann Jakob Bodmer, Friedrich Gottlieb Klopstock, Friedrich Hölderlin, Heinrich Kleist, Christian Grabbe und Johann Wolfgang von Goethe.

Nach den Erbfolgekriegen wurde Hermann noch einmal zum Befreier. Freiherr Christoph Otten von Schönaich setzte 1751 seinen germanischen Helden mit Friedrich II. gleich. „Hermann, oder das befreyte Deutschland: ein Heldengedicht", heißt das Bühnenstück, in dem der Cherusker nach allerlei fantastischen Abenteuern Germanien vom römischen Joch erlöst.

Mit den Verwüstungen des Siebenjährigen Krieg (1756–63) gewann die Idee der deutschen Nation vor allem im Bürgertum erstmals deutlicher Kontur. Friedrich der Großen wurde zur „nationalen Integrationsfigur", der Krieg „nationaler Krieg" der deutschen Völker. Friedrich Gottlieb Klopstock, der „erste Dichter unseres Volks", knüpfte für seine Interpretationen des Stoffes an die Form des Bardensanges an. Sein „Bardiet" sollte teilweise gesungen werden und berichtete von Helden und Schlachten. Klopstock berief sich auf Tacitus, wie er selbst vermerkte. Weite Teile dieses Werkes sind eine Germania in Versen. Einen Auszug der antiken Ethnografie hängte er seinem Bardiet an und hoffte, dass er „jedem Deutschen von rechtem alten Schlag das Herz wärmen" würde. Genau so sollte auch seine Hermann-Trilogie („Hermanns-Schlacht", „Hermann und die Fürsten", „Hermanns Tod") Patriotismus wecken.

Im Landschaftsgarten des Seifersdorfer Tals in Sachsen weihte man um 1790 ein erstes Hermannsdenkmal ein. Es bestand aus einer mit Schwert, Schild und Lanze behängten Eiche, der „Hermannseiche", und aus einem Altar. In die Eiche soll 1930 ein Blitz eingeschlagen sein.

Nationalisten

Der aufkeimende Patriotismus des späten 18. Jahrhunderts hatte noch aufklärerische Absichten. Die Französische Revolution (1789) ließ unter Intellektuellen Hoffnungen auf Reformen aufkeimen, die aber mit den Feldzügen Napoleon Bonapartes endgültig schwanden. Am 14. Oktober 1806 schlug der Franzose Preußen bei Jena und Auerstedt, am 27. Oktober zog er in Berlin ein. Das Heilige Römische Reich Deutscher Nation war erloschen.

Statt Freiheit, Gleichheit und Brüderlichkeit hielt der Hass Einzug in Preußen. Der Philosoph Johann Gottlieb Fichte schrieb 1808 im besetzen Berlin in seinen Reden an die deutsche Nation, wie der neue Staatsbürger aussehen müsse, damit Deutschland sich wieder befreie: Er müsse einen „festen, und nicht weiter schwankenden Willen ... hervorbringen nach einer sichern und ohne Ausnahme wirksamen Regel." Dann werde „die Freiheit des Willens vernichtet, und aufgegangen in der Nothwendigkeit." Ein Mittel dazu sei die Dichtung, so Fichte. Bei der Rückkehr zu den deutschen Wurzeln wurde Reinheit der deutschen Sprache, Kultur und Geschichte zum Allheilmittel.

Ein anderes Mittel wurde das Turnen. 1811 weihte Friedrich Ludwig Jahn vor den Toren Berlins den ersten Turnplatz ein und begründete damit eine nationale Bewegung. Der Turnvater agitierte so inbrünstig für die deutsche Nation und gegen Napoleon, dass ein Zeitgenosse ihn als „niedlichen Bluthund" titulierte. 1810 veröffentlichte er die Schrift „Das deutsche Volkstum". Darin wird Arminius als der Deutschen „Volksheiland" bezeichnet. Seine „Rede des Arminius an die Deutschen vor der Teutoburger Schlacht" schrieb er, um Freischärler für das Lützowsche Freikorps zum Kampf gegen Napoleon zu mobilisieren.

Der Schriftsteller und Politker Ernst Moritz Arndt hetzte 1813 in einem Aufsatz über Volkshaß: „Volkshaß ist so natürlich und nothwendig als das Leben, ja er ist das Leben selbst, denn ohne reinen Haß gegen Etwas ist gar kein Leben." Und: „Weil er der Gott der Liebe ist, darum gefällt ihm Haß (...). Gott will diesen Haß, ja er gebietet ihn." Dieser Haß sei „die rechte alte teutsche Treue und Tugend." Die blutigen Folgen des Hasses verherrlichte Arndt: „Das Land (...), wo Hermann Varus' Heer vernichtete und aus den Gebeinen der Erschlagenen einen Altar der Rache auftürmte, (war) ein herrliches Denkmal der Freiheit."

Kleists Hermannschlacht

In diesen Jahren der napoleonischen Feldzüge schuf der Schriftsteller Heinrich von Kleist die bei weitem erfolgreichste Bearbeitung des Arminiusstoffes überhaupt. Wenngleich die politischen Umstände eine Aufführung lange Jahre verhinderten, sollte das Stück eine große Karriere vor sich haben und nicht unwesentlich dazu beitragen, dass im frühen 20. Jahrhundert „Thusnelda" und „Tussi" zum Inbegriff des eitlen Dummerchens werden würde. Bis dahin aber vergingen noch Jahrzehnte.

Kleist war 1806, genau so wie die preußische Herrscherfamilie, nach Königsberg geflohen. Voller Besorgnis schrieb er seiner Schwester in Berlin: „Wie schrecklich sind diese Zeiten! (...) Wir sind die unterjochten Völker der Römer. Es ist auf eine Ausplünderung von Europa abgesehen, um Frankreich reich zu machen." Auch bei Kleist waren damit aus Franzosen Römer geworden.

Anfang 1807, auf der Rückreise nach Berlin, wurde Kleist wegen angeblicher Spionage verhaftet und in Frankreich inhaftiert. Nachdem er im Juli 1807 entlassen wurde, machte er sich an seine „Hermannsschlacht", die er noch 1808 fertig stellte.

Das Stück sollte eigentlich zuerst in Wien aufgeführt werden. Nachdem Napoleon am 5./6. Juli 1809 Österreich in der Schlacht bei Wagram geschlagen hatte, war daran jedoch nicht mehr zu denken – das Stück war zu offensichtlich antifranzösisch. Erst 1818 druckte die Zeitschrift „Zeitschwingen" einen Abschnitt unter dem Titel „Marbod und Herrman". 1821 erschien es erstmals vollständig in einer Sammlung von Kleist-Schriften. 1860 wurde das Stück in Breslau uraufgeführt – über fünfzig Jahre nach seiner Vollendung. Doch immer noch war es politisch ungewollt. Nach der Aufführung in Dresden verbot der sächsische König weitere Vorstellungen „aus Sorge über den Preußen begünstigenden Nationalismus, den Kleists Drama förderte."

Kleist überzog das bekannte Befreier-Motiv. Um die Germanen zum Kampf gegen die Weltmacht zu einen, marodieren seine Leute als Römer verkleidet durchs Land. Seine Frau Thusnelda duldet Anbandelungsversuche ihres römischen Verehrers Ventidius, fühlt sich dann aber von diesem hintergangen und rächt sich, indem sie ihn von einer wilden Bärin zerreißen lässt. „Thuschen", so nennt Hermann seine Geliebte ständig. Hermann versucht ihr zu erklären, was die Römer in Deutschland wollen, unter anderem blondes Haar, um daraus Perücken zu flechten. Doch von all dem versteht Thuschen auch nach den ausführlichen Erklärungen ihres Hermann reichlich wenig (s. Irrtum 4).

Das Bild, das Kleist von Hermann zeichnet, ist bizarr. Hermann verkörpert das Gegenteil derjenigen Deutschen, die zeitgenössischen historischen Lexika zu Folge ehrliche, offene und treue Menschen seien. Hermann dagegen ist listig, betrügerisch und brutal. Ganz anders die Römer: Als Soldaten eine heilige Eiche fällen, werden sie bestraft, weil es „nicht eben, leider! Sehr geschickt (ist), den Römer so in Cheruska zu empfehlen."

Welche Zwecke Kleist mit seiner Version des Arminius-Stoffes verfolgte, liegt im Dunkeln. Seine Hermannsschlacht ließ sich im 3. Reich problemlos als Aufruf zum totalen Krieg darstellen. Sein Hermann war ein Volksverhetzer. Die Deutschen werden bei ihm zu „einer manipulierten Masse, die ihrem Führer folgt, ohne nachzudenken", so die Philologin Sigrid Horstmann. Der Germanist Klaus Rek urteilte: Das Drama „irritiert, statt zu orientieren, frustriert, wo (es) mobilisieren sollte, und (stößt ab), statt zur Identifikation einzuladen". ... „Einem deutschen Nationalisten (...) muß Kleists Nationalismus' ein Greuel sein – das Kranke daran ist das Wahre daran. (...) Daß in der Welt (anders als auf dem Theater) die Kriege nicht heiter, die Monster nicht anmutig sind, hat Kleist selber gewußt."

Deutlich wird bei Kleist eine Abkehr von Idealen der Humanität. Kleist spiegelt die Generalmobilmachung des Bürgertums, die von einer neuen Art der Kriegsführung, von dem Politikwissenschaftler Andreas Dörner als „totaler Volkskrieg" bezeichnet, benötigt wurde. Möglicherweise dachte Kleist Idee und Konsequenzen des hasserfüllten Patriotismus voraus. Sein Herrmann zwingt sich geradezu zu hassen und tönt: „Ich will die höhnische Dämonenbrut nicht lieben!" Wie weit Kleist diese Ideologie befürwortete oder ablehnte, liegt im Dunkeln. Jahre zuvor wollte er den „Code Civile" herausgeben und 1803 noch für Napoleon kämpfen, doch nach 1807 hatte ihn offenbar selbst der Hass gegen die Franzosen ergriffen.

Seine Hermannsschlacht war in jedem Fall – bezogen auf die antike historische Vorlage – voller Abwegigkeiten. Schon im 19. Jahrhundert fiel die Komik in Kleists Hermannsschlacht auf, die viele Rezipienten irritierte. In späteren Bearbeitungen des Originals wurden allzu groteske Passagen deshalb gestrichen. Varus, der sich nach der historischen Überlieferung selbst in sein Schwert stürzte, wird bei Kleist geköpft. Mit Truppen des Markomannen-König Marbod vereint, schlägt Hermann das Heer des Varus im Teutoburger Wald. Kleist lässt es sich nicht nehmen, am Ende ausdrücklich auf diesen Umstand hinzuweisen – obwohl der historische Markomannenkönig Marbod bis ins Jahr 16 n. Chr. Arminius' entschiedener Gegner blieb. Am Ende des Dramas ruft er seine Gefährten auf, keinen Römer entkommen zu lassen und Rom zu zerstören – doch der Angriff auf das Römische Reich stockte im Jahr 9 n. Chr. schon unweit des Flusses Lippe, wo die Germanen nach der Varusschlacht laut historischen Quellen noch einige Zeit das Kastell „Aliso“ belagert hätten.

1813: Eine zweite Hermannsschlacht

1813 war Napoleon in der Völkerschlacht bei Leipzig geschlagen. Im Widerstand gegen die französischen Besatzer wurde der germanische Kampf gegen die Römer zum Vorbild. Nach der Völkerschlacht feierte man das Gemetzel als zweite Hermannsschlacht. Es entstanden bis etwa 1850 mehr als zwanzig weitere Bearbeitungen des Hermannstoffes. Während die meisten weitgehend vergessen sind, blieb „die Hermannsschlacht“ von Christian Dietrich Grabbe über die Jahrhunderte präsent. Allerdings sollte Grabbes Hermannsschlacht noch länger brauchen als Kleists gleichnamiges Werk, um auf die Bühne zu kommen. Erst 1934 wurde Grabbes Version uraufgeführt.

Grabbe kam 1801 als Sohn eines Zuchthausaufsehers in Detmold auf die Welt. Er besuchte dort das Gymnasium und studierte Jura in Leipzig und Berlin. Da er am Theater keine Anstellung fand, kehrte er 1823 in seine Heimat zurück und arbeitete als Rechtsanwalt und Militärrichter. Ab 1827 widmete sich Grabbe wieder der Schriftstellerei.

Sein „Don Juan und Faust“ wurde 1829 am Landestheater Detmold aufgeführt – als einziges Stück zu seinen Lebzeiten. Grabbe verfiel zunehmend der Trunksucht. Nach „Kaiser Friedrich Barbarossa“ (1829) und „Kaiser Heinrich VI.“ (1830), „Napoleon oder die hundert Tage“ (1831) und „Hannibal“ (1835) sollte die „Hermannsschlacht“ sein letztes Werk sein. 1835 schrieb er seiner Gattin: „Der Gedanke an die Heimath hat mich auf etwas aufmerksam gemacht, was mir so nahe lag: nämlich ein großes Drama aus der Hermannsschlacht zu machen; alle Thäler, all das Grün, alle Bäche, alle Eigenthümlichkeiten der Bewohner des lippischen Landes,..., sollen darin grünen, rauschen und sich bewegen.“

Grabbe betrieb „ein gründliches Literaturstudium“ um die „Schlacht treffend darstellen zu können.“ Zur Verfügung stand ihm die Abhandlung „Wo Hermann den Varus schlug“, seines Schwiegervaters Christian Gottlieb Clostermeier, in der der damalige Forschungsstand zusammengefasst war. Zusätzlich studierte er Tacitus’ Annalen und Germania sowie diverse weitere Geschichtswerke. Im Frühjahr 1835 schrieb er seinem Verleger: „Ich betreibe jetzt die Vorstudien zum Armin; ende sie wohl morgen. Teufel, da wächst was! Mein Herz ist grün vor Wald.“

Grabbes Germanen sind gutherzig, ehrlich und bodenständig aber auch trinkfest und spielwütig. Cheruskerfürst Hermann ist gebildet, energisch und kämpferisch. Die kultivierten Römer sind nicht alle schlecht. Doch wollen sie den Germanen ihr Rechts- und Steuersystem aufbürden, das eigentlich gerecht, doch der Korruption anheimgefallen sei.

Hermann wiegelt seine Leute auf, gaukelt römische Überfälle vor, die in Wirklichkeit von seinen verkleideten Mannen begangen werden. Selbst Thusnelda ist so verwirrt, dass sie Hermann als Vaterlandsverräter beschimpft. Im Hauptteil werden die Römer innerhalb von drei Tagen in Schluchten, Wäldern und sumpfigen Wiesen niedergemacht. Die Natur verbündete sich mit den Germanen, die „wie ihre Eichen auf ihrem Boden eingewurzelt“ waren.

Vieles an Grabbes Hermannsschlacht wirkt komisch. So erkundigt sich Varus bei Hermann: „Außer der Zwirn-, Garn- und Leinenfabrikation habt ihr wohl wenig Manufakturen im Lande?“ Seine Figuren wirken gestelzt, bemüht, holzschnittartig, so „dass man den Eindruck nicht los wird, Grabbe habe entweder die ganze Geschichte der Hermannsschlacht als Posse inszenieren wollen oder aber er habe den heroisch-pathetischen Stoff als solchen stilistisch nicht in den Griff bekommen“, wie die Literaturwissenschaftlerin Julia Hiller von Gaertringen urteilte. Das ganze Drama mache den Eindruck, als versuche eine Laienspielgruppe, das, was sie für heroisch-pathetisches Theater hält, auf die Bühne zu bringen, meinte der Germanist Wolfgang Braungart. Tatsächlich lässt Grabbe Kaiser Augustus als Schauspieler abtreten: „Klatscht in die Hände! Hab’ ich meine Rolle in allen

Verhältnissen nicht gut gespielt? Livia, sei ruhig. Es tritt nur ein Schauspieler ab."

Grabbe wollte sich eng an die historische Vorlage halten. „Ich lese darüber wie ein Secundaner, aber pedantisch wird sie nicht", schrieb er. Doch am Ende verlässt Grabbe den Pfad der historischen Überlieferung komplett. Der todkranke Kaiser Augustus erhält Nachricht vom Verlust der Legionen. „Die drei Legionen waren die lebendigen kräftigsten Mauern des Reichs gegen das unermeßliche Germanien. Es wird nun bald seine Völker wie verwüstende Hagelwetter auf unseren Süden ausschütten." Auf seinem Krankenbett hat Augustus eine Vision vom Ende Roms: „Es beginnt eine neue Zeit. Nicht bloß aus dem Norden, auch aus dem Osten naht sie ... Herodes schreibt mir: Drei Könige ... haben ein Kindlein gefunden, ... in einer Krippe liegend ...". Tiberius schlägt vor, Pontius Pilatus das Kind aus dem Weg räumen zu lassen. „Ihr macht es nur noch schlimmer" entgegnet Augustus. Die letzten Worte des Kaisers, bevor er stirbt und Grabbes Drama endet, lauten: „Jesus Christus nennt man den Wunderknaben." Der historische Augustus jedoch starb 14 n. Chr., als Jesus etwa 21 Jahre alt war.

Hermann ruft seine Verbündeten auf, sich – die „Deutschen" – zu vereinen und das Römische Reich zu vernichten. Die Stammesfürsten weigern sich. Sie begnügen sich damit, dass der alte Zustand wieder hergestellt ist – wie zur Zeit Grabbes war die Idee der Nation zu abstrakt, Hermann seiner Zeit zu weit voraus. Hermann prophezeit die Erfüllung der Einheit nach Jahrtausenden und lädt seine Mitstreiter zu einem Fest.

Wie Kleist sollte Grabbe die Uraufführung seiner „Hermannsschlacht" nicht erleben. Er starb am 12. September 1836. Die meisten Rezensenten beurteilten sein Stück wohlwollend. Man muss „bei jedem Schritt, den die Lectüre vorwärts thut, an Grabbe, und zwar an den sterbenden Grabbe denken", befand ein Rezensent. Grabbe hätte die Ecken und Kanten gefeilt, wenn er die Zeit dafür gehabt hätte. Zwar bewertete man sein Stück deshalb milde, aber auch nicht ganz ernsthaft.

Ein Denkmal für Hermann

Heinrich Heine ließ die grassierende Germanentümelei nur spotten. Statt Antiromanismus, der von den Dichtern in die historischen Ereignisse interpretiert wurde, trat er für die Aussöhnung zwischen Frankreich und Deutschland ein. Am bekanntesten sind diesbezüglich seine staririschen Verse von 1844 aus „Deutschland, ein Wintermärchen“:

Das ist der Teutoburger Wald,
den Tacitus beschrieben,
Das ist der klassische Morast,
Wo Varus stecken geblieben.

Hier schlug ihn der Cheruskerfürst,
Der Hermann, der edle Recke;
Die deutsche Nazionalität,
Sie siegte in diesem Drecke.

Der jugendliche Heine war durchaus noch vom Sieg der Germanen über die Römer begeistert. Die folgenden Zeilen aus seiner Schulzeit (1815) meinte er wohl durchaus ernst: „Alte Sitte, alte Tugend, / Und der alte Heldenmuth. / Schwerter schwinget Deutschlands Jugend; / Hermanns Enkel scheut kein Blut. // Helden zeugen keine Tauben, / Löwen gleich ist Hermanns Art; / Doch der Liebe schöner Glauben / Sey mit Stärke wild gepaart.“ Und auch am Ende des Wintermärchens gibt Heine sich als Spender für das geplante Hermannsdenkmal bei Detmold zu erkennen:

Drum wird dir, wie sich gebühret.
Zu Detmoldt ein Monument gesetzt;
Hab’ selber subskribiret.

Auch andere verhöhnten die Germanentümelei, wie der Karikaturist August Friedrich Siebert, der die lange Planungszeit für das Hermannsdenkmal in seiner Satire „die Hermannsfeier“ aufs Korn nahm.

„In neuester Zeit nehmen die Denkmäler rasend überhand“ verlautete Siebert und spielte wohl auch auf die Planung der „Walhalla“, der Gedenkstätte der Gefallenen nahe von Regensburg, an. Seit 1807 hatte Kronprinz Ludwig von Bayern Büsten gesammelt, die er dann ab 1842 in einer Halle bei Donaustauf ausstellen ließ. Diese Reihe der Persönlichkeiten „teutscher Zunge“ begann mit Arminius.

Das Hermannsdenkmal brauchte, genau so wie Grabbes und Kleists Hermannsschlacht, Jahrzehnte, um von Erfolg gekrönt zu werden. Die ersten Aufführungen von Kleists „Die Hermannsschlacht“ in den 1860er Jahren in Hamburg und Stuttgart waren wenig erfolgreich. Erst der Deutsch-Französische Krieg und die Reichsgründung von 1871 brachten dem Stück Popularität. Otto von Bismarck war neuer Nationalheld der Deutschen geworden und wurde als „moderner Hermann“ gefeiert.

Bald darauf konnte auch das Hermannsdenkmal fertiggestellt werden. Erste Pläne dafür gab es vermutlich seit 1782. Friedrich Gottlieb Klopstock verfasste damals Inschriften. 1819 skizzierte der Bildhauer Ernst von Bandel Entwürfe für ein Hermannsdenkmal, 1837 gründete sich in Detmold ein „Verein für das Hermannsdenkmal“ und im Jahr darauf begannen die Bauarbeiten bei der Grotenburg auf dem Teutberg bei Detmold. Doch erst am 16. August 1875 wurde das Haupt des Cheruskerfürsten feierlich enthüllt.

Die Spender kamen anfangs und in den Tagen des Vormärz (1848) aus allen politischen Lagern. Entsprechend verlautbarte der Festredner bei der Schließung des Grundsteingewölbes, dass die Schlacht im Teutoburger Wald nicht nur „den Unterschied zwischen Herren und Sklaven, zwischen Bürger und Fremdling“ getilgt, sondern auch die „übrigen Völker der Erde“ befreit hätte. In solchen liberalen und internationalistischen Worten kommen die höchst unterschiedlichen politischen Strömungen zum Ausdruck, die anfangs um die ideologische Vereinahmung des Hermannsdenkmal konkurrierten.

Doch bei der Eröffnungsfeier 1875 waren Liberale und Demokraten fast vollständig gewichen. Zwar befürwortete der „Neue Social-Democrat“ am 18. August 1875 den Kampf der Germanen als Kampf der Arbeiterklasse gegen das römische Ausbeutervolk. Doch Arminius und sein Denkmal lehnte der „Socialdemocrat“ ab. Dessen Bestreben die „republikanische Verfassung der Deutschen“ zu stürzen, rechtfertigte es, dass der Cherusker von seinen Verwandten totgeschlagen wurde.

Die 30.000 Menschen, die zum Teil mit Sonderzügen aus Berlin, Bremen und Köln zur Eröffnungsfeier angereist kamen, waren konservativ, protestantisch und national. Mit dabei waren Kaiser Wilhelm I. und seine Gemahlin. Das Schwert des Hermanns hatte Bildhauer Ernst von Bandel gegen Frankreich gerichtet. Die Inschrift: „Deutsche Einigkeit meine Stärke, Meine Stärke Deutschlands Macht.“

Das Denkmal war gedacht als Symbol deutscher Einheit, Abgrenzung und Freiheit. Doch es wurde vor allem eines der Protestanten gegen die römisch-katholische Kirche. Das Magazin „Kladarradatsch“ karikierte dies mehrfach durch Bildnisse, die Arminius („Ich habe gesiegt!“) und Luther („Ich werde siegen!“) vor dem Petersdom zeigen. Obwohl die erzkonservative „Kreuzzeitung“, wie auch andere katholische Publikationen, mahnte, bei der Feier keine Zwietracht zwischen den christlichen Lagern zu säen, erschallte bei der Eröffnungsfeier statt des vereinbarten „Lobet den Herrn“ die Protestanten-Hymne „Ein feste Burg ist unser Gott.“ Spätestens als das Luther-Lied erklang war Hermann zum Symbol von Ausgrenzung geworden. Zuerst gegen alles Römische und Romanische, dann auch gegen Liberale, Demokraten, Katholiken, Sozialisten und schließlich Juden.

Am Denkmal gründete sich 1882 der Christliche Verein Junger Männer (CVJM). 1893 trafen sich 20.000 „Antisemiten Deutschlands“. 1924 hielt der Deutsche Sängerbund eine Kundgebung. Kleists Hermannschlacht konfrontierte Generationen an Schülern, die sich durch den Stoff bissen. Des blonden Thuschens dümmlichen Fragen ließen schließlich das Tussi-Klischee entstehen. Auch dies ein Zeichen, wie wenig der mythische Hermann mitsamt seinem Gefolge zum Deutschen Helden taugte.

IRRTUM 13:

Die Varusschlacht war ein Wendepunkt der Weltgeschichte

Die Schlacht war eine der verlustreichsten der römischen Geschichte. Dem Augustus-Biographen Sueton zu Folge war das Debakel so groß, dass Kaiser Augustus in Rom seinen Kopf gegen Türen schlug, tagelang weder Bart noch Haar schnitt und immer wieder den einen berühmten Satz ausrief: „Quintili Vare, legiones redde!" – „Quinctilius Varus, gib die Legionen zurück!" Doch die 17., 18. und 19. Legion mitsamt Kavallerie, Hilfstruppen und einem Tross aus Handwerkern, Händler, Beamten, Zivilisten, Frauen und Kindern – insgesamt um die 18.000 Menschen – waren innerhalb von drei grauen Septembertagen im Jahr 9 n. Chr. in den Tod marschiert. Am „saltus teutoburgensis", am Teutoburger Wald, schrieb Tacitus, habe sich das Gemetzel zugetragen. Der Feldherr Publius Quinctilius Varus hatte sich am Ende in sein Schwert gestürzt. Seinen „halbverkohlten Leichnam", so schilderte der römische Historiker Velleius Paterculus, hätten „die Feinde in ihrer Rohheit in Stücke" gerissen.

Ab Anfang des 19. Jahrhunderts, als die Napoleonischen Kriege Europa erschütterten, wurde die Schlacht im Teutoburger Wald zum nationalen Mythos. Ein Mythos, der teilweise bis heute währt. Schon Friedrich Gottlieb Klopstock hatte am Ende des 18. Jahrhunderts die Idee formuliert, dass die deutsche Sprache wegen der Varusschlacht nicht romanisiert wurde. „Ich denke doch, daß Sie es wissen, daß die Cherusker es eigentlich und vornämlich sind, die durch Varus Schlacht unter anderen verursacht haben, daß wir jetzt nicht halbrömisch wie die Franzosen reden?“ schrieb er.

Bald darauf verbreitete Ernst Moritz Arndt die These einer weltpolitischen Bedeutung der Schlacht in der Öffentlichkeit. So heißt es bei ihm: „An der Schlacht im Teutoburger Wald hing das Schicksal der Welt, darum ist Hermann Weltname geworden; er ist nicht bloß etwas Poetisches für uns, etwas bloß durch das graue Altertum und den Wahn der wachsenden Zeitlänge Geheiligtes, nein, er ist etwas Ewiges und Wirkliches, weil wir noch durch ihn sind, weil ohne ihn vielleicht seit sechzehnhundert Jahren kein Teutsch mehr gesprochen würde.“

Friedrich Kohlrausch beschrieb das in seiner Deutschen Geschichte, die erstmals 1816 gedruckt wurde, so: Dem Siege im Teutoburger Wald „verdankt unser Vaterland … seine Freiheit; und wir, die Enkel, daß noch ungemischtes, teutsches Blut in unseren Adern fließt, und das reine, teutsche Wort auf unserer Zunge ist.“ 35.000 Römer wären vernichtet worden, so Kohlrausch.

Bei Detmold im „Teutoburger Wald“ weihte man im Jahr 1875, vier Jahre nach Gründung des Deutschen Reiches, ein Denkmal für den Anführer der Germanen, Arminius, ein. Der Althistoriker und Nobelpreisträger Theodor Mommsen bezeichnete die Schlacht als „Wendepunkt der Weltgeschichte“. 1909 feierten die Deutschen mit Germanenumzügen und viel Trara die angebliche nationale Geburtsstunde. Und noch vor wenigen Jahren erhob sie der Direktor des Deutschen Museums in Berlin, Hans Ottomeyer zum „Urknall deutscher Geschichte“ – wenngleich dies alles nicht unwidersprochen blieb.

War die Schlacht ein historischer Wendepunkt? War sie gar der Urknall der Deutschen Geschichte? Für die Einen sind Auswirkungen des Gemetzels im Teutoburger Wald noch heute sichtbar. Ohne den Sieg der Germanen vor mehr als zweitausend Jahren hätten Deutschland und Europa nicht ihre heutige Gestalt. Und nur, weil Arminius die Römer schlug, werde in Nordamerika Englisch, und nicht etwa eine romanische Sprache gesprochen. Andere, wie der Osnabrücker Althistoriker Rainer Wiegels halten das für „Unsinn“.

Die Varusschlacht wurde und werde zum Wendepunkt stilisiert und von Deutschen könne zu dieser Zeit keine Rede sein. Wenn überhaupt, dann beginne deutsche Geschichte in der ottonischen Zeit (919 bis 1024). Die Grenzen Preußens oder des heutigen Deutschlands hätten mit den germanischen Gebieten zur Zeit des Arminius nichts gemein.

Der Marsch ins Verderben

Viele antike Autoren erwähnten die „clades variana (Niederlage des Varus) im Jahre 9 nach Christi Geburt. Zeitgenossen wie Ovid, Manilius, Strabon und Velleius Paterculus notierten den Untergang in den Wäldern Germaniens ebenso, wie die Verfasser der wichtigsten Werke zur Geschichte der frühen Römischen Kaiserzeit: Tacitus, Sueton und Cassius Dio. Doch ausführliche Darstellungen des damaligen Geschehens sind vergleichsweise rar. Am detailliertesten und wohl auch am glaubwürdigsten ist der Bericht aus der „Römischen Geschichte" (Buch 56) des Griechen Cassius Dio, der etwa 200 Jahre nach der Schlacht verfasst wurde. Demnach folgte der Untergang einem raffinierten Plan, ausgeheckt vom Adel des germanischen Stammes der Cherusker unter Arminius.

Über den Sommer hätten sie Varus „weit vom Rhein weg, in das Cheruskerland und bis an die Weser" gelockt. Als der römische Feldherr seine Truppen in die Lager am Rhein zurückführen wollte, „erhoben sich, nach einem wohlüberlegten Plan, gewisse Völkerschaften". Schon am ersten Tag des Rückmarschs griffen die Germanen die Legionäre, aber auch „Kinder, Frauen, Lasttiere, Sklaven und Wagen" an. Die Römer stießen gegen „Baumriesen" und konnten sich bei „Regen und Sturm" zwischen „Bergen" und „Schluchten" schwerlich erwehren. Immerhin gelang es den Römern, in den folgenden drei Nächten Feldlager zu errichten. Am zweiten Tag konnten sie in offenem Gelände den Angriffen standhalten. Am dritten Tag gerieten sie erneut in „Wälder" und es „überfielen sie heftiger Regen und starker Wind, die sie (…) nicht einmal mehr die Waffen gebrauchen ließen. Sie konnten sich nämlich nicht mehr mit Erfolg ihrer Bogen und Speere oder der ganz und gar durchnässten Schilde bedienen... Und so wurde jeder Mann, jedes Pferd, ohne dass man Gegenwehr fürchten musste, niedergehauen..." Varus hatte sich am Ende in sein Schwert gestürzt. Nur wenige Überlebende, manche davon nach Jahren der Gefangenschaft, konnten von den Ereignissen berichten.

Die groben Züge der Darstellung des Cassius Dio decken sich mit den Schilderungen von Tacitus und Paterculus: die Vorbereitung der Falle durch Arminius und seine Mitverschwörer, die Anlage offenbar mehrerer Lager, die Szenerie mit Bergen, Wald, Sumpf und schließlich der Selbstmord des Varus. Tacitus beschrieb in seinen Annalen das Geschehen jedoch nur indirekt, indem er vom Besuch des Ortes durch den römischen Feldherrn Germanicus sechs Jahre nach der Schlacht berichtet.

Den knappen Angaben zum Schlachtgeschehen, die Velleius Paterculus hinterließ, kommt besondere Bedeutung zu, da er als Kriegsteilnehmer Germanien selbst gesehen hatte. Allerdings spart Paterculus den Kampf aus, da er die Varus-Katastrophe ausführlicher in einem Geschichtswerk behandeln wollte. Die anderen Überlieferungen der antiken Historiker dagegen sind zweifelhaft, widersprüchlich oder knapp. Bei dem römischen Historiker Florus, der Anfang des 2. Jahrhunderts eine Geschichte der römischen Kriege schrieb, fielen die Germanen plötzlich über ein Drei-Legionen-Lager her, als Varus Tribunal hielt. Dabei nutzt Florus offenbar einen Kunstgriff: Er verdichtet das eigentliche Geschehen, stilisiert und spitzt es zu. Dennoch erwähnt auch er den Hinterhalt der Germanen, die Wälder und Sümpfe, und den anschließenden Untergang von drei Legionen.

Urknall und historischer Wendepunkt

Die Niederlage war weit über den Verlust der Legionen hinaus ein römisches Trauma. Die Nummern der untergegangenen Legionen wurden nie wieder vergeben. Hinzu kam, dass die Römer ihre Legionsstandarten verloren hatten. Die goldenen Adler auf einer langen Stange waren den Römern heilig. Sie wurden von einem Legionär mit Wolfsfell über dem Kopf als Zeichen römischer Macht getragen.

Kaiser Augustus wies nach der völlig überraschenden Niederlage Gallier und Germanen aus der Stadt Rom aus, ließ Wachen aufstellen und verbannte seine germanische Leibgarde auf eine Insel. Doch der befürchtete Sturm der Germanen auf die Rheingrenze blieb aus, die Aufständischen belagerten lediglich für einige Wochen das Kastell Aliso.

Anschließend wurde die bisherige römische Politik fortgesetzt. Anders als der Sturm der Kimbern und Teutonen etwa 120 Jahre zuvor war das römische Kernland – Italien – selbst nie bedroht. Zwar wurden nach der Schlacht 9 n. Chr. die Römerlager zwischen Rhein und Elbe verlassen und aufgegeben. Doch deren Bauweise verrät, dass sie von vornherein nicht auf Dauer angelegt waren. Einige der ehemaligen Militärposten wurden nach der Schlacht im Teutoburger Wald sogar kurzfristig weiter benutzt.

Noch im 9 n. Chr. füllten die Römer ihre Arsenale in den Kastellen am Rhein wieder auf. Dabei wurden nicht nur die verlorenen Legionen ersetzt, sondern um zwei weitere auf insgesamt acht aufgestockt. Wenige Monate nach der Schlacht eilte eine Kompanie unter Führung von Varus' Neffen zur Befreiung der im Kastell Aliso eingeschlossenen. Spätestens ab 11 n. Chr. führen die Römer unter Tiberius neue Feldzüge. Während Details zu den Tiberius-Feldzügen fehlen, lassen die Quellen erkennen, dass sie ab 13 n. Chr. unter dem Oberbefehl des Germanicus zu einem erbarmungslosen Offensivkrieg wurden. Mehrmals standen die Heere des Arminius Legionären gegenüber, die zu zehntausenden das Land östlich des Rheins verwüsteten. Während der Schlacht an den „Pontes longi“ (Lange Brücken), bekannt auch als „Caecina-Schlacht“, gelang es den Römern nur mit Mühe, der Feinde Herr zu werden. Im Jahr 16 n. Chr. siegte der römische Feldherr Germanicus über die Cherusker in der Schlacht bei Idistaviso. In den Kämpfen am Angrivarierwall (16 n. Chr.) erlitten die Römer dagegen herbe Verluste. Im Laufe der Zeit fielen so schätzungsweise weit über 20.000 Legionäre. Erst jetzt, im Jahr 16 n. Chr. stellte Rom seine offensive Strategie ein. Offenbar waren die Verluste zu hoch, die Sicherung Galliens hatte oberstes Gebot. Nun erst, sieben Jahre nach der Varusschlacht, hatte Rom seine Taktik in Germanien geändert.

Eine Wende sahen auch die meisten römischen Geschichtsschreiber in der Schlacht am Teutoburger Wald nicht. Natürlich war die Nachricht vom Untergang von etwa 15.000 Soldaten ein Schock. Doch der vermochte die Festen des Imperiums nicht zu erschüttern. Lediglich der römische Geschichtsschreiber Florus urteilte: „Diese Niederlage bewirkte, dass die Herrschaft, die an der Küste des Ozeans nicht Halt gemacht hatte, am Ufer des Rheins zum Stehen kam." Doch im „offiziellen" Leistungsbericht, den Res Gestae, rühmte sich Augustus, das Römische Reich bis zur Elbe ausgedehnt zu haben.

Auch in den Jahrzehnten und Jahrhunderten nach der Schlacht im Teutoburger Wald sollten die Römer, wenn nötig, ihren Einfluss auf die Gebiete jenseits des Rheins aufrechterhalten. Am Unterlauf der Ems etwa fanden Archäologen einen römischen Stapelplatz aus der Zeit der Germanicus-Feldzüge (14–16 n. Chr.). Die Friesen entlang der Nordseeküste blieben noch bis 28 n. Chr. mit den Römern verbündet. Und 83 n. Chr. besiegte Kaiser Domitian die Chatten (Hessen) und versetzte die Grenze des römischen Imperiums über den Rhein hinweg bis in die Wetterau. Domitian schuf Ende des 1. Jahrhunderts n. Chr. zwei römische Provinzen: Germania superior und Germania inferior, welche Teile Galliens mit Teilen des rechtsrheinischen Germaniens vereinte. Der Obergermanisch-Rätische Limes, der von Hessen über Baden-Württemberg ins bayrische Unterfranken führte, schied inmitten des heutigen Deutschland die Welten des Imperiums von der der Barbaren. Trotz dieser Schneise mit Wachposten, die etwa 130 n. Chr. mit einem Palisadenzaun versehen und mehrfach ausgebaut wurde, spricht die Bevölkerung beidseits des Obergermanisch-rätischen Limes heute mit einer deutschen Zunge. Erst im Jahr 260 gaben die Römer den Limes auf.

27 Jahre zuvor hatte noch einmal ein römischer Kaiser seine Truppen nach Germanien geführt: Maximinus Thrax. Von seinem Feldzug des Jahres 235 berichteten unter anderem die Historia Augusta und der Zeitgenössische Autor Herodian. In der „Historia Augusta" heißt es, Thrax sei mit seinen Soldaten 300 oder 400 Meilen in germani-

sches Gebiet vorgedrungen und hätte die Feinde in einer „Schlacht im Sumpf" besiegt. Das aber hielt der französische Philologe Claude de Saumaise für eine maßlose Übertreibung. Als er 1620 die Historia Augusta drucken ließ, korrigierte er deshalb die Entfernung auf 30 bis 40 Meilen. Seither suchte man die Schlacht im Moor unweit von Mainz, passte es doch besser zur Theorie vom „deutschen Urknall", dass die Römer in der Varusschlacht aus den Tiefen der germanischen Wälder für immer verscheucht worden waren.

Im Jahr 2008 sind die Relikte des Feldzuges von Maximinus Thrax bei Kalefeld im Landkreis Northeim entdeckt worden. Der Fund zeigt in aller Eindringlichkeit wie weit der lange Arm der römischen Macht noch über zweihundert Jahre nach der Varusschlacht nach Germanien hineinreichte. Anhand von Münzen und einer römischen Pionieraxt, in die zwei Inschriften der vierten Legion geritzt worden waren, ist inzwischen so gut wie sicher, dass es sich hier um die Überreste des römischen Heerzuges des Maximinus Thrax handelt. Die Soldaten waren auf dem Rückweg von der Schlacht im Moor und etwa 240 Kilometer von Mainz entfernt in einen Hinterhalt geraten.

Wo die Schlacht im Moor stattgefunden habe, bleibe unklar, so der Philologe Martin Hose. Die Angabe von über 500 Kilometern in der Historia Augusta hält auch er für übertreiben. Denn über Thrax, der erste in der langen Reihe der Soldatenkaiser, war im Jahr 238 n. Chr. eine „damnatio memorae", eine Vernichtung aller Andenken, bei der Büsten, Bildnisse und Porträts zerstört wurden, verhängt worden. Er sei ein „Halbbarbar", schrieb Herodian, ein Trunkenbold, der jeden Tag 26 Liter Wein trinke, 20 Kilogramm Fleisch esse und fast 2,50 m groß gewesen sein soll. De Saumaise glaubte wohl, dass die römischen Historiographen auch den Feldzug ins Groteske steigern wollten, weshalb sie bei der Entfernung maßlos übertrieben hätten. Die Damnatio hatte ihre Wirkung nicht verloren, de Saumaise traute dem „Halbbarbaren" eine große Expedition nicht zu. Für die Deutschen passte die Verklärung später wunderbar zu der These, die Römer hätten Germanien nach der Varusschlacht verlassen. Doch inzwischen ist sicher, dass römische Truppen auch noch über zweihundert Jahre nach der Schlacht im Teutoburger Wald weit nach Germanien vorgedrungen sind.

Im „Teutoburger Wald"

Nachdem das Geschehen des Jahres 9 n. Chr. für Jahrhunderte in Vergessenheit geraten war, spekulierten deutsche Humanisten vor allem seit der Wiederentdeckung der Annalen des Tacitus und der Römischen Geschichte des Paterculus über den Ort des Geschehens. Über 700 Theorien brachte die Suche nach dem Schlachtfeld bis heute hervor.

Die römischen Autoren gaben nur grobe geographische Anhaltspunkte: Am „saltus Teutoburgiensis", unweit der Oberläufe der Flüsse Ems und Lippe, seien die Römer in ihr Verderben gelaufen, heißt es bei Tacitus. Als „saltus" bezeichneten die Römer für gewöhnlich einen wie auch immer gearteten Landstrich, das „burg" deutet auf einen Hof, vielleicht sogar eine Befestigung.

Doch als sich im 16. Jahrhundert die Gelehrten auf die Suche nach dem Ort der legendären Schlacht machten, war vergessen, was Tacitus 1500 Jahre zuvor mit „Teutoburger Wald" gemeint hatte. Der heutige Teutoburger Wald hieß noch bis in das 19. Jahrhundert hinein Eggegebirge, Lippischer Wald und Osning.

Johannes Cincinnius, der als erster ein Büchlein über die Varusschlacht in niederdeutsch schrieb, verlegte die Schlacht in die Nähe von Rietberg. Er unterstellte Tacitus einen Schreibfehler. Ihm zu Folge hätte Tacitus „Reutoborgischen Wald" schreiben wollen und das Geschehen hätte bei Rietberg stattgefunden. Georg Spalatin behauptete in seiner Schrift mit dem sperrigen Titel „Von dem thewrern Deudschen Fürsten Arminio: ein kurtzer auszug aus glaubwirdigen latinischen Historien: durch Georgium Spalatinum zusammen getragen und verdeutscht", die 1535 in Wittenberg gedruckt wurde, der Ort der Varusschlacht hätte bei Duisburg gelegen. Beatus Rhenanus, der mit der Lobhudelei über die alten Germanen weit zurückhaltender war als die meisten seiner Kollegen, verlegte das Geschehen in den Lippischen Wald bzw. in die Nähe von Paderborn, Philipp Melanchthon 1532 in den Osning bzw. in die Nähe von Kassel und Martin Luther in den Harz. Andreas Althamer, der Verfasser zweier ausführlicher Germania-Kommentare, plädierte für die Gegend zwischen Kassel und Paderborn. Es würde genügen, so Althamer, mit den Annalen des Tacitus in der Hand die dortigen Bauern zu befragen, um diese Antwort zu erhalten. Philipp Clüver benannte 1616 in seiner germanischen Altertumskunde schließlich den „Osning" in „Teutoburger Wald" um. Nach 1800 setzte sich diese Bezeichnung für Osning, Eggegebirge und Lippischem Wald endgültig durch, weil in dieser Gegend die legendäre Varusschlacht vermutet wurde.

Vor allem Pfarrer, Apotheker und ehemalige Offiziere machten sich im 19. Jahrhundert auf die Suche nach dem Ort der Varusschlacht. Der Eifer, mit dem Laienforscher nach den napoleonischen Feldzügen nach dem Ort der legendären Schlacht suchten, ließ unter anderen den Schriftsteller Karl Immermann 1831 spotten: Er habe „nun wahr und wahrhaftig den Ort gefunden, wo Hermann den Varus schlug", triumphiert ein Sammler und zeigt zum Beweis einen großen Knochen. Der Hofschulze weist ihn zurecht: „Ein Kuhknochen, Herr Schmitz. Sie sind auf einen Schindanger gestoßen und nicht auf das Teutoburger Schlachtfeld". Außerdem interessiere ihn die Sache reichlich wenig, „denn wenn der andere römische General sechs Jahre darauf," womit er auf die Feldzüge des Germanicus in den Jahren 14 bis 16 n. Chr. anspielt, „schon wieder mit einer Armee in hiesigen Gegenden stand, so hat die ganze Bataille wenig zu bedeuten gehabt." Doch davon wollte der Sammler nichts hören, denn: „Auf der Hermannsschlacht beruht das ganze deutsche Wesen. Wenn Hermann der Befreier nicht gewesen wäre, so säßet Ihr nicht so breit hier zwischen Euren Hecken und Pfählen."

Auf dem Gipfel der Hermanns-Begeisterung im Jubiläumsjahr 1909 hatten sich der Geist der Laien-Sammler, wie Immermann ihn in Szene gesetzt hatte, durchgesetzt. Nur wenige, wie der Provinzialarchäologe Friedrich Koepp verkörperten den Geist des kritischen Hofschulzen. Koepp zeichnet in seinem 1905 erschienen Werk „Die Römer in Deutschland" ein kritisches Arminiusbild, dessen Erfolg auf schnödem Verrat gründete. Sein Kommentar: „Noch immer geht der Schatten des Varus umher und nimmt fürchterliche Rache an den Enkeln des Arminius."

Kalkriese

Auch Theodor Mommsen, für seine „Römische Geschichte“ 1902 mit dem Nobelpreis ausgezeichnet, meinte 1885, als er der Preußischen Akademie der Wissenschaften in Berlin einen Vortrag hielt, den Ort der Schlacht im Teutoburger Wald gefunden zu haben. 227 römische Münzen, die in der Gegend „von Venne an der Huntequelle“ zu Tage gekommen waren, stützten seine Theorie. In seiner „Römischen Geschichte“ 1894 schrieb er: „die vorliegenden Berichte über die Varusschlacht lassen sich mit dieser Localität vereinigen.“ Mommsens These geriet in Vergessenheit, doch sehr wahrscheinlich hatte er recht.

Die „Venner Gegend bietet die Vereinigung von Bergen und Mooren, die die Berichte fordern. Dass hier marschierende Truppen Bohlwege zu schlagen hatten, liegt nahe; und noch näher, dass die schließliche Katastrophe hier herbeigeführt ward durch die Einkeilung der Armee zwischen Bergen einer- und Mooren andererseits“, schrieb Mommsen. Dort entdeckte 1987 der britische Hobby-Archäologe J. A. S. (Tony) Clunn 105 römische Silbermünzen aus der Zeit des Kaiser Augustus und 1988 drei Schleuderbleie. Seitdem brachten archäologische Untersuchungen auf einer Fläche von rund 50 Quadratkilometern mehr als eintausend Münzen und über fünftausend militärische Objekte zu Tage. Art, Masse und Umstände der Funde sind eindeutig: Es waren Römer, es waren nicht wenige und es wurde heftig gekämpft. Die Truhen, das Geschirr, das medizinische Besteck, die Packtiere und Wagen lassen auf einen größeren Begleittrupp schließen, der zusammen mit Legionen und Hilfstruppen unmittelbar hier in sein Verderben lief. An der engsten Stelle zwischen Berg und Moor war ein Wall errichtet worden: etwa 400 Meter lang, 4 Meter breit und knapp 2 Meter hoch. Waffenfragmente lagen verstreut auf dem Boden und waren teilweise unter dem Wall verschüttet worden. Topographie, Funde, Wall und Knochengruben, alles das passt zum Bericht des Dio. Vor einhundert Jahren hätte nach solch einer Entdeckung niemand gezweifelt, dass Hermann hier einst Varus schlug.

Für die Römer jedenfalls gestaltete sich das Geschehen im Teutoburger Wald schon bald nur nach als „Betriebsunfall“. Zwar wird sich

Augustus in Rom ordentlich die Haare gerauft haben. Doch nachdem sich bei Brukterern und Marsern zwei der drei verlorenen Legionsadler wieder fanden, war die größte Schande beseitigt. Tacitus schließt das Kapitel über Arminius und die Varusschlacht: „Noch jetzt wird er bei den barbarischen Stämmen besungen, den Annalen der Griechen, die nur das Ihrige bewundern, ist er unbekannt, bei den Römern nicht sonderlich genannt." Die letzten Worte des Tacitus über Arminius verdeutlichen, dass das Geschehen im Teutoburger Wald im Jahr 9 n. Chr. bei den Römern schon bald wieder vergessen war.

IRRTUM 14:

Die Germanen hausten in Ur-Wäldern

„Der Wald", so schrieb der römische Feldherr und Politiker Julius Caesar im Jahre 51 v. Chr. in seinem Bericht über den Gallischen Krieg, „beginnt im Gebiet der Helvetier, Nemeter und Rauracer und erstreckt sich in gerader Richtung auf die Donau zu bis zum Gebiet der Dacer und Anartier. Hier wendet er sich nach links und zieht sich in verschiedenen Gebieten abseits des Flusses hin; auf Grund seiner beträchtlichen Ausdehnung berührt er dabei die Gebiete vieler Völker. In diesem Teil Germaniens gibt es niemanden, der von sich behaupten könnte, er sei bis zum östlichen oder nordöstlichen Rand des Waldes vorgestoßen, auch wenn er sechzig Tage marschiert wäre, noch weiß jemand, wo der Wald anfängt."

So wie für die meisten US-Amerikaner heute der Schwarzwald der Inbegriff für Deutschlands Landschaft ist, waren auch für Caesar und die anderen antiken Historiker die Wälder das hervorstechende Merkmal der Landschaft Germaniens. Kein Wunder, denn einem römischen Historiker, der in einer lichten mediterranen Landschaft aufgewachsen war, musste Germanien als Land der dunklen Wälder und Sümpfe erscheinen. Denn die Wälder rund um das Mittelmeer waren größtenteils schon Jahrhunderte vorher gerodet worden. Der unersättliche Holzhunger der Römer zeigte sich auch in den Provinzen entlang der Grenze zu Germanien. Für den Bau der Legionslager, Kleinkastelle und Städte fielen im ersten Jahrhundert n. Chr. auch hier ganze Wälder. Viele Weitere gingen als Brennholz für Heiz-, Ziegel- und Schmelzöfen in Rauch auf. Nach nur wenigen Jahrzehnten waren die Holzressourcen in Limesnähe erschöpft.

Von alters her bezeichneten die Römer die Mittelgebirge nördlich der Alpen als „hercynischen“ Wald. Hinzu kamen Moore. So schrieb der antike Geograph Pomponius Mela in seiner Erd- und Völkerbeschreibung „De Chorographia“ um 43/44 n. Chr. über Germanien: „Das Land selbst ist durch zahlreiche Flüsse unwegsam, wegen zahlreicher Gebirge rau und wegen der Wälder und Sümpfe über weite Teile unzugänglich“.

In der historischen Überlieferung der Schlacht im Teutoburger Wald im Jahre 9 n. Chr. bildeten Wälder und Moore die Kulisse für den Untergang von drei römischen Legionen. Laut Cassius Dio „standen Baumriesen dicht nebeneinander.“ „Der Boden, um die Wurzeln und Stämme her schlüpfrig geworden, machte jeden Schritt höchst unsicher.“ Durch Gewitter stürzende Baumwipfel sorgten für zusätzliche Verwirrung. Schließlich erlitten die Römer in den Wäldern die schwersten Verluste, denn, „sie stießen vielfach aufeinander oder gegen die Bäume.“

Vor allem aber Zitate des Tacitus befeuerten Jahrhunderte später den deutschen Mythos Wald. In Kapitel 5 der Germania urteilte Tacitus: „Das Land zeigt zwar im Einzelnen einige Unterschiede; doch im Ganzen macht es mit seinen Wäldern einen schaurigen, mit seinen Sümpfen einen widerwärtigen Eindruck.“ Die Germanen würden Wälder und Bäume verehren. Sie widmeten den Göttern Lichtungen und Haine, in denen sie Schimmel halten, deren Gebärden sie als Orakel deuten. Beim Stamm der Semnonen gäbe es einen Hain, der, so Tacitus, „durch uralte Scheu geheiligt ist,“ weil „von dort der Stamm sich herleite.“ In ihm würden die Germanen Menschen opfern. Niemand darf ihn betreten, außer in Fesseln. „Fällt jemand hin, so darf er sich nicht aufheben lassen oder selbst aufstehen, auf dem Erdboden wälzt er sich hinaus.“ Auch würden die Germanen von fruchttragenden Bäumen Zweige abschneiden, die sie in kleine Stücke zerteilen, kennzeichnen und auf ein weißes Laken streuen. Stammespriester deuten den Wurf anhand der zuvor eingeritzten Symbole.

„damit Deutschland Deutsch bleibe“

Aus dem antiken Klischee von den germanischen Wäldern wurde auch ein deutscher Mythos, der bis in die Gegenwart währt. Kaum ein anderes Volk identifizierte sich so sehr mit dem Wald wie die Deutschen – und wird das noch bis in die heutige Zeit: So fanden in den 1980er Jahren Worte wie „Le Waldsterben“ und „the Waldsterben“ Eingang in die französische und englische Sprache. Die Idee der Nachhaltigkeit, der Gedanke des Naturschutzes, die Furcht vor dem Waldsterben: Alles das wurzelt in dem antiken Klischee von den germanischen Wäldern.

Dabei haben andere Länder durchaus mehr Wald zu bieten: Heute bedecken sie 31 % der Fläche Deutschlands, 42 % der EU, 48 % Österreichs, 56 % Schwedens und sogar 86 % Finnlands. Typisch Deutsch aber ist die Identifikation mit dem Wald – wenngleich die erst seit etwa 200 Jahren besteht.

Die ersten Ansätze zum Waldschutz entsprangen rein ökonomischer Natur. Schon im Mittelalter hatte man Wald- und Forstordnungen erlassen, die vorsahen, bei Fällungen neue Bäume zu pflanzen. Doch vor allem dem Landesausbau zwischen 1100 und 1300 fielen weite Wälder zum Opfer. Schon am Ende des Mittelalters nahmen die Gehölze nur noch ähnlich große Flächen ein wie heute. Nach dem Dreißigjährigen Krieg konnte sich der Wald kurzfristig erholen. Doch im 18. Jahrhundert hatte der Raubbau die Wälder auf dem Gebiet des heutigen Deutschlands auf etwa ein Viertel der Fläche schrumpfen lassen.

So kam es nicht von ungefähr, dass Forderungen zur Rekultivierung der Wälder zuerst aus der Wirtschaft kamen. Denn am Vorabend der Industrialisierung drohte Holzmangel den wirtschaftlichen Aufschwung zu bremsen. 1713 veröffentlichte der sächsische Oberberghauptmann Hanns Carl von Carlowitz das Gebot der Nachhaltigkeit. Carlowitz hatte als Oberberghauptmann auch das Holz zu beschaffen, mit dem die Schmelzöfen des Erzgebirges befeuert und die Gruben der Minen verschalt wurden. In dem ersten umfassenden Werk zur Forstwirtschaft „Sylvicultura oeconomica, oder haußwirthliche Nachricht und Naturmäßige Anweisung zur wilden Baum-Zucht", forderte er, dass dem Wald nicht mehr Holz entnommen werden dürfe, als gleichzeitig nachwachse, damit „es eine continuierliche beständige und nachhaltende Nutzung gebe / weiln es eine unentberliche Sache ist." Denn sind die Wälder erst einmal ruiniert „bleiben auch die Einkünfte daraus auf unendliche Jahre zurück ... sodaß unter dem scheinbaren Profit ein unersetzlicher Schade liegt". Deshalb gelte als oberste Regel: „Daß man mit dem Holtz pfleglich umgehe."

Noch war der Schutz der Wälder eine ökonomische Angelegenheit. Und italienischen Humanisten des 16. Jahrhunderts dienten sie eher zur Untermalung des Klischees, dass die Germanen ein Leben führten wie „wilde Tiere." Als der Kardinal und spätere Papst Enea Silvio Piccolomini erstmals 1457 die Deutschen mit ihrer taciteischen Vergangenheit konfrontierte, schrieb er, sie wären „Hirten, die Wälder und Haine bewohnten und ein träges und faules Leben führten ...".

Als positives Sinnbild besetzt wurde der Wald vor allem durch den berühmten Satz des französischen Philosophen Baron Charles de Montesquieu von 1748: „Wenn man ... Tacitus ... liest, dann wird man sehen, dass die Engländer die Idee ihres politischen Regiments von ihnen übernommen haben. Dieses schöne Lehrgebäude wurde in den Wäldern gefunden", schrieb Montesquieu in „Vom Geist der Gesetze". Doch viel war nicht von den „alten Deutschen" und ihren Wäldern geblieben. Angesichts der Waldvernichtung und des Zustandes des Deutschen Reiches Heiliger Römischer Nation am Ende des 18. Jahrhunderts verhöhnte Johann Gottfried von Herder die heutigen Deutschen: „Mit ihren Wäldern ist ihre Freyheit ausgehauen." 1767 schrieb er, die Römer hätten beabsichtigt „die Haine der deutschen Tapferkeit, Freiheit und Aufrichtigkeit zu zerstören (und) die Bewohner dieser Wälder in Städte und Schulen zu zwingen."

Zum nationalen Mythos wurde der Wald, nachdem Napoleon in den Jahren 1806 und 1807 Preußen geschlagen hatte und vor allem in den Befreiungskriegen der Jahre 1813 bis 1815. Nationalbewusste Deutsche begriffen die Franzosen als Romanen, die wie die Römer in der „Hermannsschlacht" des Jahres 9 n. Chr. in den deutschen Wäldern, so wie von Cassius Dio überliefert, gegen Baumriesen stoßen sollten. Nach der Völkerschlacht bei Leipzig im Jahr 1813, malte Caspar David Friedrich ein Sinnbild für die deutsche Symbiose von Wald, Nation und Freiheitskampf: Auf seinem „Der Chasseur im Walde" zeigt er einen Soldaten Napoleons. Einsam und verlassenen drohen ihn die Fichten zu verschlingen. Sie stehen in Reih und Glied. Entsprechend Friedrich Ludwig „Turnvater" Jahn schlug vor, an der Grenze zu Frankreich einen undurchdringlichen Wald zu pflanzen.

In der Romantik wurde die Liebe zum Wald deutsch. In Gedichten, Märchen und Sagen, aber auch in Malerei und Musik huldigten ihm die Künstler. Der Komponist Carl Maria von Weber vertonte die Waldwelt mit Forsthäusern, Köhlerhütten und Jagden zuerst in der Oper „Silvana das Waldmädchen", die 1810 in Frankfurt uraufgeführt wurde. 1821 folgte in Berlin sein Freischütz. Die Gebrüder Grimm erklärten den Wald zum Hort ursprünglichen Volksglaubens. Ihre Nachrichten über die alten Deutschen betitelten sie „Altdeutsche Wälder". 1842 schrieb Adalbert Stifter „Hochwald".

Doch die meisten Maler und Schriftsteller der Romantik lebten fern der Wälder. Die romantischen Gehölze entstanden in den Köpfen der städtischen Künstler. Als Stifter den „Hochwald" schrieb, lebte er schon Jahre in Wien. Die Dorfbewohner dagegen schröpften den Wald für Brenn- und Bauholz. „Für die Schönheit eines Waldes oder eines Flusses hatten die Bewohner der Dörfer vermutlich keinen Sinn", so der Hamburger Volkskundler Albrecht Lehmann, eher „glaubten viele auf den Dörfern damals wirklich daran, dass in den Bäumen des Waldes, in Felsen und Hügeln Geister und Dämonen hausen."

Im Laufe des 19. Jahrhunderts erreichte das romantisch geprägte Bild allmählich weitere Teile der städtischen Bevölkerung. Innerhalb der Lebensreform-Bewegungen entstanden Wander- und Naturfreundevereine. Der Wald wurde ihr Erholungs- und Kulturraum. Schlenderten Briten und Franzosen durch Parks, so schritten die Deutschen in Wäldern zu ihren Wurzeln.

Konrad Guenther, einer der Pioniere des Naturschutzes, berichtete 1910 enthusiastisch in den urwüchsigen Wäldern im Hasbruch bei Hude zwischen Bremen und Oldenburg „ein Denkmal aus urgermanischer Zeit" gefunden zu haben. Es „erzählt mehr von dem Leben unserer Altvordern als Wälle und Mauern. Und schön muss es in Deutschland gewesen sein, als solcher Hudewald weit und breit sich ausdehnte und zwischen den hohen Stämmen kraftstrotzende Gestalten mit ihren Rindern einherzogen.“ 1921 schrieb der Germanist Eugen Mogk: „Wir erfahren von Tacitus, mit welch heiliger Scheu die Germanen ihre Wälder betraten. Noch heute wirkt die Stille oder das Rauschen der Bäume tief auf das Gefühl des Volkes ein“. Selbst der Provinzialarchäologe Friedrich Koepp, der Arminius äußerst kritisch gegenüberstand, nahm sich in seinem ab 1905 erschienen Werk „Die Römer in Deutschland“ der auf Charles de Montesquieu zurückgehenden Sentenz gleich mehrfach an: „Der deutsche Urwald hat die Deutschen vor dem Schicksal der Gallier bewahrt“, „Es bleibt wahr, daß die germanischen Wälder die Freiheit der Germanen gerettet haben“ und „Der deutsche Urwald, hat wie gesagt, die Deutschen vor dem Schicksal der Gallier bewahrt.“

Schon im deutschen Kaiserreich am Ende des 19. Jahrhunderts avancierte der Erhalt des Waldes in der völkischen Bewegung zur nationalen Angelegenheit. Dem Journalisten, Novellisten und Kulturhistoriker Wilhelm Heinrich Riehl (1894) zu Folge ruhe „in der Wildnis der deutschen Wälder ihre völkische Vergangenheit.“ „Wir müssen den Wald erhalten, nicht bloß, damit uns der Ofen im Winter nicht kalt werde, sondern (…) damit Deutschland Deutsch bleibe.“ Dem deutschen Waldvolk stellten völkische Rassisten das wurzellose Wandervolk der Juden gegenüber.

Ab 1933 pflanzten Nationalsozialisten Hitlereichen, Hakenkreuzwälder und schufen Ehrenhaine für die Ahnen. Filme wie „Deutscher Wald – deutsches Schicksal“ propagierten den Wald als Symbol der Deutschen. Die „SS-Forschungsgemeinschaft deutsches Ahnenerbe“ begründete unter dem Titel „Wald und Baum in der arisch-germanischen Geistes- und Kulturgeschichte“, eine vorchristliche Wald- und Baumreligion. Lebensbaum, Lichterbaum und Questenbaum sollten uraltes deutsch-germanisches Brauchtum widerspiegeln.

Der Krieg der Nationalsozialisten war auch ein Krieg um die Wälder. Der Deutsche Wald e. V. forderte einen rassereinen Idealwald, in dem nur deutsche Pflanzen und Tiere Platz finden sollten. Man stellte

Schilder auf: „Juden raus aus dem deutschen Wald." Schließlich starben Tausende am Mythos Wald, weil das Reichsforstamt unter Hermann Göring ermittelte, dass deutsche Siedler in besetzten Gebieten mindestens 30 % Bewaldung benötigen würden. Die notwendige Aufforstung mussten deportierte Zwangsarbeiter und Kriegsgefangene leisten.

Dunkle Wälder

Dunkel waren sie, die germanischen Wälder. Anders als die verbliebenen Forste am Mittelmeer, ließen die nordeuropäischen Buchenwälder kaum Licht auf den bewuchslosen Grund. Die Hallen-, Auen-Bruch- und Sumpfwälder waren für römische Legionäre ein Hindernis. Die heimische Bevölkerung konnte sich in ihnen auf den Hängen der Gebirgszüge verschanzen. Vor allem bildeten die germanischen Wälder und Sümpfe auch eine hervorragende Kulisse, um den Kampf römischer Feldherren und Legionäre in Germanien theatralisch auszumalen. So heißt es etwa bei Herodian für das Jahr 235 n. Chr.: „Da sprengte zuerst Maximinus mit seinem Pferd in den Sumpf, obgleich das Wasser dem Tier bis über den Bauch reichte", was seine Kämpfer ihm daraufhin nachtaten. Zuvor waren die Germanen aus dem „baumfreien Gelände" in die Wälder und in die Sümpfe geflohen.

Doch Urwälder, wie ein Konrad Guenther sie finden wollte, gab es in Germanien schon lange nicht mehr. Bereits 4000 Jahre zuvor gehörte der mitteleuropäische Urwald, der sich in wenigen Jahrtausenden nach der Eiszeit ausgebreitet hatte, der Vergangenheit an. Zuerst vor etwa 11.600 Jahren wuchsen Birken und Kiefern auf den zuvor baumlosen Tundren. Vor etwa 10.500 Jahren gesellten sich Haseln und später Edellaubhölzer wie Eiche, Ulme, Linde und Esche hinzu. Vor 8800 Jahren dominierte die Eiche zusammen mit Ulme, Linde und Erle. Erst spät kam in den Mittelgebirgen die Buche hinzu.

Mit der Einführung von Ackerbau und Viehzucht in der Jungsteinzeit vor etwa 6000 Jahren begann man auch in nördlicheren Regionen Deutschlands Wälder zu roden, um Platz für Felder zu schaffen.

Um das Vieh über den Winter zu bringen, schlug man die Äste von Ulmen, aber auch Linden, Eschen, Erlen und Haseln ab. Während des Jahres weidete das Vieh in Lichtungen und frass die Sprößlinge ab.

Der verbleibende Wald lichtete sich. An seinen Säumen gediehen Himbeere, Brombeere, Schlehe, Hagebutte, Walderdbeere und Apfel und auf sandigen Böden bildeten sich erste Heiden. Die frühen Bauern siedelten häufig nach einigen Jahrzehnten um. Auf den verlassenen Siedlungsplätzen etablierte sich dann die Buche.

Als römische und griechische Autoren über Germanien schrieben, prägten Buchen die Wälder. Sie waren die Baumriesen, von denen Cassius Dio berichtete. Sie herrschten in Mittelgebirgen und an der Ostsee vor, in Nordwestdeutschland wuchs sie zusammen mit Eichen, östlich der Elbe mit Kiefern und in Alpen und in Alpennähe mit Tannen und Fichten.

Den vorhandenen Wald nutzten die Germanen: Man schlug Bäume, um daraus Häuser zu errichten. Man köpfte Weiden um die nachwachsenden Triebe als Flechtwerk für Hauswände zu gewinnen. Bohlenwege, aus tausenden Baumstämmen gezimmert, führten kilometerweit durch die Moore, in den Waldungen weideten Hirten ihre Schweine. Köhler verschwelten Holz zu Holzkohle, um damit in Rennfeueröfen Eisen zu verhütten. Allein für die Eisenproduktion und -verarbeitung verschwanden schon damals ganze Wälder.

Hätte Tacitus Germanien bereist, so hätte er im Leinetal bei Göttingen keinen Urwald, sondern eine Parklandschaft erblickt. Anhand von Holzkohlen und Blütenstaubkörnern aus Siedlungen der Zeit um Christi Geburt, lässt sich hier die Landschaft recht genau erschließen. Die Hang- und Tallagen waren weitgehend baumfrei. Sie dienten schon damals weitgehend dem Ackerbau, wie unzählige Hinweise auf Kulturpflanzen und Ackerunkräuter belegen. Die Leine säumten einige Auenwaldungen mit Weidengebüschen und Schwarz-Erlen. Auf den Terrassen standen vereinzelt Eichen zusammen mit Rotbuchen und Edellaubhölzern und im Umfeld von Siedlungen gediehen Lichthölzer wie Hasel und Birke und Arten, die schnell nachwachsen, etwa Weide und Linde. An Hängen und auf Höhen dominierten Buchen. „Größere Waldbestände", so der Paläo-Ethnobotaniker Ulrich Willerding, „gab es hier vermutlich nur in weiter Entfernung von den Siedlungen und auf den auch damals kaum erschlossenen Hochflächen. ... Es dürfte daher richtiger sein, von Gehölzflächen statt von Wäldern zu sprechen.“

Weiter nördlich, am Rande der Mittelgebirge lagen ähnliche Siedlungslandschaften. Entlang von Hängen befanden sich um Christi Geburt unzählige kleine Dörfer oder Gehöfte, zwischen ihnen Weiden, Äcker und Gehölze. In den weiten Flusstälern und Niederungen des nordwestdeutschen Tiefland gediehen Erlen- und Birkenbruchwälder. Doch die Ulmen-Hartholzauen an der unteren Ems waren schon zu dieser Zeit bereits weitgehend gerodet und dienten als Ackerland.

Vor allem Moore prägten die Tiefebenen Germaniens. In den Regengebieten entlang der Nord- und Ostsee bedeckte diese weitgehend baumlose Landschaftsform noch bis zum Ende des 18. Jahrhunderts ca. ein Drittel des nördlichen Niedersachsens, Dänemark zu einem Fünftel und zu nur wenig geringeren Anteilen die übrigen Anrainer von Nord- und Ostsee. Auch diese vergaßen die Römer nicht zu erwähnen. Doch die Wälder überschatteten die Moore bei der nationalen Vereinnahmung. Die Deutschen schützen und rekultivierten die germanischen Sümpfe nicht. Diese Landschaftform ist heute, bis auf geringe Überbleibsel, verschwunden.

IRRTUM 15:

Germanen und Deutsche waren Arier

Im 18. Jahrhundert flammte die Frage nach dem Ursprung der Menschheit wieder auf. Wie die Humanisten des 16. Jahrhunderts lehnten sich die Gelehrten an die biblischen Geschichten von der Sintflut und dem Turmbau zu Babel an. Diesmal aber suchten sie die Überlebenden der biblischen Katastrophe in hohen Bergen. Denn Muschelfunde belegten, dass das Meer einstmals viele Gipfel bedeckt hatte.

Nur von welchen Bergen die Menschheit hinabgestiegen war, darüber waren sich die Gelehrten uneins. Der französische Naturforscher Georges-Louis Leclerc de Buffon etwa verortete im 18. Jahrhundert den Ursprung der Menschheit östlich des Kaspischen Meeres. Der schwedische Arzt und Begründer der modernen biologischen Systematik Carl von Linné dagegen meinte, die Überlebenden von Noahs Arche seien von den höchsten Bergen der Welt in Indien und China hinabgestiegen. Danach hätten sie sich auf die Kontinente verteilt. Dort hätte das Klima die einzelnen Glieder der Menschheit geformt.

Auch Johann Friedrich Blumenbach wollte als Doktorand wissen, woher die Menschheit stamme und was „den Gang der Fortpflanzung verändert und Nachkommen hervorbringt, die bald schlechter, bald besser, jedenfalls aber ganz anders sind als ihre ursprünglichen Vorfahren." Schon als Junge befasste er sich mit der Herkunft des Lebens und sammelte Knochen von verstorbenen Haustieren. Sie sollten der

Grundstock seiner berühmten Schädelsammlung werden, wie ein Zeitgenosse mutmaßte. Blumenbach wurde Anthropologe, Professor der Medizin an der Universität Göttingen und ein Wissenschaftler von internationalem Rang und Namen.

Über 264 Schädel hatte er schließlich für seine Rassenklassifikation „Über die natürliche Vielfalt des Menschengeschlechts" von 1775 zusammengetragen, vermessen und daraus geschlossen, dass die weißen Europäer Abkömmlinge der „Kaukasier" seien. Er unterschied die Völker nicht nur geographisch, sondern auch nach ihrer Hautfarbe: weiß, schwarz, gelb, rot und braun. Auch die Klasse der jüdischen Rasse geht auf ihn zurück.

Doch Blumenbach war kein Rassist. Er glaubte an die Einheit des Menschengeschlechts. Veränderungen des Klimas, der Lebensweise und der „Verkehr verschiedener Varietäten" würden die Völker prägen. Behauptungen angeblich angeborener intellektueller Defizite von „Negern" widersprach er. Aber er bezeichnete die kaukasische Rasse als „die anmutigste und gefälligste." Die alten Deutschen galten ihm als „das unvermischte Antlitz von Nationen, die nicht durch eine Verbindung zu einer anderen Nation beeinträchtigt waren." Dadurch leistete er dem sich bald entwickelnden Rassismus Vorschub. Doch für ihn waren die Deutschen keine Germanen mehr, denn die klimatischen Verhältnisse hätten sich geändert und die Deutschen sich vermischt. Die „riesigen Leiber unserer Vorfahren, die nur zum Angriff taugten, und ihre ... trotzig blickenden Augen" waren Vergangenheit.

Indoeuropäisch

Die meisten Bewohner des Heiligen Römischen Reiches Deutscher Nation glaubten bis ans Ende des 18. Jahrhunderts, das Hebräische wäre ihre Ursprache gewesen. Eine entscheidende Wendung nahm die Suche nach dem Ursprung der Menschheit durch die Entdeckung der Indoeuropäischen Sprachfamilie. Der englische Richter William Jones hatte auf seinen Reisen nach Indien bemerkt, dass zwischen dem altindischen Sanskrit und vielen alten Sprachen des Orients und

Europas, wie dem Griechischen und Lateinischen, eine enge Verwandtschaft besteht. 1786 schrieb er: „Das Sanskrit, wie alt auch immer es sein mag, ist vollkommener als das Griechische, vielfältiger als das Lateinische und von erlesenerer Feinheit als beide. ... Und doch ähnelt es beiden so sehr, dass (...) kaum ein Philologe bezweifeln wird, dass sie einer gemeinsamen Quelle entsprangen (...). Ebenso ist anzunehmen, dass auch das Gotische und Keltische denselben Ursprung besitzen wie das Sanskrit." Deutlich wird die Ähnlichkeit bei einem Begriff wie Mutter: Im Sanskrit lautet er matár, griechisch meter, lateinisch mater, englisch mother.

Um 1800 hatten die indischen Sanskrit-Sprachen das Hebräische als mutmaßliche Urmutter der europäischen Sprachen abgelöst. In Deutschland übernahm der Philosoph Friedrich Schlegel Jones' Theorie. Er meinte, die Verwandtschaft der Sprache spiegle auch eine Verwandtschaft der Rassen. Schlegel vermutete, das Urvolk stamme aus den Gebirgen Indiens, wäre vom Dach der Welt nach Westen ausgewandert und hätte dort Kolonien gegründet. Der deutsche Sprachforscher Franz Bopp stellte 1816 die Entdeckung von Jones in seinem Buch „Über das Conjugationssystem der Sanskritsprache in Vergleichung mit jenem der griechischen, lateinischen, persischen und germanischen Sprache" auf eine empirische Grundlage. Ihm zu Folge stammten alle höheren Kulturen von den Indoeuropäern ab.

Als die Deutschen Indoeuropäisch bereits als Begriff verwendeten, schuf der dänische Geograf Conrad Malte-Brun im Jahr 1810 die Bezeichnung „langues indo-germaniques", deutsch: Indogermanisch. Während sich in anderen europäischen Ländern jedoch auf Anregung des englischen Physikers Thomas Young 1813 der Begriff „Indoeuropäer" für die gemeinsame Ursprache durchsetze, führte 1823 der Orientalist Julius Klaproth die Bezeichnung „Indogermanen" ins Deutsche ein.

Zu dieser Zeit erlangte der Begriff Arier und arische Sprachen in Westeuropa Bekanntheit. Erstmals in der Neuzeit Europas machte der Orientalist Anquetil du Peyron ihn populär. Im zweiten Band seines „Zend-Avesta" von 1777 zitiert er den Griechischen Schriftsteller Herodot, der damit die Perser und Meder bezeichnet hatte.

1819 übernahm Friedrich Schlegel den Ausdruck „Arier" und setzte die Wurzel „Ari" mit dem deutschen „Ehre" gleich. Allerdings ist die Wortbedeutung schon in den Sprachen, aus denen er entlehnt worden ist, vielfältig: Im Altpersischen „arya" bedeutet in etwa „wohlgefügt". Vor allem die britische Linguistik bezeichnete von nun an das hypothetische Urvolk mit einer gemeinsamen indoeuropäischen Ursprache als Arier.

Zuerst wurde der Begriff Arier noch als Gegensatz zu den semitisch Sprechenden für alle Urindoeuropäer verwendet. Der Norweger Christian Lassen, ein Schüler von Friedrich Schlegels Bruder August Wilhelm, der vor allem durch die Entschlüsselung der Keilschrift bekannt wurde, behauptete 1847 in seiner „indischen Altertumskunde", dass die höchsten indischen Kasten, die sich arischer Abstammung rühmten, auch die „weißesten" und schöpferischsten wären. Er schrieb: „Die Geschichte beweist, dass Semiten nicht die Harmonie seelischer Kräfte besitzen, die die Arier unterscheidet. Der Semit ist selbstsüchtig und ausschließend. Er besitzt einen scharfen Verstand, der ihn befähigt, Gebrauch von den Gelegenheiten zu machen, die andere schaffen, wie wir es in der Geschichte der Phönizier und später der Araber sehen."

Germanen: die letzten Arier?

Naturwissenschaftler des 18. Jahrhunderts wie Blumenbach, Buffon und Linné glaubten, die verschiedenen Hautfarben der Menschen rührten vom Klima her. Würden weiße Europäer nur lange genug unter der Sonne Afrikas leben, verdunkele sich auch ihre Haut. Doch die Haut europäischer Kolonisten in Afrika verdunkelte sich nicht und auch die Afrikaner in Europa und im Norden Amerikas hellten nicht auf. Aufgrund dieser Feststellung verfestigte sich unter Wissenschaftlern im 19. Jahrhundert die Vorstellung von unveränderlichen Rassenunterschieden. War zunächst die Sprache der Dreh- und Angelpunkt auf der Suche nach den Wurzeln des indoeuropäischen Urvolkes, so wurde zunehmend das biologische Konstrukt „Rasse" der Schlüssel zum Verständnis der Menschheitsgeschichte.

Der französische Arzt Francois Bernier verwendete zwar schon im Jahr 1684 erstmals den Begriff „Rasse“ bzw. „race“. Doch eine Rangfolge seiner Rassen stellte er nicht auf. Zu Beginn des 18. Jahrhundert entwickelte der französische Historiker Henri Boulainvilliers ein Rassen-Konzept, in dem er die Privilegien des französischen Adels mit der Abstammung von einer angeblich höherwertigen Rasse begründete. Nach der französischen Revolution griff Augustin Thierry diese Idee wieder auf und fügte hinzu, dass die Aristokraten vom germanischen Volk der Franken abstammen, das einfache Volk dagegen von Galliern. Ähnliches behaupteten in England die Rechtsgelehrten Edward Coke und John Selden, denen zu Folge die Stuarts von den normannischen und angelsächsischen Einwanderern abstammen. Im 19. Jahrhundert wurde Rasse endgültig zum biologistischen und chauvinistischen Konstrukt. Der schottische Anatom Robert Knox etwa behauptete 1850 in seinem Buch „Races of Men“: „Rasse ist alles, Kultur hängt von ihr ab“. Alle Nicht-Weißen galten ihm als minderwertig. Knox begründete damit einen Rassismus, der vor allem den Kolonialismus rechtfertigen sollte.

Arthur de Gobineau teilte die Menschheit in seinem „Essai sur l‘inégalité des races humaines“ (Von der Ungleichheit der Menschenrassen) von 1853/55, in drei Urrassen: „Weiße“, „Gelbe“ und „Schwarze“. Diese, so Gobineau, sollten von einem Urmenschen, einem „Adamiten“, abstammen. Gobineau war Katholik und schöpfte seine Ursprungslehre aus der Bibel. Die „Arier“ hielt er für intelligenter, kräftiger und ursprünglicher als die anderen „Weißen“. Die Germanen wären die letzten Vertreter der „Arier“. Sie würden zwar neue Kulturen erschaffen, selbst aber durch die Vermischung mit anderen degenerieren. Den Untergang ganzer Zivilisationen und das Verschwinden großer Reiche begründete Gobineau mit der Vermischung der Rassen.

In Frankreich wurde jedoch statt Gobineau der Orientalist Ernest Renan zum Wegbereiter des arischen Mythos. Seine Gegenüberstellung der arischen und semitischen Sprachen erwies angeblich eine intellektuelle Überlegenheit der Arier. Ähnliches behauptete auch Renans Freund Max Müller.

In Deutschland verbreitete vor allem Karl Ludwig Schemann, der zum Kreis Wagners gehörte, Gobineaus Ideologie. Nach dem Deutsch-Französischen Krieg von 1870/71 erschien erstmals sein Buch „Die Rassen in den Geisteswissenschaften". 1894 gründete Schemann die „Gobineau Gesellschaft", die ein breites Spektrum an Verbänden und Vereinen umschloss, unter anderem den deutschen Schulverein und den im selben Jahr gegründeten Deutschbund.

Schemann zu Folge hätten die Germanen „nacheinander den europäischen Hauptvölkern, Franzosen, Italienern, Engländern und Deutschen zur höchsten Bestätigung ihrer geschichtlichen Rolle, und damit zeitweise zur Führerschaft unter ihren Mitvölkern, verholfen". Statt fleischfressender und zum Ackerbau unfähiger Wilder waren die Germanen für ihn „ein Bauernvolk (…), wie zuvor noch keines da war und vielleicht auch nie wieder eines kommen wird." Die Germanen verdankten ihrer rassischen „Reinheit ihre überwältigendsten Erfolge und dauerhaftesten Wirkungen …(Dies ist) von Tacitus bis auf unsere Tage … betont worden."

Schemann meinte sogar, in Gobineaus Adern fließe germanisches Blut. So schrieb er: „Mag er nun aber Franke, Normanne oder welchen anderen Stammes gewesen sein, daß er germanisches Blut in sich trug, wird, wer ihn wahrhaftig kennt, so wenig bezweifeln, als er selbst je daran gezweifelt hat." Dadurch, dass er dennoch aber auch Nichtdeutscher war, komme seinem Urteil über die Germanen, dass ihnen der höchste Rang unter den Rassen gebühre, noch größeres Gewicht zu.

Auch Friedrich Nietzsche bediente sich an Gobineaus Begriffen. In „Jenseits von Gut und Böse" (1886) und „Genealogie der Moral" (1888) wurden seine „Herrenmenschen" eine „arische Eroberer-Rasse". Außer Germanen verkörperten Römer, Araber, die alten Griechen und die Wikinger das Wesen dieser „blonden Bestie", von der er schrieb: „Auf dem Grunde aller dieser vornehmen Rassen ist das Raubthier, die prachtvolle nach Beute und Sieg lüstern schweifende blonde Bestie nicht zu verkennen."

Statt von Germanen schrieb Nietzsche von „Nordländern", um den Gegensatz jener zur katholisch-römischen Kirche zu betonen. Doch bemängelte er auch: „Wir Nordländer stammen unzweifelhaft aus Barbaren-Rassen, auch in Hinsicht auf unsere Begabung zur Religion: wir sind schlecht für sie begabt. Man darf die Kelten ausnehmen, welche deshalb auch den besten Boden für die Aufnahme der christlichen Infektion im Norden abgegeben haben".

In Frankreich führte der Rassenforscher Graf Georges Vacher de Lapouge Gobineaus Konstrukte fort. Lapouge war ab 1889 Professor für Zoologie an der Universität von Montpellier. Rasse ließe sich laut Lapouge durch Schädelmaße, Haut- und Haarfarbe messen. In seinem Buch „L'Aryen: Son Rôle Social" (Die Arier und ihre soziale Rolle) aus dem Jahre 1899 behauptete er, der „Homo europaeus" zeichne sich durch besonders viel Ehrgeiz, Energie, Kühnheit und Idealismus gegenüber anderen Rassen aus. Wie Gobineau fürchtete er eine „Entnordung und Entgermanisierung" Frankreichs. In seinem Werk „Der Arier und seine Bedeutung für die Gesellschaft" warnte er vor den Juden, die die Errungenschaften der französischen Revolution verteidigen wollen würden.

„Der Norddeutsche ist der Urarier"

Die meisten Linguisten bezeichneten im 19. Jahrhundert als arische bzw. indoeuropäische Sprachen das Indische, Persische, Griechische, Lateinische, Slawische, Germanische, Keltische und Armenische. Andere wie Semiten, Sumerer, Ägypter und Finnen wurden als Ableger der Arier dargestellt und ihre Errungenschaften auf Beimengungen arischen Blutes zurückgeführt. Entsprechend groß war der Streit, welches Volk denn dem Urvolk am nächsten steht.

Die national gesinnten Deutschen argumentierten außer mit Rassen- und Sprachtheorien vor allem mit Tacitus. Der germanischen Freiheit und Rechtschaffenheit hatten über einhundert Jahre zuvor die französischen Philosophen Montesquieu und Rousseau gehuldigt. Die Reinheit germanischen Blutes hatten schon zur Zeit der französischen Befreiungskriege Ernst Moritz Arndt und Friedrich Ludwig Jahn sowie danach Friedrich Kohlrausch beschworen. Und der Philosoph Johann Gottlieb Fichte hatte die Deutschen zu den „Völkern der lebendigen Sprache“ gezählt, die, anders als die „Völker der toten Sprachen“, deshalb ursprünglicher geblieben seien. Jacob Grimm setzte in der „Geschichte der deutschen Sprache“, die 1848 erschien, germanisch und deutsch gleich. Und hatte nicht zuletzt mit Gobineau wieder ein Franzose die germanische Reinheit bestätigt?

Deutsche und österreichische Archäologen und Anthropologen schworen sich auf die Herkunft eines arischen Herrenvolkes aus dem Norden ein. Die Archäologen Ludwig Lindenschmit der Ältere und sein Bruder Wilhelm versuchten durch Schädelvermessungen schon in den späten 1840er Jahren Skelette aus frühmittelalterlichen Gräbern der germanischen „Rasse“ zuzuordnen. Damit wollten sie vaterlandsfeindlichen „Keltisten“, die Kelten für Mitteleuropas Ureinwohner hielten, entgegentreten.

Vor allem zwischen deutschen und französischen Rassekundlern eskalierte dieser Konflikt kurz vor 1900. Während der Ausschussrat der Anthropologischen Gesellschaft in Wien verkündete, „daß der physische Typus der Urarier jener der Norddeutschen sei“, die „einer hochgewachsenen, langschädeligen Rasse mit blonden Haaren und blauen Augen (…) angehörten,“ konterten französische Wissenschaftler mit der Behauptung, dass „der echte arische Typus von den Galliern verkörpert werde.“

Gustaf Kossinna, der 1902 erster deutscher Professor für Archäologie wurde, hielt die Begriffe Indogermane und Arier für zu vage und kosmopolitisch. In seinem Buch „Die deutsche Vorgeschichte“ versuchte er, die Germanen als wahre Kulturträger zu stilisieren. Für ihn waren die Germanen die herausragende Rasse und nicht Kaukasier oder Arier.

Houston Stewart Chamberlain, als Sohn eines Admirals 1855 in England geboren, verhalf dem Rassenwahn im wilhelminischen Deutschland nach 1900 endgültig zum Durchbruch. Nachdem seine Mutter 1856 starb, wuchs er bei seiner Großmutter in Versailles auf. Seine Jugend verbrachte er aufgrund eines mutmaßlichen Nervenleidens in Frankreich und Deutschland mit mehreren Kuraufenthalten, danach studierte er Botanik in Florenz und promovierte in Wien. In diese Zeit fallen seine ersten Versuche als Schriftsteller. 1896 veröffentlichte er eine Biographie über seinen künftigen Schwiegervater Richard Wagner.

1899 schuf Chamberlain sein Hauptwerk „Die Grundlagen des 19. Jahrhunderts“. Er nahm die von Gobineau und Schemann propagierte These, die Germanen seien die reinsten unter den Arier und ihr Erbe in den Deutschen am vortrefflichsten überkommen, wieder auf:

„Ich bin überzeugt, daß die verschiedenen Stämme Germaniens, unbefleckt durch Ehen mit fremden Völkern, seit jeher ein besonderes, unvermischtes Volk bilden, welches nur sich selber gleicht. Die Leibesbildung ist bei allen diesen Menschen dieselbe: strahlende blaue Augen, rötliches Haar, hohe Gestalt“ zitierte Chamberlain Cornelius Tacitus. Anders als Gobineau aber, der eine zutiefst pessimistische Sicht über die Vermischung der Rassen und den Untergang der Arier prophezeite, malte Chamberlain das Bild eines blühenden, blonden Endzeitparadieses. Dieses aber werde nur entstehen, wenn die arische Rasse rein gehalten und von allen schädlichen Einflüssen befreit werde. Schädigend galten dabei alle anderen Kulturen und Völker, die römische Kirche und insbesondere das Judentum. Entsprechend leugnete Chamberlain die jüdische Abstammung Jesu. Die Arier dürften deshalb „diejenigen, die nicht zu uns gehören und die sich doch Gewalt über unser Denken erobern wollen, schonungslos zu Boden werfen und ausschließen.“

1905 fasste Chamberlain seine Ansichten in der Schrift „Arische Weltanschauung“ zusammen. Rasse war für ihn nicht gottgegeben, sondern konnte durch Zuchtwahl erschaffen werden. Edle Rassen würden entstehen durch „die Qualität des Materials, die Inzucht, die Zuchtwahl, die Notwendigkeit von Blutmischung, die Notwendigkeit, dass diese Blutmischungen in der Wahl und in der Zeit streng beschränkt seien.“

Der amerikanische Präsident Theodor Roosevelt bezeichnete „Die Grundlagen des 19. Jahrhunderts“ als „wunderbare Würdigung des Christentums“. Kaiser Wilhelm II. lud Chamberlain nach Potsdam. Für das deutsche Kaiserreich schrieb er Propagandawerke, erhielt 1915 das eiserne Kreuz und 1916 die deutsche Staatsbürgerschaft. In „Ideal und Macht“, eine Schrift, die 1916 veröffentlicht wird, kündigt er den Untergang der britischen Kolonialmacht und Deutschlands Aufstieg zur Weltmacht an.

Die Wiederentdeckung der Mendelschen Erbgesetze um 1900 löste in der Anthropologie einen Boom der Rassenkunde aus. Bislang stand diese Disziplin im Schatten der Sprachwissenschaften.

Der Rassentheoretiker Otto Ammon beschreibt in seinem Buch „Die natürliche Auslese beim Menschen“ 1893 den Aufschwung, den die Anthropologie seit den 1870er Jahren genommen hatte: „In einer noch nicht weit hinter uns liegenden Zeit galt es als selbstverständlich, dass Völker gleicher Zunge auch gleiche Rassen darstellen müssten, ... Durch die Fortschritte der Anthropologie in den beiden letzten Jahrzehnten ist diese Vorstellung hinfällig geworden.“ Auch Ammon bediente sich des Tacitus-Zitates: „Deutschland, dessen Bevölkerung Tacitus im ersten Jahrhundert unserer Zeitrechnung als eine völlig rassereine, nur sich selbst gleiche, durch keine Eheverbindungen mit fremden Völkern vermischte, mit hohem Wuchs, blauen Augen und blonden Haaren beschreibt, besitzt heute eine Sammlung der allerverschiedensten Typen.“

Schriften, wie die 1902 von dem Arzt Ludwig Woltmann begründete „Politisch-Anthropologische Revue“, das 1904 von Alfred Ploetz herausgegebene „Archiv für Rassen- und Gesellschaftsbiologie“, das erstmals 1926 erschienene populärwissenschaftliche Magazin „Volk und Rasse“, Studien wie Eugen Fischers „Die Rehobother Bastards und das Bastardisierungsproblem beim Menschen“ von 1910 popularisierten menschliche Rassentheorien im wilhelminischen Bürgertum. Vereine und Gesellschaften, wie die von Ludwig Schemann 1894 gegründete „Gobineau-Vereinigung“, die 1905 entstandene „Deutsche Gesellschaft für Rassenhygiene“ oder die 1921 gegründete „Nordische Gesellschaft“ in Lübeck verschrieben sich nun der Reinhaltung der Germanentums.

Alfred Ploetz, der als wesentlicher Mitbegründer der Rassenbiologie in Deutschland gilt, ersann den Begriff der „Rassenhygiene“. Für ihn stellte die germanische Rasse den wichtigsten Kulturträger dar. Seine „Deutsche Gesellschaft für Rassenhygiene“ zählte anfangs nur 31 Mitglieder, genoss jedoch trotz der geringen Zahl großes Ansehen durch einen großen Anteil von Akademikern.

Vor allem die zahlreichen Gruppierungen der völkischen Bewegungen propagierten rassische Reinhaltung. Degenerationserscheinungen sollten durch Rassenhygiene bekämpft und durch die Eugenik (Erbhygiene) „reine Rassen“ zurückgezüchtet werden. Begründet wurde die Eugenik durch den Naturforscher Francis Galton und den englischen Mathematiker und Biologen Karl Pearson. Pearson übertrug 1883 die Ideen zur Auslese vom Tierreich auf den Menschen und taufte seine neue Lehre „Eugenik“.

Willibald Hentschel löste mit seinen Büchern „Varuna“ von 1901 und „Mittgart“ von 1904 die „Mittgardbewegung“ aus, die eine Erneuerung der germanischen Rasse anstrebte. In „Varuna“ meinte Hentschel, die Weißen wären einst aus einer „schwarzen“ und „gelben“ Urrasse hervorgegangen. Durch Anpassung an Land und Klima und durch natürliche Auslese aus dem eigenen Volk hätten sie ein arisches Krieger- und Herrenvolk erzeugt. In „Mittgart“ schlug er vor, auf dem Lande Kommunen mit je 1000 Frauen und 100 Männern zu gründen, deren Bewohner aus strenger Auslese hervorgehen müssten. In diesen „Menschen-Gärten“ als „Stätten rassischer Hochzucht“ sollte in freien Ehen eine „neue völkische Oberschicht“ herangezüchtet werden. Später war er an der Gründung der Bewegung „Artam“ beteiligt. Die in den 20er Jahren immerhin 1500 Artamisten verehrten „Artam“ als angeblichen Gott der arischen Rasse. Hentschels Fantasien der Rassenzüchtung jedoch wurden nicht nur von etablierten Wissenschaftlern und Rassekundlern, u. a. von Alfred Ploetz, abgelehnt, sondern auch aus den Reihen der völkischen Bewegung.

Eine nordische Rasse

Der Arierbegriff hatte sich schon bei Houston Stewart Chamberlain merklich gewandelt. 1905 schrieb er noch von „indo-arischer“ Rasse, später von „arisch-germanischer“ Rasse. Unter Arier verstand man nun in Deutschland, anders als in Frankreich, eine germanische bzw. nordische Rasse. Auch angelsächsische Wissenschaftler, wie zum Beispiel der marxistische Archäologe Vere Gordon Childe bezeichnete

1926 in seinem Werk „Die Arier: Eine Studie der Ursprünge der Indogermanen", die Arier als nordische Rasse, verurteilt aber die Auswüchse, die Antisemiten daraus ziehen würden. Schon jetzt werde der Begriff „Arier mit Pogromen" assoziiert, so Childe.

Doch die Germanen waren weder Arier noch Indogermanen. Die Indoarischen Sprachen, die noch heute von rund einer Milliarde Menschen in und um Indien gesprochen werden, sind ein Ast der Indoiranischen Sprachen, die einen Zweig des Indoeuropäischen Sprachbaumes bilden. Die germanischen Sprachen haben sich davon lange entfernt, vor Christi Geburt mit der 1. und um 800 n. Chr. erneut mit der 2. germanischen Lautverschiebung.

Bis heute ist die Bezeichnung „Indogermanen" in Deutschland am geläufigsten, wenngleich die Sprachwissenschaft inzwischen zum „Indoeuropäisch" zurückgekehrt ist. Geschaffen wurden beide Begriffe, um die jeweils östlichste und westlichste Ausbreitung zu benennen. In Europa aber finden sich die westlichsten Zweige der indoeuropäischen Sprachen auf der iberischen Halbinsel, wo bis um Christi Geburt iberisch gesprochen wurde.

Auch die Idee vom blonden Arier aus dem Norden hatte sich schon Ende des 19. Jahrhunderts erledigt. Zwischen Schädelmaßen, Haar- und Hautfarben ließen sich keinerlei eindeutigen Beziehungen herstellen. Ob jemand Arier oder Semit, Germane oder Slawe, hell oder dunkel war, ließ sich an Schädeln und Sprachen nicht bestimmen.

So hatte 1869 der Arzt Rudolf Virchow 4000 Schädel vermessen und versucht, germanische und slawische Schädel zu unterscheiden. Eine „germanische" Schädelform, so Virchow, gab es nicht. Den angeblich typisch germanischen Langschädel besäßen auch andere Völker. Auch seine Untersuchungen an beinahe sieben Millionen deutschen Schulkindern ließen ihm keinen Zweifel, dass es eine deutsche Rasse nicht gibt.

In dieselbe Richtung argumentierte 1898 der Anthropologe Julius Kollmann, der in seinem Lehrbuch von der Entwicklungsgeschichte des Menschen konstatierte, dass Schädel der Jungsteinzeit so uneinheitlich seien, dass die Völker Europas schon zu dieser Zeit sich aus unterschiedlichen Rassen zusammengesetzt haben müssten.

Auch der 1. und 2. Soziologentag in den Jahren 1910 und 1912 lehnte die Kategorie Rasse ab. Der Gelehrte Siegmund Feist hoffte, wie er in seiner Abhandlung „Archäologie und Indogermanentum" von 1916 schrieb, dass „der arische Mythos (...) bald einer wissenschaftlichen Konzeption von der Vergangenheit der europäischen Völker Platz machen werde." Und in Wien resignierte der Anthropologe Felix von Luschan, dass die Anthropologen „weniger wüßten, als sie zwanzig Jahre zuvor geglaubt hatten, und daß die Hoffnung, die Vorfahren der europäischen Völker in Indien zu finden, zunichte geworden sei, ja daß die arische Rasse überhaupt nicht mehr existiere."

Obwohl zu dieser Zeit klar war, dass es eine arische Rasse nie gab und Deutsche und Germanen ihr damit auch nicht angehört haben können, wurde das Schädelvermessen, mit dem Ziel die nordische und arische Rasse zu bestimmen, zur deutschen Leidenschaft. Hans F. K. Günther, auch bekannt als „Rasse-Günther" zementierte das Ideal des großgewachsenen, schmalgesichtigen, blauäugigen und blonden „Ariers" in seiner „Rassenkunde des deutschen Volkes" von 1922. Bis 1944 belief sich die Auflage der „Rassenkunde" auf 420.000 Exemplare.

Dabei blieb selbst den Nationalsozialisten unklar, was ein Arier sein sollte. Für einen Ariernachweis laut Paragraph 3 des „Gesetzes zur Wiederherstellung des Berufsbeamtentums" vom 7. April 1933 galt folgende Verordnung: „Als nicht arisch gilt, wer von nicht arischen, insbesondere jüdischen Eltern oder Großeltern abstammt. Es genügt, wenn ein Elternteil oder ein Großelternteil nicht arisch ist. ..." Ob die Großeltern jüdische Eltern hatten, die ihre Kinder christlich taufen ließen, war damit für die Ausstellung eines Ariernachweis irrelevant. Weder Volkszugehörigkeit, Nationalität, noch Generationen umfassende Stammbäume, sondern allein die Religionszugehörigkeit der Eltern und Großeltern entschied, ob die Nationalsozialisten jemanden als Arier einstuften oder nicht.

IRRTUM 16:

Die Nibelungen trugen Hörnerhelme

Das Epos beginnt im Glanze. Kriemhilds Brüder Gunter, Giselher und Gernot herrschen in Worms über das Reich der Burgunder. Der zwielichtige Hagen von Tronje ist Ratgeber der jungen Regentschaft. Aus dem Nichts erscheint Siegfried am Hofe zu Worms, ein Königssohn, jung und schön. Einem Zwerg hatte er im fernen Island das Schwert „Balmung“ und eine Tarnkappe geklaut, die ihn unsichtbar werden lässt und ihm magische Kräfte verleiht. Damit hat er den Drachen, den Lindwurm, überlistet und getötet. Ein Bad im Blut des Drachen machte Siegfried unverwundbar – nur dort, wo beim Bade ein Lindenblatt sich an seine Haut heftete, blieb er verletzlich.

In Worms nimmt man Siegfried auf. Er soll Kriemhild heiraten, doch zuerst mit Gunter einige Abenteuer bestehen. Sie reisen nach Island, wo Brünhild regiert. Die hat magische Kräfte, jedoch nur so lange, wie sie Jungfrau ist. Gunter gewinnt Brünhild bei einem Wettkampf zur Gemahlin. Alle kehren nach Worms zurück, wo Gunter Brünhild ehelicht und Siegfried die ihm versprochene Kriemhild. Das Unheil beginnt des Nachts: Gunter will Brünhild vergewaltigen, um ihr ihre magischen Kräfte zu rauben. Dazu bittet er Siegfried um Beistand. Mit seiner Tarnkappe zwingen sie Brünhild nieder.

Zehn Jahre später erfährt Brünhild versehentlich von Kriemhild, wer am Verlust ihrer Jungfräulichkeit in jener Nacht schuldig war. Sie verlangt Rache. Kriemhild offenbart Brünhild obendrein Siegfrieds

Punkt. Hagen stößt für Brünhild seine Lanze in die verletzbare Stelle, tötet Siegfried und legt seinen Leichnam auf den Boden vor Kriemhilds Schlafgemach. Anschließend bemächtigt sich Hagen des Nibelungen-Schatzes.

13 Jahre später heiratet Kriemhild den Hunnenkönig Etzel. Weitere 13 Jahre später nimmt sie Rache für die Ermordung Siegfrieds. Etzel hatte zu einem großen Fest geladen. Hagen ahnte, dass seine Schwester Kriemhild sich an ihrer Familie, allen voran ihm selbst, rächen will. Doch ausschlagen konnten die Burgunder die Einladung nicht, weshalb sie mit großem Tross an den Hof des Hunnenkönigs reisen. Den Nibelungenschatz versenkt Hagen vorsorglich im Rhein.

Als das Festmahl begann, überfallen die Hunnen die burgundischen Knappen in einem Nebenraum. Lediglich Dankwart kann seine Stammesgenossen im Festsaal warnen. Um Hagen zu provozieren, lässt Kriemhild dort ihren und Etzels Sohn Ortlieb in den Raum führen. Hagen tötet Ortlieb, nur Etzel und Kriemhild entkommen. Die verbliebenen Burgunden sollen nun Hagen ausliefern, was diese aber verweigern. Die Worte des Dichters des Epos: „Und wären unserer Tausend aus deiner Sippe hier / wir wollten lieber sterben, als das wir einen Mann / Hier als Geisel gäben: Das stünde uns wohl übel an. / (…) Man findet an mir keinen, der einem Freund die Treue bricht."

Rüdiger und auch Dietrich von Bern, die beide am Hofe Etzels im Exil lebten, warten zunächst unentschlossen ab, lassen dann nach einigen Wortgefechten aber doch die Schwerter klirren. Wenige fliehen, alle anderen sterben, einzig Hagen und Gunter, der letzte König der Burgunder, überleben diesen Kampf. Sie werden von Dietrich gefangen und von Kriemhild getötet.

In Strophe 2379 endet der Autor dieses Epos voller Brutalität und Gewalt mit den Worten: „Hier hat die Geschichte ein Ende. Das ist der Nibelungen Not." 9000 Knechte, 1060 Ritter und der burgundische Adel waren niedergemetzelt. Reich und Geschlecht der Nibelungen, wie man die Burgunder auch nannte, hatten aufgehört zu existieren.

Ein historischer Kern

„Uns ist in alten mæren / wunders vil geseit // von helden lobebæren, / von grôzer arebeit // von freuden, hôchgezîten, von weinen und von klagen, // von küener recken strîten / muget ir nû wunder hœren sagen."

Der Urheber der 2379 Strophen schöpfte vor allem aus der Sifrit-, und Brünhildfabel sowie der Burgundensage. Weitere mögliche Vorläufer finden sich mit dem älteren und jüngeren Sigurdlied in der skandinavischen Sagaliteratur. Die Edda des altisländischen Dichters Snorri Sturluson erklärt beispielsweise, dass der Nibelungenhort als der Schatz schlechthin galt: Loki hatte einen Fischotter gefangen und getötet. Als sie bei einem gewissen Hreidmar das Nachtlager beziehen wollen, stellt sich heraus, dass der Otter Hreidmars Sohn war, der sich verwandeln konnte. Seinen Tod sollen die Götter büßen, indem sie den Leib des Otters mit Gold füllen. Loki raubt dem Zwerg Andvari das Gold und einen Ring. Den jedoch hatte der Zwerg verflucht, so dass er seinem Besitzer den Tod bringt. Der Fluch erfüllte sich unmittelbar nachdem Hreidmar das Gold erhielt. Seine Söhne Fáfnir und Regin stritten um den Schatz und ermorden ihren Vater. Fáfnir verwandelte sich in den Lindwurm und ließ sich auf der Gnitaheide nieder. Dort bemächtigte sich Siegfried des Unglück bringenden Schatzes.

Der Autor des Nibelungenliedes ist unbekannt. Formale Besonderheiten und Anspielungen auf historische Ereignisse deuten auf eine Entstehung zwischen ca. 1180 und 1210 n. Chr. Auffallend häufig nennt der Dichter Passau, weshalb man ihn im Umkreis Wolfgers von Erla, dem damaligen Bischof von Passau, suchte. Der mittelalterliche Minnedichter Walther von der Vogelweide kommt als Urheber in Betracht, denn laut Rechnungsbuch übergab der Bischof dem Minnesänger im Jahr 1203 einen kostbaren Mantel – vielleicht für seine Niederschrift des Nibelungen-Liedes.

Bis dahin wurden Teile der Sage vor allem mündlich überliefert. Bilder, Grabsteine und Reliefs des 7.–9. Jahrhunderts zeigen Ausschnitte aus dem Epos und veranschaulichen, dass das Nibelungen-

Lied schon damals weit verbreitet war. Ab der Mitte des 9. Jahrhunderts wurden erstmals Teile des Textes schriftlich fixiert. Doch die verschiedenen Verfasser erzählen den Stoff sehr variabel: Mal ist Siegfried mit Brünhild liiert, mal ist Hagen Gunthers Bruder. Doch Ort und Hauptpersonen sind identisch.

Das Fehlen einer schriftlichen Fixierung der Ereignisse machte ihren historischen Kern und dessen Ausschmückung veränderlich. Es fehlte ein Korrektiv, das allzu große Abwandlungen verhinderte. Die Vortragenden erzählten den Stoff so, dass die Zuhörer ihn aus ihrer Weltsicht heraus auch verstehen konnten. Entsprechend finden sich zahlreiche eigenständige Siegfried- oder Sigurd-Dichtungen, die erst später mit anderen Heldendichtungen zum Nibelungen-Lied des Mittelalters verwoben worden sein könnten.

Das Epos hat einen historischen Kern: Die Handlung spielt im 5. Jahrhundert n. Chr. Historisches Vorbild ist die Niederlage der Burgunden gegen die Hunnen im Jahr 436 n. Chr. Die Hunnen hatten ab 400 n. Chr. ein Gebiet von der Schwarzmeerküste bis an den Rhein erobert und die Macht der dortigen Stämme gebrochen. Etzel lässt sich mit dem historischen Hunnenkönig Attila identifizieren. 434 bestieg Attila den Thron. 453 starb Attila in der Hochzeitsnacht. Vermutet wird, seine Frau Ildiko habe ihn getötet. Da Ildiko eine germanische Verniedlichung von Hilde, also Hildchen ist, könnte die historische Ildiko vielleicht die Kriemhild des Epos sein.

Wie das Nibelungenreich ging das Burgunderreich am Rhein unter. Die Burgunder sind im Jahr 436 durch den römischen Heermeister Flavius Aetius besiegt worden. Danach wurden sie in Gallien angesiedelt, wo ihr Reich noch fast 100 Jahre währte und der Region Burgund ihren Namen gab. Ebenfalls in das Epos eingegangen sein könnte der Untergang des Ostgotenreiches des Theoderich in Italien. Bis 526 regierte Theoderich in Ravenna und Verona. Aus Verona wurde im mittelhochdeutschen Bern und aus Theoderich Dietrich. Schließlich ließe sich auch Brünhild mit der Merowingerin Brunichilde (613) identifizieren. Doch der Rest des historischen Kernes dieses Epos liegt im Dunkeln.

Alle Versuche, im Nibelungenlied einen historisch wahren Kern zu finden, der über das 5. Jahrhundert hinaus bis in die Zeit um Christi Geburt zurückreicht, sind Spekulation. Der Philologe Ernst Bickel ging davon aus, dass der ursprüngliche germanische Name des Arminius Siegfried gewesen sein könnte. Das historische Vorbild des Siegfried könnte dann Arminius sein. Der Wiener Germanist Otto Höfler schloss sich dem an und meinte, Siegfrieds Drachentötung fuße in weit früherer historischer Zeit als der Rest des Nibelungenliedes, nämlich in der Schlacht im Teutoburger Wald im Jahr 9. n. Chr. Die Vernichtung der römischen Legionen sei schon bald zur Drachentötung überhöht worden. Den römischen Heerwurm habe man als Lindwurm symbolisiert, den Siegfried bezwang. Einen weiteren Hinweis auf Motive der Varusschlacht im Nibelungen-Lied sah Höfler darin, dass das Lied Xanten als Siegfrieds Geburtsort nennt. Auch der historische Arminius wuchs als Römer auf. Bei Xanten befand sich um Christi Geburt ein großes Legionslager in unmittelbarer Nähe zu den Cheruskern. Schließlich gingen sowohl Nibelungen, als auch Cherusker im Bruderzwist unter, starb Arminius durch die Heimtücke seiner Verwandten, so wie Hagen und Gunter durch die Hand seiner Schwester Kriemhild.

Selbst den Nibelungenhort meinte Höfler identifiziert zu haben. Es sei der Silberschatz, der 1868 in Hildesheim am Galgenberg gefunden wurde und aus 70 Teilen Geschirr und Tafelsilber bestand. Es sei ein Teil des Tafelsilbers von Varus, behauptete Höfler, dass man nach der Schlacht unter den Siegern geteilt und nach dem Mord an Arminius vergraben hätte, weil dem Schatz ein Fluch innegewohnt habe.

Kein Argument von Höflers Konstrukt jedoch ist gesichert. Vor allem wird das Tafelsilber des Varus qualitätvoller gewesen sein als der Hildesheimer Silberschatz und auch finden sich in ihm Stücke, die es zu Varus Zeiten noch nicht gab. Möglicherweise hat die Schlacht im Teutoburger Wald aber tatsächlich Eingang in einzelne Motive der Nibelungensage gefunden.

Wagner, Wodan, Walhall, Walküren

Im 18. Jahrhundert war das Epos fast vergessen. 1782 wurde es gedruckt, doch stieß es auf wenig Resonanz. Erst mit den Napoleonischen Kriegen begann sein Aufstieg zum deutschen National-Epos. Soldaten erhielten Feldausgaben und diverse Dramatiker, wie Friedrich de la Motte-Fouque nahmen sich der Sage um Schätze und Gemetzel, Zwergen und Drachen, Königinnen und Jungfrauen an.

Als bei Detmold das Hermannsdenkmal feierlich eingeweiht war und in den Rängen der Theater und Bühnen die „Hermannsschlacht" von Heirich Kleist erstmals zu Ruhm kam, gelang im August 1876 mit der Uraufführung des vierteiligen Opernzyklus „Der Ring des Nibelungen" im eigens dafür gebauten Bayreuther Festspielhaus der Durchbruch des alten Epos in die Moderne.

Wagner schuf seinen ganz eigenen Germanenmythos. Er nutzte für seinen Ring die Völsunga saga als Hauptquelle, die in einer Handschrift aus dem Jahr 1270 erhalten ist und schon von Snorri Sturluson im Jahr 1220 in der Edda ganz ähnlich dargestellt wurde. Doch er setzte den Stoff sehr frei um.

In der Aufteilung seines Ringes ließ Wagner sich von den Dionysien, den Festspieltagen zu Ehren des griechischen Weingottes Dionysos leiten: Hier wie da beginnt das Treiben am Vorabend – bei den alten Griechen mit Einholung dionysischer Kultsymbole, bei Wagner mit dem Rheingold, gefolgt von drei Festtagen: „Die Walküre", „Siegfried" und „Götterdämmerung".

Nach 16 Stunden Gesamtspielzeit hatten über einhundert Musiker und 34 Solisten dem deutschen und dem brasilianischen Kaiser, einigen Königen, Fürsten und vielen Künstlern das Epos dargebracht. Von der ersten Idee im Jahre 1843, als Wagner sich intensiv der griechischen und nordischen Sagenwelt widmete, über den ersten Entwurf aus dem Jahr 1848, bis zur Uraufführung 1876 hatte Wagner über 30 Jahre auf diesen Moment hingearbeitet. Am Ende hatte Wagner, um es mit den distanzierten Worten des Theaterkritikers Paul Lindau zu sagen: „durchgesetzt, hier auf diesem bescheidenen Flecken der Erde, der von den großen Verkehrsstraßen ganz abseits liegt (...), eine

Schar von künstlerischen Kräften zu vereinen, die in der Tat einzig genannt werden kann. Er hat ein kühnes Programm verwirklicht."

Zwar wurde Wagner nun als Meister verehrt, doch ein Teil des zeitgenössischen Publikums konnte seiner Inszenierung des alten Epos nur wenig abgewinnen. Die Kostüme und Bühnenbilder erinnerten sie an Indianer. Die Kostümentwürfe des bekannten Malers Carl Emil Doepler aus Berlin zeigten Umhänge aus Bärenfell, Kopfbedeckungen mit Adlerschwingen, wilde Langhaarperücken und Hörrnerhelme. Wagner war, was die Historizität anging, zunächst skeptisch, als Doepler ihm seine Entwürfe unterbreitete. Doch um sein Publikum zu entzücken, segnete er die Entwürfe schließlich ab. Im August 1876 gab der Hörnerhelm sein Debüt.

Doch dass die Wikinger oder Germanen Hörnerhelme trugen ist reine Fiktion. Zwar gab es Hörnerhelme – jedoch gut zweitausend Jahre zuvor in der Bronzezeit. Dort trug man sie nicht im Kampf, sondern in kultuischen Zeremonien. Doch die Nibelungen mit Hörnerhelmen, Bärenfellen und wilden Mähnen wurden mit Wagner zum Symbol einer konstruierten heroischen deutsch-wikingisch-germanischen Vergangenheit. Deutlich wurde Wagners Erfolg vor allem im Jahr 1909, als aus Anlass des 1900-jährigen Jahrestages der Varusschlacht rund eintausend Laiendarsteller mit Fellen und Hörnerhelmen, wüstem Haar und struppigen Bart durch die Detmolder Innenstadt zogen.

Damit war der Germanenmythos zwar in weiten Teilen der Gesellschaft angekommen. Anders jedoch, als es vielen Agitatoren der zu dieser Zeit entstehenden völkischen Bewegung lieb war.

IRRTUM 17:

Sie warfen Runen-Orakel und feierten Sonnenwenden

„Du bist ein Germane. Sei dessen stets eingedenk! Bewahre im Sinne, was unsere Vorfahren großes gethan! Suche sich ihrer würdig zu zeigen! Habe stets germanisches Heldentum vor Augen! Deine Ehre sei, es deinen Ahnen gleich zu Thun!“ So lautete das Gebot Nummer 1 von Harald Grävells 1901 veröffentlichtem völkischen Normen- und Wertekanon mit dem Titel „Die zehn Gebote der Germanen“.

Die Tugenden, die Turnvater Jahn beschworen hatte – „Frisch, Fromm, fröhlich, frei“ – und mit denen er die Nation gegen die napoleonische Besatzung zusammenschmieden wollte, wurden im deutschen Kaiserreich ab 1871 wiederbelebt. Der Same von der germanischen Reinheit, den Kohlrausch in seiner Deutschen Geschichte in zahlreicher Schülergenerationen Hirne gepflanzt hatte, gedieh vor allem im Bürgertum der Städte. Die romantische Verklärung der deutschen Vergangenheit und die Gleichsetzung der Deutschen mit den Germanen, die vor allem auf den Gebrüdern Grimm beruhte, brach ab 1890, dem Beginn der wilhelminischen Ära unter Kaiser Wilhelm II einer neuen Bewegung Bahn: der völkischen.

Diese bündelte den bereits existierenden Germanenmythos mit Antisemitismus und Rassismus. In ihr finden sich die ideologischen Versatzstücke, die mit der Machtergreifung der Nationalsozialisten

1933 und der „Eroberung von Lebensraum im Osten“ ab 1939 in die Tat umgesetzt werden sollten. „Blut und Boden“, „Pangermanismus“, „Ex septentrione lux“, „Ariosophie“ – in allen ihren verquasten Pseudotheorien, schrieben völkische Ideologen den Germanen eine verhängnisvolle zentrale Rolle zu. Denn so vielschichtig und uneinheitlich die völkische Bewegung auch war, sie verband die Überzeugung, von einem überlegenen arischen Urvolk abzustammen, das sich über die Germanen in den Deutschen am reinsten erhalten habe. Nordisch, blond und blauäugig sollte dieses Volk sein.

Unzählige Vereine, Orden, Bünde und Parteien propagierten die Idee einer rassischen Überlegenheit in einer wahren Flut an Zeitschriften, Broschüren und Romanen. Zugleich stießen bei deutschen Kolonialisten aber auch den Kolonialwarenhändlern und Konsumenten Rassentheorien auf offene Ohren – boten sie doch eine Begründung für die rücksichtlose Unterwerfung und Ausbeutung ganzer Völker.

Die Ideen eines Arthur de Gobineau, Karl Ludwig Schemann und Houston Stewart Chamberlain schwirrten nun nicht mehr nur in elitären Zirkeln wie in Wagners Villa „Wahnfried“ in Bayreuth, sondern gelangten an die Tafeln des Bürgertums. Dort hielten wohl noch viele die Germanen für verzottelte und Bärenfelle tragende Raufbolde, die auf Bäumen lebten. Doch völkische Rassentheoretiker propagierten mehr und mehr erfolgreich die Idee eines überlegenen Herrenvolkes, verwurzelt in den Wäldern Germaniens, und völkische Archäologen die Idee der germanischen Kulturhöhe.

Natürlich, Nordisch, National

Ein Gründungsdatum für die völkische Bewegung gibt es nicht. Das Adjektiv „völkisch“ schlug angeblich der Germanist Hermann von Pfister-Schwaighusen im Jahr 1875 als Synonym für das aus dem Lateinischen abgeleitete „national“ vor. Ab 1880 griffen deutsch-nationale Parteien den Begriff auf. Ab etwa 1885 bildeten sich zahlreiche völkische Vereinigungen. Um 1900 hatte sich die Bezeichnung „völkisch“ etabliert.

Die Anhänger der völkischen Bewegung stammten aus dem Mittelstand bzw. dem Bildungsbürgertum. Unter ihnen fanden sich Pädagogen und Hochschullehrer. Ein großes Becken, in dem die völkische Bewegung ihre Anhänger fischte, waren Vereine zur „Lebensreform“. In ihnen organisierten sich seit der Mitte des 19. Jahrhunderts in Deutschland, der Schweiz und Österreich Bürger, um dem Mief der industrialisierten Städte an der frischen, heilenden Landluft zu entkommen. Im Detail unterschieden sich die Wege „Zurück zur Natur“ der Lebensreformer erheblich. Manche betrieben Gartenbau-Genossenschaften und Obstplantagen. Das Spektrum umfasste Vegetarismus, Antialkoholismus, Freikörperkultur und sexuelle Abstinenz oder Freizügigkeit. Ein Teil strebte eine ganzheitliche kulturelle und religiöse Erneuerung an, zu der auch die Rückbesinnung auf die germanischen Wurzeln gehörte.

Um 1900 wuchs die Zahl der Bürger, die „zurück zur Natur“ wanderten und in germanischen Urwäldern nach ihren Wurzeln gruben. Wenngleich der „harte Kern“ der völkischen Bewegung in Deutschland noch vor dem ersten Weltkrieg nur 10.000 Anhänger umfasst haben dürfte, so eine Schätzung des Historikers Uwe Puschner, durchdrang sie doch grundlegende Bereiche der deutschsprachigen Gesellschaft – vor allem durch eine Flut an Zeitungen und Zeitschriften.

1886 fasste Anton Langgassner bereits bestehende Vereine, die sich deutscher und germanischer Geschichte, Literatur und Mythologie widmeten, die sangen und wanderten, in Salzburg im „Germanenbund“ zusammen. Der Verein wurde zwar bereits 1889 behördlich verboten, jedoch 1894 zu neuem Leben erweckt, diesmal unter dem Namen „Bund der Germanen“.

Der „Allgemeine deutsche Verein“, 1891 in Berlin gegründet und 1894 in „Alldeutscher Verband“ umbenannt, wurde zum einflussreichsten Organ der völkischen Bewegung. Zu den Mitbegründern zählte der Unternehmer Alfred Hugenberg, der 1933 für die DNVP Minister in Hitlers erstem Kabinett werden sollte. Als Ehrenmitglied wurde unter anderen der ehemalige Reichskanzler Otto von Bismarck benannt. Die Alldeutschen wollten unter dem Schlagwort „Pangermanismus“ einen Deutschen Staat auf allen Gebieten schaffen, die von

Deutschen besiedelt wurden: „Von der Maas bis an die Memel, von der Etsch bis an den Belt." Ebenfalls 1891 gründete Georg von Schönerer in Wien die „Alldeutsche Bewegung", die später in „Alldeutsche Vereinigung" umbenannt wurde.

Am 9. Mai 1894 gründete der Journalist Friedrich Lange in Berlin den Deutschbund. Eine Broschüre aus den frühen zwanziger Jahren beschrieb die völkische Ideologie geradeheraus: „Wir wollen erhalten und weiter entwickeln, was uns germanisch-deutsche Vorfahren in vieltausendjähriger Kulturarbeit geschaffen, was unsere Väter, Brüder und Söhne mit ihrem Blute verteidigt haben." Gegen „rassen- und wesensfremden Kräfte" wolle man „kämpfen", „pflegen" wolle man „die Liebe zur Scholle, zur Familie, zum Vaterlande." Das „deutsche Volkstum" versuche man „zu stärken durch Reinhaltung der Rasse, durch Einfluss auf Jugendpflege, Bildungswesen, Sprache, Schrift und Recht, durch Pflege deutscher Kultur und Gesittung. (...) Der Reinhaltung der Rasse messen wir eine besonders hohe Bedeutung bei. Ungeeignete Blutmischung führt zum Verfall. Unserem Volk muss der germanische Charakter (...) erhalten bleiben."

In Heiratsannoncen konnte sich ein „Süddeutscher, 41 Jahre, gesund, (...eine) gut-rassige Germanin von 30 bis 40 Jahren (...) zu heiraten" wünschen, wie 1910 im „Hammer" zu lesen war. Schon 1896 erschien die völkische Zeitschrift „Heimdall. Zeitschrift für reines Deutschtum und All-Deutschtum". Es war die erste einer ganzen Reihe an Zeitschriften, deren Titel den Namen eines Gottes der nordischen oder germanischen Mythologie führte. In diesem Fall war es ein Sohn aus dem jüngeren Göttergeschlecht der Asen. In München erschien ab 1899 „Odin – Ein Kampfblatt für alldeutsche Bewegung". 1903 kam die Zeitschrift „Iduna", benannt nach der Göttin aus den nordischen Sagenerzählungen und angelehnt an Herders Aufsatz „Iduna oder der Apfel der Verjüngung" hinzu. 1905 gründete Lanz von Liebenfels in Österreich die Zeitschrift „Ostara – Briefbücherei der Blonden und Mannesrechtler". Benannt war sie nach einer angeblichen Frühlingsgöttin, die der angelsächsische Kirchenhistoriker Beda als „Eostrae" bezeichnete und die von Jacob Grimm zu „Ostara" eingedeutscht wurde. Die Zeitschrift Ostara bezeichnete sich von Heft

19/20 an, als „die einzige und erste rassenwissenschaftliche Zeitung, die die Ergebnisse der Rassenkunde tatsächlich in Anwendung bringen will, um die sozialistischen und feministischen Umstürzler zu bekämpfen und die arische Edelrasse durch Reinzucht vor dem Untergang zu bewahren." Die Gesamtauflage der „Ostara"-Hefte (seit 1906) belief sich auf 100.000 Stück. 1909 folgte „Mannus – Zeitschrift für Vorgeschichte", herausgegeben von dem völkischen Archäologen Gustaf Kossinna und benannt nach dem Sohn des mythischen germanischen Urvaters Tuisto. Im Weiteren sprossen noch so einige völkische Zeitungen und Zeitschriften aus dem Boden, deren Germanophilie sich schon im Titel zeigt – um nur noch eine zu nennen: 1912 gab Paul Hartig erstmals „Die Nornen, Monatschrift für deutsche Wiedergeburt und ario-germanische Kultur" heraus.

Außer in Zeitungen und Zeitschriften drangen die völkischen Ideale auch in die Literatur ein. Ein Ausgangspunkt der Entstehung der völkischen Bewegung waren „Land und Leute" des Journalisten, Schriftstellers und Kulturhistorikers Wilhelm Heinrich Riehl. Riehl war selbst jahrelang durch deutsche Lande gewandert und hatte sich in Wirtshausrunden eingesellt. 1851 wurde der erste Teil aus seiner insgesamt vierbändigen „Naturgeschichte des Volkes als Grundlage einer deutschen Socialpolitik", mit dem Titel „Land und Leute" gedruckt.

Für Riehl gedieh in den Städten ein „Proletariat", das nicht in den gesunden Volkskörper eingegliedert werden könne. So schrieb er: „In den letzten Jahren aber ließ es sich nicht mehr übersehen, daß gerade dieses von Regierungswegen künstlich erzeugte Proletariat der künstlichen Städte das gesunkenste und zügelloseste von allen sey."

1876 erschien Felix Dahns Gotenroman „Ein Kampf um Rom". Bis 1918 erlebte das Drama 110 Auflagen. Dahn war Professor für Rechtswissenschaft, studierter Historiker und engagierte sich politisch im Alldeutschen Verband. Er schildert den Kampf der Ostgoten gegen Ostrom in Italien, der unter ihrem König Theoderich verheißungsvoll begann und mit dem tragischen Untergang der Ostgoten 552 n. Chr. endete: „Gebt Raum, ihr Völker, unsrem Schritt. / Wir sind die letzten Goten. / Wir tragen keine Krone mit, / Wir tragen einen Toten." Der

Tote ist ihr Gotenkönig Teja. Dahn bemühte sich zwar, sich an die historischen Fakten zu halten, doch aus dem heutigen Blickwinkel gilt sein Geschichtsbild als verzerrt.

Neben Riehl und Dahn war der „Heidedichter“ Herman Löns mit seinen Jagd-, Tier- und Landschaftsschilderungen ein populärer Ideengeber der völkischen Bewegung. Seine Romane gelten als Vorläufer der „Blut- und Bodendichtung“ im Nationalsozialismus. Löns verherrlicht das Recht des Stärkeren. An seinem Nationalismus und Antisemitismus ließ er keinen Zweifel: „Ich bin Teutone hoch vier. Wir haben genug mit Humanistik, National-Altruismus und Internationalismus uns kaputt gemacht, so sehr, daß ich eine ganz gehörige Portion Chauvinismus sogar für unbedingt nötig halte. Natürlich paßt das den Juden nicht.“

Noch vor dem ersten Weltkrieg, im Jahr 1914, erschien der Roman der völkischen Bewegung schlechthin: „Osning“ von Ernst Wachler. Der Germane brauche Macht, „wenn er seinen Feinden gewachsen sein will,“ weshalb Wachler ein weltweites Bündnis aller Deutschen und Deutschstämmigen forderte. Zuvor hatte er sich an Dramen wie etwa „Walpurgis“, „Widukind“ oder „Mittsommer“ versucht.

Daneben zählen „Wiltfeber der ewige Deutsche – Die Geschichte eines Heimatsuchers“ von Hermann Burte (1912) und die „Urvatersage“ von Friedrich Blunck (1934) zu den auflagenstärksten Romanen völkischer Autoren. Den so genannten „Blut-und-Boden-Kult“ begründete der Germanist Josef Nadler in seiner vierbändigen „Literaturgeschichte der deutschen Stämme und Landschaften“, die von 1911 bis 1927 erschien.

Auch die antiken Schriften fanden erneut Beachtung. Die Germania von Tacitus wurde durch Ludwig Wilser neu übersetzt und 1915 gedruckt. Denn, um einen anderen Akteur der völkischen Szene, Theobald Bieder, zu zititeren: „Bei aller feindseligen Gesinnung der Römer gegen unsere Vorfahren ist doch etwas Positives für uns herausgekommen.“ Denn ohne deren Einmischung „müßten wir auf das schönste Denkmal verzichten, das uns das Altertum über unsere germanische Frühzeit hinterlassen hat, und das ist eben die Germania des Tacitus.“ Laut Wilser war die Germania ein Buch, „das unsere Vergangenheit aufhellt, die Gegenwart erklärt und die Zukunft entschleiert." Aussagen des römischen Autors, die nicht mit der völkischen Ideologie konform gingen, wurden als Irrtum abgelehnt – schließlich schrieb ja auch ein Römer.

Forscher und Fantasten

Zu den Mitgliedern völkischer Vereinigungen zählten auch angesehene Hochschullehrer wie die Archäologen Hans Hahne, Gustaf Kossinna oder der Historiker Adalbert Wahl.

Gustaf Kossinna, der 1902 erster Professor für deutsche Archäologie in Berlin wurde, wollte beweisen, dass die Germanen nicht ein „Volk von faulen Bärenhäutern" waren, sondern „ein durch und durch mannhaftes, leistungsfähiges." „Die deutsche Vorgeschichte – eine hervorragend nationale Wissenschaft" lautet der Titel seines einen Grundlagenwerkes aus dem Jahr 1912, „Die Herkunft der Germanen – Zur Methode der Siedlungsarchäologie" und „Altgermanische Kulturhöhe" die anderen. Kossinna war spätestens 1896 Mitglied im Alldeutschen Verband geworden, publizierte in Organen der völkischen Bewegung, wie dem „deutschen Volkswart" oder der „Deutschen Erde", zählte 1927 zu den 17 Förderern der „Nationalsozialistischen Gesellschaft für deutsche Kultur" und gehörte 1928 zu den Gründern des „Kampfbund für deutsche Kultur".

Zu Recht gilt er als Wegbereiter der nationalsozialistischen Archäologie. Zu seien Studenten zählte Hans Hahne, der 1912 Direktor des Provinzialmuseums in Halle wurde. Mit ihm zusammen hatte er 1909 die „Gesellschaft für Deutsche Vorgeschichte" gegründet.

Kossinna wollte nachweisen, dass „unsere heutige Kulturhöhe eine Schöpfung altgermanischer Rassetüchtigkeit" sei. Dafür schuf er das Konstrukt der siedlungsarchäologischen Methode mit dem Leitsatz: „Scharf umgrenzte archäologische Kulturprovinzen decken sich zu allen Zeiten mit ganz bestimmten Völkern und Völkerstämmen." Mit Hilfe archäologischer Fundstücke sollten sich die Ursprünge der Germanen bis in die Bronze- und Jungsteinzeit verfolgen und Norddeutschland, Dänemark und Skandinavien als Ursprungsgebiete der Germanen ausmachen lassen. Aus ähnlichen Macharten und Verzierungen von Töpfen wurde in seinem Satz eine Einheit aus Ethnie, Kultur und Rasse.

Es gab durchaus Kritik an Kossinas Methode. Kosinnas Schüler Erich Blume kritisierte in seiner Dissertation schon 1912 den Namen Siedlungsarchäologie, weil sie eine „ethnographische Methode" sei. Einzelne, wie Karl Hermann Jacob-Friesen in seiner Studie über die „Grundfragen der Urgeschichtsforschung" oder Albert Kiekebusch in Max Eberts Reallexikon der Vorgeschichte von 1928 bemängelten ebenso den Namen „Siedlungsarchäologie", da sich Kossinnas Methode vor allem auf Grabfunde stütze.

Später gingen Archäologen wie Hans Zeiss, Hans-Jürgen Eggers, Ernst Wahle und Andere auf Distanz. Eine Siedlungsarchäologie ohne Einbeziehung der Siedlungen sei ein Nonsens, monierte etwa der Archäologe Albert Kiekebusch. Doch als ernsthafter Konkurrent des völkischen Forschers Kossinna innerhalb der jungen Vor- und Frühgeschichtlichen Archäologie kann nur Carl Schuchardt, der seit 1908 die Vorgeschichtliche Abteilung des Königlichen Museums für Völkerkunde in Berlin leitete, genannt werden.

Wenngleich die völkische Bewegung mit Archäologen und Anthropologen auch etablierte Akademiker zu ihren Anhänger zählte, blieb das Gros der Wissenschaft auf Distanz zu den Laienforschern. Für sie waren die „unheilvolle Phantasten", „Schwarmgeister" und „Hellseher". Doch die unzähligen Publikationen gaben den Spinnern Platz, auch die absurdesten Theorien zu verbreiten. So konnte etwa der Würzburger Gymnasialprofessor und Sprachforscher Kaspar Stuhl 1911 verkünden, den „Sinn und die Bedeutung des Namens Homer" geklärt zu haben: „Der Name (...) ist deutsch wie nur irgend einer unserer altdeutschen Personennamen." Er beruhe auf „einer älteren Form Someros", was dem Mittelhochdeutschen „Sagemäre" entspräche. Dieses Wort hätte „Poet oder Dichter, Geschichtenerfinder oder Erzähler, Märenkünder oder Fabulist" bedeutet, so Stuhl.

Wie die Städte und Gesänge der Griechen, so sollten nun auch die Anfänge der Geschichtsschreibung ihren Ursprung im Norden, bei

Arier und Germanen haben. Damit entsprach der Leher Stuhl ganz den Erwartungen des Rassenanthropologen Otto Ammon, der in seinem Hauptwerk über „Die natürliche Auslese beim Menschen" jauchzte: „Mit derselben uneigennützigen Hingebung, mit der ein Germane sich furchtlos in die Schlachtenreihen stürzte, unternimmt sein später Nachkomme als Gelehrter die gefährlichsten wissenschaftlichen Untersuchungen, die wie z. B. bei der Hantierung mit Ansteckungs-Bazillen ihn das Leben kosten können."

Der Arzt Ludwig Woltmann wollte gleich die ganze europäische Geschichte germanisieren. 1905 erschien sein Buch „Die Germanen und die Renaissance in Italien". Goten, Langobarden, Franken und Normannen wären nach dem Untergang des Römischen Reiches „die Erzeuger der neuen Kultur Italiens gewesen". Anhand von Merkmalen wie Haut-, Haar- und Augenfarbe sowie Statur, meinte er von 150 untersuchten italienischen Genies etwa 130 ganz oder vorwiegend der germanischen Rasse zuschreiben zu können. Nicht nur Galileo Galilei und Christopher Kolumbus, nein, auch Leonardo da Vinci wären germanischer Abstammung: „Hohe und kräftige Gestalt, langer schmaler Schädel, ebensolches Gesicht mit bedeutender leicht gebogener Nase, heller Teint, große blaue Augen, blondes und lockiges Haupt- und Barthaar. Wenn irgend einer unter den großen Italienern, dann war Leonardo ein unvermischter Sproß germanischer Rasse." Nach demselben Schema germanisierte Woltmann 1907 die Geschichte und Kultur Frankreichs.

Ihm zu Folge hatten „die Franken, Normannen und Burgunden in Frankreich, die Westgoten in Spanien, die Ostgoten, Langobarden und Bajuvaren in Italien (...) die anthropologischen Keime zu der mittelalterlichen und neueren Kultur dieser Staaten gelegt." Woltmann war überzeugt, daß die „nordische Rasse (...) dazu berufen" sei, „die Erde mit ihrer Herrschaft zu umspannen, die Schätze der Natur und der Arbeitskräfte auszubeuten und die passiven Rassen als dienende Glieder ihrer Kulturentwicklung einzufügen."

Ex-septentrione-lux

Die „Ex-septentrione-lux-Theorie“ (Aus dem Norden das Licht) wurde der völkischen Bewegung zum Dogma. Hakenkreuz, Runen, Bronzelegierung entstammten angeblich „dem gemeinsamen Ursitz arischer Kultur“, der in Skandinavien liege, wie der Heidelberger Arzt Ludwig Wilser in seinen zahlreichen Schriften postulierte. Südschweden sei die „Werkstatt der Völker“, knüpfte Wilser an den spätantiken Geschichtsschreiber Jordanes und dessen Gotengeschichte an. Von dort wären die arischen Völker in die Welt hinaus gewandert, zuletzt die Germanen. Deshalb habe die nordische Umwelt sie am längsten prägen und reinhalten können. Damit waren sie dem arischen Urvolk am ähnlichsten und die Deutschen hätten das Recht, „die Weltherrschaft germanischen Wesens ins Werk zu setzen“, wie 1906 Harald Grävell, der Autor der eingangs zitierten „Zehn Gebote der Germanen“ schrieb.

1913 bezeugte Wilser in seinem Hauptwerk „Die Germanen“ den Wandel, den die These vom Ursprung der Indoeuropäer bzw. Arier inzwischen erfahren hatte: „Wenn man sich vergegenwärtigt, daß vor einem Menschenalter, als ich zuerst mit der Lehre von der nordischen Wurzel des indogermanischen Sprachstamms vor die Öffentlichkeit trat, die Ansicht von einer asiatischen Urheimat die öffentliche Meinung noch vollkommen beherrschte, (...), wird man zugeben müssen, daß meine Bestrebungen ... zum mindesten nicht von der Wahrheit abgeführt haben,“ schrieb Wilser und widersprach „...Anschuldigungen, ich habe mich durch schwärmerische Vaterlandsliebe zu einer übertriebenen Wertschätzung des germanischen Volksstammes verleiten lassen.“

Ebenso propagierte der völkische Ideologe Theobald Bieder, dass „der Norden Europas (...) eine Quelle der Kultur für den ganzen Erdteil geworden (ist), und (dass) die Heimat dieser ältesten, geschlossenen Kultur (...) zusammen(fällt) mit der Heimat der weißen arischen Rasse, aus der die Germanen als Kernvolk hervorgegangen sind.“ Die Idee einer nordischen Abstammung war für die völkische Ideologie so essentiell geworden, dass Karl Felix Wolff 1918 schrieb: „Mit der Lehre vom nordeuropäischen Ursprung der Indogermanen steht und fällt unsere ganze artbewußte Weltanschauung."

Erziehung zur Esoterik

In den Händen Wilhelm Schwaners vereinigten sich Pseudowissenschaft, Volkserziehung und Esoterik. Schwaner hatte 1897 die Zeitschrift „Der Volkserzieher. Blatt für Familie, Schule und öffentliches Leben" gegründet. Zusammen mit anderen schuf er 1902 die Freie Hochschule in Berlin-Friedrichshagen zur Erwachsenenbildung. 1904 stellte er Texte deutscher Philosophen, Staatsmänner und Dichter zusammen und nannte das Kompendium „Germanenbibel". Nach drei Monaten war die gesamte erste Auflage (2100 Stück) vergriffen. Bis 1941 erlebte sie insgesamt sieben Auflagen. Das Inhaltsverzeichnis listet die wichtigsten Impulsgeber der völkischen Bewegung – unter anderen finden sich Paracelsus, Leibniz, Kant, Fichte, Hegel, Schopenhauer, Humboldt, Wagner, Nietzsche, Hutten, Jahn, Arndt, Möser und Grimm. Im Vorwort zur zweiten Auflage schrieb er: „‚Allen fehlt immer noch ein volkstümliches Bekenntnissbuch!' Dieses Wort hat vor genau hundert Jahren der Turnvater Jahn geschrieben und damit die Idee der Germanenbibel geprägt." Schwaner stellte seiner Germanenbibel das „Runen-ABC" aus 24 Zeichen und „Die deutschen Monatsnamen: Hartung, Hornung, Lenzmond, Ostermond" usw. voran.

Zwar war die Mehrzahl der Anhänger der völkischen Bewegung fest im etablierten Bildungsbürgertum verankert. Doch galt sie auch als „Tummelplatz von Sonderlingen", von „Männern mit wallenden Bärten, die aus Hörnern Met trinken wollten, (und von) Frauen, die sich in Walkürenrollen gefielen", wie mitunter auch in den eigenen Reihen beklagt wurde. Man kreirte Jahreslauf- und Lebensfeste und erfand allerlei angeblich germanisches Brauchtum. Alles Römische und Südliche wurde abgelehnt oder als germanisch umgedeutet. Statt lateinischer Antiqua sollte die Stilisierung der Schrift zur Fraktur das „Erbgut deutscher Art" repräsentieren. So setze sich die Wiener Vereinigung „Iduna" für arteigene Vor- und Monatsnamen, die Frakturschrift und ausgeprägten Sprachpurismus ein. Die Runenschrift der Germanen vermochte zwar nicht die Gebrauchsschrift zu ersetzten, gab aber einen reichen Fundus an Symbolen. Seit 1907 zeigte Schwaners Zeitschrift „Der Volkserzieher" ein Hakenkreuz im Titel. Das Hakenkreuz so Theobald Bieder, „ist ein ursprüngliches Eigentum der sich von Nordeuropa ausbreitenden germano-indischen Völkerfamilie. Als Nachfahren der Germanen haben die Deutschen ein unbestrittenes Recht auf das Hakenkreuz. Wo das Hakenkreuz bei anderen (nicht arischen) Völkern zu finden ist, hat eine Kultur-Übertragung von Ariern auf Nicht-Arier stattgefunden."

Nach 1900 brachte die Bewegung ein weites Spektrum an Orden und Gesellschaften hervor. Der Maler und Dichter Ludwig Fahrenkrog schuf 1912 die „Germanisch-Deutsche Religionsgemeinschaft", die sich ab 1913 „Germanische Glaubensgemeinschaft" nannte. Zusammen mit Wilhelm Schwaner weihte er anlässlich der Gründung der Religionsgemeinschaft zu Pfingsten 1912 auf dem Hermannsberg bei Rattlar den noch heute erhaltenen „Hermannstein" ein: Ein großer quadratischer Feueraltar mit Sonnenrad und hölzernem Runentor.

Otto Sigfrid Reuter schuf die „Deutschgläubige Gemeinschaft" und verfasste eine „Germanische Himmelskunde". Den Nullpunkt der Zeitrechnung in völkischen Kalendern datierte er auf das Jahr der Varusschlacht (9 n. Chr.) oder die Schlacht von Noreia im Jahr 113 v. Chr., in denen Kimbern und Teutonen den Römern erstmals eine empfindliche Niederlage beibrachten, andere gar auf die Gründung von Stonehenge.

Otto Ammon, Adolf Joseph Lanz und Guido von List begründeten die so genannte „Ariosophie" – eine okkulte Lehre, die zur Weltherrschaft der Arier führen sollte. Der Ingenieur Ammon hatte den Begriff „Arierdämmerung" erdacht und behauptet, der blonde, blauäugige Arier mit hohem Wuchs und länglichem Schädel stände am Beginn aller Kultur und sei von Rassenmischung bedroht. Lanz begründete im Jahr 1900 den ariosophischen Tempelorden „Ordo Novi Templi". Dessen etwa 300 bis 400 Mitglieder schlossen reinrassige Ehen. In Ihrer Zeitschrift Ostara fanden sich Aufsätze mit Titeln wie „Die Kunst schön zu lieben und glücklich zu heiraten, ein rassenhygienisches

Brevier für Liebesleute". Mit der Behauptung der „Entrassung" von Frauen durch einmaligen Koitus mit Juden gilt Lanz als ein wichtiger Inspirator Hitlers. Der bediente sich für „Mein Kampf" an Passagen von Lanz.

Guido von List meinte hinter den Runenfolgen der alten Germanen verborgene Botschaften in Form einer Geheimschrift, der Kala, entdeckt zu haben. Wie wenig sich Ariosophen um Fakten kümmerten, mag die Aussage von Lists veranschaulichen, er hätte seine Erkenntnis um das Geheimnis der Runen im Traum erfahren. 1911 gründeten er und seine Anhänger bei einer Sonnwendfeier den „Hohen Armanen-Orden."

List erfand mit dem so genannten Armanen-Futhark ein eigenes Runenalphabet aus achtzehn Zeichen, das sich an das jüngere Futhark, dem Schriftzeichensatz, der ab 700 n. Chr. verwendet wurde, anlehnte. Angeblich war er in die Geheimnisse der „Armanen" eingeweiht. Die seien eine Priesterschaft des blonden und blauäugigen Urvolks der „Ariogermanen" gewesen, welche, so List, schon seit Urzeiten die Runen besessen hätten. Die kleine „Guido-von-List-Gesellschaft" blieb noch lange nach 1945 bestehen. Mit dem Armanen-Futhark orakelten Runenesoteriker noch bis in die siebziger Jahre – obwohl es eine reine Erfindung war, so, wie fast alle Kulte, Symbole und Theorien der völkischen Bewegung.

IRRTUM 18:

Die Externsteine sind germanisch

1,5 Kilometer von der Stadt Horn durchbricht im heutigen Kreis Lippe das Bächlein Wiembecke den mittleren Kamm des Teutoburger Waldes. Südöstlich von ihr erhebt sich der Knickenhagen, nordwestlich der Bärenstein. Dazwischen findet sich ein Felsgebilde, das an die Säulen einer abgerissenen, einstmals das Tal überspannenden Brücke erinnert: die Externsteine. Im Wald, Richtung Knickenhagen, sind die Felsen noch klein. Über mehrere hundert Meter ziehen sie sich am Hang entlang. 47,7 m überragt die Spitze des vorletzten Turmfelsen den Teich der aufgestauten Wiembecke am Grund.

Die Natur schuf dieses Gebilde. In der Unterkreide vor 130–100 Millionen Jahren war hier das große Kreidemeer. Pflanzen, Tiere und Sand lagerten sich im Flachwasser ab und verdichteten sich allmählich zum Teutoburgerwald-Sandstein. Tektonische Bewegungen am Ende der Kreidezeit vor etwa 70 Millionen Jahren hoben den alten Meeresboden an und stellten ihn beinahe senkrecht auf. Bei Horn wusch danach die Wiembecke ihr Tal aus. Wind, Regen und die Gletscher der Saale-Eiszeit vor rund 200.000 Jahren schliffen die Felsen schließlich in ihre bizarre Form.

Irgendwann legte der Mensch Hand an das natürliche Gebilde. Am Fuße des so genannten Felsen 1 höhlte jemand einen Gesteinsbrocken mit einer halbbogenförmigen Nische aus. Es ist das „Felsengrab“, das innen eine Vertiefung mit den Maßen eines menschlichen Körpers aufweist. Auf der Nordseite schlug er ein Doppelbild in den Stein. Es ist 5 Meter breit und 5,5 m hoch. Der größere, obere Teil stellt die Abnahme Christi vom Kreuz dar, wie sie bei Johannes, Markus und Lukas beschrieben wird. Im unteren, verwitterten Teil windet sich ein Drache um ein kniendes Menschenpaar. Möglicherweise sind es Adam und Eva, umschlungen vom Bösen, symbolisiert durch den Drachen.

Mit Hammer und Meißel grub man drei miteinander verbundene Grotten ins Gestein. Einige Stufen führen in die Petrusnische links vom Kreuzabnahmerelief. Ihren Namen hat sie wegen der aus dem Fels gehauenen Petrusfigur. Dahinter liegt die „Petrusgrotte". Durch einen schmalen Schacht fällt wenig Licht in ihr Inneres.

Die größte, etwa zehn mal drei Meter messende Höhle besitzt rechts vom Doppelbild zwei Öffnungen zur Außenwand: die „Adlertür" und das „Portal". In ihr findet sich eine Weiheinschrift des Paderborner Bischofs Heinrich II aus dem Jahre 1115. Im hinteren Teil der Hauptgrotte schließt die Petrusgrotte an, zur Rechten zweigt die Nebengrotte mit Schrank, Nische und Fenster ab.

Außen sind Treppen in den Felsen geschlagen, über die ein Zwischen- und die zwei Gipfelplateaus bestiegen werden können. Der so genannte „Turmfelsen" ist über eine Brücke von Felsen 3 zu erreichen. Eine eingemeißelte Jahreszahl verrät, dass der Aufgang 1813 angelegt wurde. Weiter oben frühstückte einst der Graf von Bentheim, wie eine Inschrift bekundet. Die Brücke aus dem Jahr 1811 führt in die Höhenkammer auf dem Turmfelsen. Die Decke des Raumes fehlt heute. Zur Ostseite befindet sich eine überdachte, mannshohe Nische mit einem etwa 30 cm durchmessenden Loch in der Wand. Durch diese Rundung fallen zur Sommersonnenwende am 21. Juni die ersten Sonnenstrahlen, weshalb manche in der Höhenkammer ein urzeitliches Sonnenobservatorium sehen.

Obwohl der christliche Ursprung unübersehbar ist, halten sich bis heute die verschiedensten Spekulationen über eine weit frühere Veränderung des Felsensembles. Mal sind die Steine als Kultstätten von Steinzeitlern, Kelten und Germanen oder als Standort der Irminsul, einem Weltenbaum des Stammes der Sachsen, gedeutet worden. Vor allem völkisch-nationalistische Kreise propagierten seit den 1920er

Jahren die These von einem germanischen Heiligtum, dass von Karl dem Großen zerstört worden sein soll. Doch Rundlöcher mit Bezug zur Sommersonnenwende, wie in der Höhenkammer der Externsteine sind von vielen romanischen Kirchen bekannt. Wissenschaftliche Hinweise auf vorchristliche Machenschaften an den Felsen gibt es nicht.

Einsiedelei, Festung, Erholungsgebiet

Namentliche Erwähnungen in Urkunden wie „reclusorium Egesterenstein“ weisen darauf hin, dass um 1100 an den Externsteinen besonders strenge Einsiedler ein Eremitenleben führten. Einer Urkunde des 12. Jahrhunderts zufolge hatte das Benediktinerkloster Abdinghof in Paderborn im Jahr 1093 die Felsen, Wälder und das Dorf „Unter-Holzhausen“ erworben. Bald darauf unterhielt das Kloster Werden an der Ruhr hier eine Raststätte für die Reisen ihres Abtes nach Helmstedt. Urkunden aus den Jahren 1366–1469 erwähnen außer einer Einsiedelei auch eine Kapelle (vermutlich zwischen Felsen 1 und 2 gelegen) und erstmals die Grotten und die Höhenkammer.

Im Jahre 1564 brachte der als Reformator Westfalens bekannt gewordene Theologe und Pfarrer Hermann Hamelmann erstmals Näheres zur Geschichte des bemerkenswerten Ortes zu Papier. Er schrieb, gelesen zu haben, dass Karl der Große an dieser Stelle ein vorchristliches Heiligtum zerstört und einen Altar mit den Bildern der Apostel errichtet hätte. Die Notiz des Pfarrers zeigt, wie sehr das Wissen über die Geschichte der Externsteine zu dieser Zeit schon in Vergessenheit geraten war.

Erst 1595 wurden die Felsen kartographiert. Um 1660 ließ Graf Hermann Adolph zur Lippe vor den Felsen eine Festung mit zwei runden Bastionen und einem Treppenturm an Felsen 1 bauen. Diese Mauern zerfielen schon bald nach seinem Tod wieder.

Ab der Mitte des 18. Jahrhunderts wurde vermehrt über das Alter der Felsarbeiten spekuliert. Manche vermuteten, der Graf Bernard V zur Lippe hätte die Grotten aus dem Stein schlagen lassen. Andere meinten, die germanische Seherin Veleda solle hier gehaust haben, von der Tacitus berichtet hatte, sie bewohne einen Turm an der Lippe. Auch kam nun die Ansicht auf, die Irminsul habe hier ihren Standort gehabt, bis Karl der Große sie im Jahre 772 zerstören ließ.

Zur besseren touristischen Erschließung führte seit 1813 eine Straße zwischen Felsen 3 und 4 hindurch – der heutige Wanderweg. Den alten Fernhandelsweg, der ursprünglich zwischen dem westlichsten Felsen 1 und der Wiembecke lag, gab man auf. Die Wiembecke staute man 1836 zu einem Teich auf. Doch wann, warum und von wem Grotten, Felsengrab und Höhenkammer einst in den Stein geschlagen wurden, war vergessen.

Nachdem das deutsche Nationalbewusstsein in den Befreiungskriegen Anfang des 19. Jahrhundert erwacht war, ging man auch der Geschichte der Externsteine und einer möglichen vorchristlichen Nutzung auf den Grund. Im Jahr 1823 erklärte der umstrittene Archäologe Wilhelm Dorow das Felsgebilde hätte eine germanische Vorgeschichte. Die Höhenkammer wäre eine Stätte zur Beobachtung der Gestirne, so Dorow. Als zentrales Argument für seine These führte er eine Anweisung von Papst Gregor I. aus dem Jahre 601 an, wonach christliche Stätten vorzugsweise an zuvor heidnischen Kultplätzen zu errichten seien.

Der These vom germanischen Kultplatz widersprach ein Jahr darauf der lippische Archivrat Christian Gottlieb Clostermeier. Er meinte stattdessen, Paderborner Benediktiner hätten die Anlage 1115 geschaffen. Ebenso lehnte 1851 der Leiter des Westfälischen Geschichtsvereins, Engelbert Giefers, die These einer vorchristlichen, germanenzeitlichen Veränderung des Felsensembles ab.

In den 1880er Jahren fanden unter schlichten Bedingungen erste Ausgrabungen an den Externsteinen statt. 1881 versuchte der Horner Kaufmann und zeitweilige Bürgermeister Gottlieb August Schierenberg hier archäologische Hinweise auf den Ort der Varusschlacht und ein germanisches Heiligtum zu finden. Für die Untersuchungen investierte er einen Großteil seines Vermögens. Gegenüber der Presse verlautbarte Schierenberg, sich wie ein zweiter Heinrich Schliemann zu fühlen. Hinweise auf eine prähistorische Nutzung fand er jedoch nicht. Stattdessen machte sich 1888 der Direktor des Paderborner Altertumsvereins, Konrad Mertens, bei den Externsteinen auf die Suche nach einem Wallfahrtsort, der eine Replik der heiligen Stätten Jerusalems darstellen sollte.

Noch blieben die Externsteine für die Suche nach der germanischen Urheimat von untergeordneter Bedeutung. Das Naturdenkmal geriet in den Schatten des Hermannsdenkmals bei Detmold, für das bereits 1838 der Grundstein gelegt und das 1875 eingeweiht wurde.

Die Externsteine blieben ein beliebtes Ausflugziel. Von 1912 bis 1940 lud die Überlandstraßenbahn von Paderborn nach Detmold Touristen an den Felsen aus. 1922/23 drehte man dort den Stummfilm „Herrmannsland." „Germanische" Sonnenwendfeiern wurden von völkisch-nationalistischen Gruppierungen in den 1920er Jahren durchaus gefeiert – aber nicht an den Externsteinen.

„Phantasten" und „Schwarmgeister"

Gab es eine vorgeschichtliche, germanische Nutzung der Steine? Was zunächst als Frage und umstrittene Idee durch den Raum schwirrte, verbreitete vor allem der ehemalige Pfarrer Wilhelm Teudt in den 1920er und 30er Jahren als vermeintliche Gewissheit. Auch er behauptete, dass die Steine ein germanisches Heiligtum mit astronomischer Funktion gewesen sein sollen, das Karl der Große zerstört hätte.

Teudt kam 1860 als Sohn eines Pfarrers zur Welt. Nachdem er im Lippischen zwanzig Jahre wie sein Vater als Pfarrer wirkte, wurde er 1908 Geschäftsführer des „Keplerbundes zur Förderung der Naturerkenntnis", eine Vereinigung christlicher Wissenschaftler gegen die Verbreitung der Evolutionstheorie. 1917 offenbarte er seine deutschnationale und antidemokratisch-autoritäre Gesinnung in dem Buch „Die deutsche Sachlichkeit und der Weltkrieg".

In den 1920ern begann Teudts zweifelhafte Karriere als völkischer Laienforscher. Teudt verfasste „germanenkundliche" Schriften. Nachdem deren Veröffentlichung mehrfach abgelehnt worden war, gab ihm Gustaf Kossinna die Möglichkeit dazu in der Zeitschrift Mannus.

Teudt nannte seinen Aufsatz „Altgermanischen Gestirndienst. Das Zerstörungswerk an den Externsteinen". Bei der Nische auf dem Turmfelsen handele es sich „um eine altgermanische Kultstätte, und zwar um ein bedeutendes Sonnenheiligtum", schrieb Teudt. Es spreche „eine deutliche Sprache von der Höhe der Kultur unserer Vorfahren in grauer Vorzeit." An die Landesregierung berichtete er, er hätte das „germanische Stonehenge" gefunden.

Die Fachwelt – Archäologen wie Astronomen – waren sich damals in der Ablehnung seiner Theorien und wohl auch des Auftretens des ehemaligen Pfarrers einig. Als „unheilvollen Phantast", oder „Hellseher" bezeichneten sie ihn und seine „Schwarmgeister". 1927 druckte die „Prähistorische Zeitung" folgende Notiz: „Zu warnen ist vor den Behauptungen des Herrn Teudt, Direktor des Keplerbundes in Detmold." Obwohl Kossinna Teudt die Möglichkeit zur Publikation gegeben hatte, sah dieser sich genötigt, noch 1927 die Unhaltbarkeit von Teudts Theorien in derselben Zeitschrift klarzustellen. Kossinna hoffte, die Sache „ein für allemal mit Stumpf und Stil ausgerodet" zu haben, wie er in einem Brief schrieb. Damit hatte sich zu diesem Zeitpunkt die Mär vom germanischen Heiligtum eigentlich erledigt. Dennoch sollte sich Teudt in den kommenden Jahren mit seinen Vorstellungen durchsetzen. Der ehemalige Pfarrer meldete im Lippischen ein germanisches Heiligtum nach dem anderen. 1928 wurde er Mitglied im „Deutschbund". Als Tochtergesellschaft gründeten Teudt und weitere Mitglieder 1928 die „Vereinigung der Freunde der germanischen Vorgeschichte". Diese erstellte Lichtbildvorträge mit Titeln wie „Germanische Heiligtümer" und lud Referenten zu Vorträgen.

1929 stellte Teudt seine Ansichten in dem Buch „Germanische Heiligtümer. Beiträge zur Aufdeckung der Vorgeschichte, ausgehend von den Externsteinen, den Lippe-Quellen und der Teutoburg" noch einmal umfassend dar. Nun meinte er auch, die Externsteine seien der Standort der Irminsul gewesen, den Karl der Große im Jahr 772 n. Chr. hätte zerstören lassen.

Noch immer lehnte die Fachwelt seine Thesen ab. Im Rundfunk warnten die Prähistoriker von Richthofen und Hansen am 4. April 1932 vor den Büchern der völkischen Agitatoren Teudt und Herman

Wirth und empfahlen den Hörern stattdessen ein Werk des etablierten Archäologen Carl Schuchhardt.

Ein dunkles Kapitel der Archäologie

„In den gewaltigen Eichenwäldern, den geheimnisvollen Schluchten und dem dunklen Tann des Teutoburger Waldes raunt die deutsche Urgeschichte", schrieb 1933 der Schriftsteller Siegfried Bergengruen. Was der Wald hier bei den Externsteinen raunt, ist auch ein dunkles Kapitel Wissenschaftsgeschichte.

Lippe wurde „Pflegstätte für Germanenkunde", wie eine Forschungsstätte der SS-Forschungsorganisation Ahnenerbe in Detmold genannt wurde. Der „Reichsführer-SS" Heinrich Himmler erklärte Detmold und Umland zur „weltanschaulichen Interessensphäre". Zeitweise gab es Überlegungen, das Ahnenerbe ganz nach Lippe zu verlegen. In Oerlinghausen ließ das Amt Rosenberg, das Amt „des Beauftragten des Führers für die Überwachung der gesamten geistigen und weltanschaulichen Schulung und Erziehung der NSDAP", 1936 mit dem Reichsbund für deutsche Vorgeschichte Hausgrundrisse zu angeblich germanischen Häusern rekonstruieren.

Auch Teudt wollte von der Machtergreifung profitieren. 1933 oder 1935 trat er der NSDAP bei. Himmler griff einen Vorschlag Teudts auf, das Gebiet südwestlich von Detmold, einschließlich der Externsteine, in einen „heiligen Erinnerungshain" umzugestalten. In Detmold gründete sich dazu am 1. April 1934 unter maßgeblichem Einfluss von Teudt die „Externsteine-Stiftung". Ehrenvorsitzender war Gauleiter Alfred Meyer, Vorstandsvorsitzender wurde Oberregierungsrat Heinrich Oppermann. Als Beiräte waren Teudt und der Landeskonservator berufen worden. Ebenfalls in den Vorstand der Stiftung berufen wurde der begeisterte Himmler.

Indizien, geschweige denn Beweise, für Teudts Theorien eines germanischen Heiligtums an den Externsteinen fehlten aber nach wie vor. Sie hatten sich auch nicht gefunden, als im April 1932 August Stieren fünf archäologische Suchschnitte vor den Felsen 1 bis 3 anlegte. Der Leiter der Abteilung Vor- und Frühgeschichte des Landesmuseums für Kunst und Kulturgeschichte in Münster, wollte „Veränderungen in historischer und neuerer Zeit" feststellen. Die Ausgrabungen blieben bis in die 1990er Jahre fast vollständig unpubliziert. Stieren entdeckte Bauschutt, wenige Grabstätten und Scherben. Die meisten Funde datierte er in das 13. bis 17. Jahrhundert, lediglich zwei Scherben könnten in die Zeit Karl des Großen um 800 oder zwischen 950 und 1000 datiert werden, so Stieren, ohne sich festzulegen.

Eine Ausgrabung des Sargfelsen wenige Monate später brachte keine archäologischen Funde und Befunde. Entsprechend äußerten sich noch 1934 Archäologen wie Carl Schuchhardt oder Karl-Hermann Jacob-Friesen und der Paderborner Kunsthistoriker Alois Fuchs kritisch bezüglich einer germanischen Interpretation. Für die Umgestaltung wurden 1934 und 1935 Ausgrabungen an den Felsen durchgeführt. Mit einer Feierstunde am 1. Mai, dem Tag der Arbeit, begannen die archäologischen Untersuchungen vor dem Hauptfelsen. Teudt konnte Julius Andree, Geologe und Privatdozent für Urgeschichte an der Universität Münster, als Grabungsleiter durchsetzen.

Andree war schon nach wenigen Wochen fündig geworden. In einem Bericht im Juli 1934 schrieb er, in der untersten von drei Kulturschichten auf „einige wenige Funde der späten vorgeschichtlichen Eisenzeit, die bis in die Zeit um Christi Geburt zurückreichen" gestoßen zu sein. Ebenfalls im Frühjahr 1934 meinte der Grabungsmitarbeiter Franz Breitholz eine kreisrunde Eintiefung auf dem Turmfelsen mit einem Durchmesser von 27 cm und einer Tiefe von 26 cm sei das Standloch der Irminsul. Hinzu kamen Einmeißelungen, die dazu gedient haben sollen, Keile einzutreiben, um den Felskopf zu zersprengen.

Die Fachwissenschaftler hatten die Grabung und die Veröffentlichungen in Presse und Fachorganen 1934 kaum verfolgt. Stattdessen beobachtete der Detmolder Lehrer Emil Altfeld das Geschehen aufmerksam. Altfeld fasste seine Kritik schriftlich zusammen und sandte diese an Gelehrte der verschiedenen Lager. An den Prähistoriker Kurt Tackenberg schrieb er, dass bei den Externsteinen „Dinge geschehen, die einer Gefährdung des Ansehens der vorgeschichtlichen Wissenschaft gleichkommen." Altfeld erreichte schließlich eine Kontrolle der Ausgrabungsergebnisse durch den Geologen Fritz Wiegers.

Wiegers, der als altes SA- und Parteimitglied als politisch „einwandfrei" galt, überprüfte vom 27.–29. März 1935 das fragliche Bodenprofil vor Ort. Gegenüber dem lippischen Landeskonservator Vollpracht erläuterte er, dass Andree „so gut wie nichts germanisches bewiesen hätte."

Zu diesem Zeitpunkt jedoch hatte sich Himmler verstärkt in das Geschehen an den Externsteinen eingemischt. Noch 1934 versprach Himmler der Landesregierung weitere Gelder zur Verfügung zu stellen. Im September 1934 besichtigte er die Externsteine für mehrere Tage, schritt zwei Ehrenkompanien der SS ab und ließ sich von Andree, Breitholz und einem Teudt-Mitarbeiter Bericht erstatten.

Teudt hatte Anfang des Jahres 1935 Himmler dazu gebracht, dass der Geologe Wiegers seine Ergebnisse der Externsteine-Stiftung vorlegen und für öffentliche Äußerungen eine Genehmigung einholen musste. Altfeld wurde am 3. April durch den Landesschulrat, ein Teudt-Anhänger, verboten sich zu den Externsteinen zu äußern. Andrees Mitarbeiter Breitholz soll Altfeld gedroht haben: „Der Herr Reichsführer hätte erklärt: Wer jetzt noch dagegen meckert, wird erschossen."

Im April 1935 sollte eine Konferenz in Detmold Klarheit bringen. An der Besprechung nahmen neben etlichen Fachwissenschaftlern noch Politiker und SS-Funktionäre teil. Die Wissenschaftler wanden sich mit fadenscheinigen Argumenten um eine genaue Datierung. Man würde sich in dem Gebiet nicht auskennen, lautete eine Aussage. Wiegers vermerkte in seinen Aufzeichnungen: „Wenn ich gesagt hätte, was ... zu sagen gewesen wäre, wäre ich mutmasslich am Abend vom Amte suspendiert gewesen oder es wäre ... noch schlimmeres passiert." Resigniert schrieb er: „Die Externsteine sind bis auf weiteres Germanisch!"

Nur einer der Teilnehmer wagte es, Kritik zu äußern. Der bisherige Teudt-Vertraute und Leiter des Lippisches Landesmuseums in Detmold Oskar Suffert, hatte erkannt, dass Julius Andree die Schichten falsch bezeichnet hatte. Zwar beauftragte der Staatsminister Suffert die Schichtfolge im Boden zu prüfen. Nach Drohungen der SS brach er seine Untersuchungen jedoch ab.

Teudt lancierte – trotz der von Himmler angeordneten Zensur – einen Artikel zur Konferenz in der National-Zeitung. Dort behauptete er, dass „die vorgelegten wichtigsten Scherbenfunde … von den anwesenden Museumsdirektoren und sonstigen Sachverständigen einstimmig als zum größten Teil vorgeschichtlich, d. h. den Jahrhunderten vor der Christianisierung zugehörig, anerkannt worden", waren.

Die Ausgrabungen wurden 1935 fortgesetzt. Auch diesmal entdeckte der Geologe Andree Befunde, die angeblich aus vorchristlicher, germanischer Zeit stammen sollten. Nun aber sollten hier „zur Erinnerung an hervorragende Tote des Gaues am Heiligtum der Externsteine Totenfeuer abgebrannt" worden sein, deren Überreste in einem Schacht deponiert wurden. Die abermalige Anpassung der Grabungsbefunde an diverse NS-Propaganda-Inszenierungen war unübersehbar. Die angebliche Zerstörung durch Karl den Großen dagegen wurde von Andree nicht weiter verfolgt. Auch diese Interpretationsverschiebung erfolgte durch Andree ohne äußeres Einwirken, wohl aber aus Opportunismus, denn Hitler hatte auf dem Reichsparteitag im September 1935 ein positives Bild von Karl dem Großen gezeichnet.

1936 publizierte Andree ein Heftchen über die Ausgrabungen unter dem unmissverständlichen Titel: „Die Externsteine. Eine germanische Kultstätte." Nun hatten alle, die daran glauben wollten, eine „wissenschaftliche" Legitimation, das Naturdenkmal in den Stand eines Nationalheiligtums zu verwandeln. Von Sommer 1935 bis 1939 zelebrierten an den Externsteinen Arbeitsdienst, SS-Schulen, Hitlerjugend, Bund deutscher Mädel und Jungvolk regelmäßig Sommer- und Wintersonnenwendfeiern.

„der typische Fall eines Völkischen"

Sicher wird auch so mancher Germane vor dem bizarren Steingebilde im Weserbergland gestanden haben und vor allem erstaunt gewesen sein. Wie konnte so etwas entstehen? Vielleicht glaubte er daran, dass die Götter dieses bizarre Gebilde schufen. Sicher gab es Legenden und Sagen, die sich Germanen erzählten, wenn sie mit ihren Söhnen und Töchtern diesen Ort aufsuchten. Doch dass sie den Felsen formten und veränderten, an ihm kultische und mystische Feiern begingen, ist wissenschaftlich nicht zu belegen.

Bis heute fehlt jeglicher Hinweis auf eine vorchristliche Veränderung der Steine. Uta Halle, die heutige Bremische Landesarchäologin, fand in ihrer Neuuntersuchung (2002) der Scherben aus den Grabungen Stierens und Andrees kein Stück aus der Zeit vor dem späten 10. Jahrhundert. Sicher ist, dass Menschen in der Altsteinzeit und der Mittelsteinzeit, also um 10.000 bis 4.000 v. Chr., den Ort gelegentlich aufsuchten. Darauf weisen vor allem bestimmte Feuersteingeräte. Die allerdings belegen nur, dass Menschen damals häufiger bei der Steingruppe verweilten. Vielleicht, weil sie Ausblick und Schutz im weiten Gelände bot.

„Für die heutige aber auch schon für die damalige Zeit lässt sich festhalten, dass die Grabungsdokumentation weder vom Umfang her, noch in inhaltlicher Hinsicht den Ansprüchen der Wissenschaft genügte", schrieb Uta Halle. Die Anlage der Grabungsschnitte war unsystematisch, es gab keine festverankerten Messpunkte, Keramikfunde wurden nicht exakt eingemessen, nur ein geringer Teil der Befunde wurde überhaupt zeichnerisch und photographisch dokumentiert und die Angaben zum Ausgrabungsbefund in den Fotos, Zeichnungen und Veröffentlichungen widersprachen sich.

1990 schien es für einige Jahre möglich, dass die Grotten doch wesentlich älter sind. Mit der damals noch recht jungen Methode der Thermolumineszenz-Datierung waren Brandspuren auf etwa 500 Jahre vor Christi Geburt datiert worden. Doch die Methode war in den 1990er Jahren nicht ausgereift. Selbst die Wissenschaftler mahnten vor voreiligen Folgerungen. 2004 rückte deshalb ein Forscherteam um Clemens Woda von der Heidelberger Akademie der Wissenschaften dem Felsen mit der wesentlich verfeinerten und genaueren ortsaufgelösten Optisch-Stimulierten-Lumineszenz-Datierung auf die Pelle. Dem Felsen wurden mehrere knapp 2 cm durchmessende Bohrproben entnommen.

Überraschend alt war die Erhitzung der Decke der Kuppelgrotte: Eine Brandspur stammte aus ottonischer Zeit (10. Jahrhundert), eine zweite entstand frühestens 735 n. Chr., sie könnte aber weit jünger sein. Vielleicht brannten die Feuer, als die Höhenkammer geschaffen wurde. Die übrigen Proben aus den unteren Grotten aber ergaben deutlich spätere Daten: um 1325 und 1425 n. Chr. brannten diese Feuer.

Im Wesentlichen deuten alle wissenschaftlichen Erkenntnisse auf das, was schon Christian Gottlieb Clostermeier 1824 und 1934 Alois Fuchs mutmaßten: Dass die Anlagen eine freie Nachbildung der Jerusalemer Heilig-Grab-Stätten sind, die im 11. und 12. Jahrhundert geschaffen wurden, als Wallfahrtsstätte für diejenigen, denen die Reise zu den heiligen Stätten in Jerusalem versagt blieb. Das offene Rundbogengrab symbolisiert das Grab Christi, die Grotten die Kreuzauffindungsgrotte und die Höhenkammer den Golgathafelsen, die Stätte der Kreuzigung. Kern der Anlage ist das Kreuzabnahmerelief, das weitgehend übereinstimmend auf ca. 1150 n. Chr. datiert wird.

Doch die Lehren des Wilhelm Teudt kursieren noch heute durchs „Hermannsland". Referenten, „Forschungskreise" und „-gruppen" verbreiten seine völkische Gesinnung weiterhin. Umso wichtiger, dass die Historikerin Julia Schöning Leben und Wirken Wilhelm Teudts kürzlich umfassend aufbereitet hat. Schöning charakterisierte den Laienforscher gegenüber der Lippischen Landeszeitung so: „Er ist der typische Fall eines Völkischen. Seine Einstellung wurde bereits im Kaiserreich geprägt, vom Ausgang des Ersten Weltkrieges gefestigt und schließlich zur Idee von der arischen Herrenrasse und Vererbungstheorien getragen." Entsprechend hat der Rat der Stadt Detmold die Wilhelm Teudt 1935 verliehene Ehrenbürgerwürde im Mai 2010 aberkannt.

IRRTUM 19:

Schon in der Bronzezeit gab es Germanen

Adolf Hitler äußerte sich nur selten zur germanischen Vorgeschichte. Und wenn doch, so wie im Jahr 1942 in einem seiner Tischgespräche, dann machte er zumindest im vertrauten Kreis keinen Hehl daraus, das er seine Chefideologen Alfred Rosenberg und Heinrich Himmler mit ihrer Germanentümelei für „spinnerige Jenseitsapostel" hielt. „Unser Land war ein Sauland ... Wenn man uns nach unseren Vorfahren fragt, müssen wir immer auf die Griechen hinweisen," habe Hitler gesagt. Es würde „bei den Ausgrabungen von Siedlungsstätten unserer Vorfahren aus vorchristlicher Zeit immer sehr viel Geschrei gemacht." Statt in Hermann dem Cherusker sah er in dem Franken Karl dem Großen „einen der größten Menschen der Weltgeschichte, da er es fertig gebracht hat, die deutschen Querschädel zueinander zu bringen." Doch in öffentlicher Rede, etwa im Dezember 1934, klang Hitler anders: „Wenn wir Deutschen gegenwärtig unsere Vergangenheit stärker erforschen und mit anderen Augen betrachten ..., so holen wir das nach, was andere schon vor uns getan haben."

Heinrich Himmler, der „Reichsführer-SS", hielt es zwar für „höchst gleichgültig, ob sich die Vorgeschichte der germanischen Stämme in Wirklichkeit so oder anders abgespielt hat." Entscheidend, so Himmler, sei, dass „geschichtliche Vorstellungen" im Volk geweckt würden, die „den notwendigen Nationalstolz stärken." Tatsächlich setzte sich Himmler dort, wo die Grabungsergebnisse nicht seinen Vorstellungen entsprachen, mehrmals über die wissenschaftlichen Ergebnisse hinweg. In der Beurteilung von Karl dem Großen stand er Hitler konträr gegenüber. Für ihn galt Karl der Große wohl eher als „Sachsenschlächter“, der während der Sachsenkriege beim Blutgericht zu Verden angeblich 4500 Sachsen hinrichten ließ.

Die Germanen sind da!

Ab 1933 durchdrang der Germanenmythos alle Lebensbereiche: Die Greifen-Mühle buk aus „Germanenmehl“ „Germanen-Kraft-Brot“, Bastelhefte und Frauenzeitschriften druckten Anleitungen für Kekse und Baumschmuck in Runen- und Hakenkreuzformen und das Hause beheizte der „Germanenofen“. Parteigenossen bestellten in Katalogen Imitate germanischer Urnen und Fibeln mit Hakenkreuzen oder mit Runen verzierte Dolche. Die Schuhcreme-Firma Erdal warb Kunden mit einer Sammelbildreihe, die Ansichten aus Deutschlands Frühgeschichte zeigten. Christliche Feiertage wurden germanisiert. In Sommer und Winter feierte der germanische Michel Sonnenwenden und anstelle von Adventskränzen erhellten Julleuchter und schmückten Sonnenwendkränze die festliche Stube. Am Julbaum, dem neuen germanischen Welten- und Lebensbaum, baumelten Glaskugeln mit Hakenkreuzen und Runen, geblasen in den Glashütten von Lauscha im Thüringer Wald. Ab 1938 produzierte die Porzellanmanufaktur Allach im Konzentrationslager Dachau Julleuchter, die Heinrich Himmler an SS-Mitglieder versandte.

Laiendarsteller brachten nun Christian Grabbes Hermannsschlacht von 1836 auf die Bühne. Im Wiehengebirge bei Minden stolperte im Jahr 1934 die Spielgemeinde Nettelstedt durchs Unterholz und galoppierte zu Pferd durchs Dickicht des Teutoburger Waldes. 1937 brachte die Waldbühne Heessen bei Hamm vor über viertausend Zuschauern dreihundert Darsteller auf. Das Gehöft, die Kostüme und Requisiten waren in Kooperation mit dem Reichsbund für deutsche Vorgeschichte angefertigt. Sechs deutsche Bühnenhäuser hatten zwischen 1936 und 1941 Grabbes Hermannsschlacht auf ihren Spielplänen. Noch größer war der Erfolg von Kleists Hermannsschlacht. In der Spielzeit 1928/29 war sie immerhin schon 15 Mal aufgeführt worden. 1933/34 brachten deutschen Bühnen sie gleich 146 Mal. Die Hermannsschlacht war damit über 130 Jahre nach Kleists Tod das meistgespielte Stück Deutschlands.

Obwohl im März 1933 das „Reichsministerium für Volksaufklärung und Propaganda“ unter Leitung des promovierten Germanisten Joseph Goebbels eingerichtet wurde, wartete die Forderung des völkischen Archäologen Gustaf Kossinna, dass nicht römische und griechische, sondern deutsche Vorgeschichte auf die Lehrpläne gehöre, auf ihre offizielle Umsetzung. Im Herbst 1933 ordnete Goebbels lediglich an, dass die Vorgeschichte im Geschichtsunterricht berücksichtigt werden müsse. Doch erst ab 1940 galt die Anweisung, dass „in den letzten fünf Wochen der fünften Klasse (...) ausgewählte Bilder der urgermanischen Zeit und großgermanischen Wanderung“ den Geschichtsunterricht illustrieren sollten.

Doch viele Lehrer mit ihren Schulkindern besuchten aus eigenem Antrieb germanische Heiligtümer. Sie hingen großformatige Wandbilder von blond-blauäugigen Kriegern und ihren Maiden in ihre Klassenräume und zitierten Passagen des Tacitus, wie die, dass Ungehorsame im Moor versenkt wurden. Sie bastelten Modelle urgeschichtlicher Siedlungen und arbeiteten projektweise auf Ausgrabungen. Eine Anweisung dafür war nicht notwendig. Zur Vorbereitung nutzten Lehrer unter Anderem die Geschichtstagungen des „nationalsozialistischen Lehrerbundes“, die erstmals seit 1935 zusammen mit den Tagungen des „Reichsbundes für Deutsche Vorgeschichte“ stattfanden. Als völlig neues Medium brachten Diaserien Licht ins Dunkel der deutschen Geschichte von der Altsteinzeit bis zu den Wikingern.

Graben für den Nationalsozialismus

Mit der Machtübernahme begann unter Prähistorikern ein regelrechter Wettlauf um die Gunst von Partei und Staat. Viele deutsche Archäologen begrüßten den Nationalsozialismus. „Mit besonderer Freude“, schrieb etwa am 18. September 1933 der angehende Prähistoriker Hermann Schwabedissen enthusiastisch an den lippischen Staatsminister „habe ich … davon Kenntnis genommen, wie sehr Sie die große Bedeutung der germanisch-deutschen Vor- und Frühgeschichte … innerhalb unseres neuen Deutschland erkannt … haben … . Ich bin bereit, all meine Kräfte in den Dienst dieser Aufgabe zu stellen,“ denn so Schwabedissen, „gerade in Lippe, dem Lande, wo einst unsere Väter unter ihrem großen Führer das Joch der Knechtschaft in heldenhaftem Ringen abschüttelten, harren noch Fragen der Lösung, die von allergrößtem Interesse sind nicht nur für unsere engere Heimat, sondern für das gesamte deutsche Volk,“ so Schwabedissen.

Die heutige bremische Landesarchäologin Uta Halle hat anhand der Archivalien und Magazinbestände im Landesmuseum und Landesarchiv Detmold und des archäologischen Fundmaterials die Vorgänge an den Externsteinen zur Zeit des Nationalsozialismus umfassend aufgearbeitet. „Sowohl Fachwissenschaftler als auch die völkische Laienforschung dienten sich dem nationalsozialistischen System bereitwillig an, d. h. sie selbst waren es, die in diesem Zeitraum unaufgefordert die Initiative ergriffen“, schrieb sie in ihrer 2002 gedruckten Habilitationsschrift. Hatte sich nach 1945 in Öffentlichkeit und Fachwelt die Ansicht durchgesetzt, die Ausgrabungen an den Externsteinen seien ein Musterbeispiel „für eine von der SS initiierte und überwachte Untersuchung bei der Fälschungen von Grabungsergebnissen nachgewiesen werden können,“ stellte sich stattdessen heraus, dass Verfälschungen und die Politisierung der Externsteingrabungen vor allem von „bestimmten völkischen, der NSDAP nahe stehende Gruppen“ in die Wege geleitet wurden.

Viele Prähistoriker waren zum Zeitpunkt der Machtergreifung bereits in der NSDAP oder traten ihr nach Hitlers Regierungsantritt bei. Bis zum Partei-Aufnahmestopp am 1. Mai 1933 waren etwa 70 % der vor- und frühgeschichtlichen Archäologen an Museen und Universitäten Mitglieder der NSDAP. Im März 1932 waren es noch 20, nach der Machtergreifung Ende 1933 dann schon mehr als 70 Fachwissenschaftler. Der Großteil organisierte sich zudem im 1928 gegründeten Kampfbund für deutsche Kultur. Der war unter Leitung von Alfred

Rosenberg, der sich seit 1934 Beauftragter des Führers für die Überwachung der gesamten geistigen und weltanschaulichen Schulung und Erziehung der NSDAP nennen durfte, ins Leben gerufen worden. Zu den Gründungsmitgliedern gehörte mit Gustaf Kossinna auch ein Prähistoriker.

Professuren von kritischen Wissenschaftlern wurden gestrichen und die Mittel stattdessen zur Einrichtung vor- und frühgeschichtlicher Lehrstühle genutzt. In Hamburg etwa profitierte das Ordinariat für „Vorgeschichte und germanische Frühgeschichte“. Nach der Machtübernahme stieg die Zahl der Lehrstühle von zwei im Jahr 1930 auf über ein Dutzend im Jahr 1937, die der Landesämter für Bodendenkmalpflege von zwei im Jahr 1933 auf vierzehn im Jahr 1943. Forschungseinrichtungen wie das Institut für Wurten- und Marschenforschung in Wilhelmshaven wurden gegründet, marxistische Institute, zum Beispiel in Braunschweig, geschlossen, um Platz für archäologische Sammlungen zu schaffen.

Ein Sammelsurium an Pseudoartefakten

Von Anfang an brachten Archäologen sich in die NS-Propaganda ein. Sie wollten den Nachweis für die angebliche Kulturhöhe der Germanen liefern, die den Anspruch der Deutschen auf die Weltherrschaft rechtfertigen sollte. Von Gran Canaria bis zum Himalaya suchten Nazis nach germanischen bzw. arischen Spuren, um so ihre „großgermanischen“ Ansprüche zu rechtfertigen.

Bei den Ausgrabungen kamen ein ums andere Mal germanische Thingplätze zum Vorschein – nicht nur an den Externsteinen. Nahezu alle Archäologen schrieben für volkstümliche Zeitschriften wie „Germanien“, „Germanen-Erbe“ oder „das Schwarze Korps“.

Für den ersten großen Germanenumzug seit 1909 zeichnete sich der Archäologe Albert Kiekebusch vom Märkischen Museum wissenschaftlich verantwortlich. Etwa 500 „Germanen“ waren im Sommer 1933 „teils zu Fuß teils, zu Pferde“ ins Berliner Grunewaldstadion zur Sonnenwendfeier einmarschiert. Mit dabei waren drei Musiker mit bronzezeitlichen Blasinstrumenten, den so genannten Luren, und Nachbildungen des Sonnenwagens von Trundholm sowie der „Sonnenscheibe von Balkakra“ aus Schweden.

Eine ähnliche Szenerie mit pseudo-germanischem Zierrat zeigt ein Schulwandbild des Malers Fritz Koch-Gotha, das auch die Firma Erdal als Hintergrund ihrer Schul-Stundenpläne für die Vermarktung verwendete. Krieger und Greise, Mädchen und Knaben, Frauen und Kinder feiern auf einem Fels oberhalb eines Flusses eine Sonnenwende. Zwei Musiker spielen auf Luren. Auf einer Felsnase findet sich ein mit Laub umkränztes Radkreuz. Ein Pferd zieht einen Wagen mit einer runden goldenen Scheibe. Doch Musikinstrumente und Sonnenwagen, aber auch ein Teil der abgebildeten Waffen und Werkzeuge stammen aus der Bronzezeit. Ein Radkreuz ist bis heute beim Questenfest im Harz überkommen – in vorgeschichtlicher Zeit aber ist es unbekannt.

Damit wurde die germanische Vorgeschichte über eintausend Jahre in die Bronzezeit vorverlegt. Dinge wurden zusammengebracht, die nicht zusammengehörten und eine ungebrochene Tradition zwischen urgermanischen und volkstümlich-neuzeitlichen Bräuchen behauptet.

In dem germanischen Museums-Gehöft von Oerlinghausen etwa fand sich allerlei keltischer Zierrat und auch eine mittelalterliche und mit Hakenkreuzen verzierte Truhe.

In Braunschweig öffnete 1937 das Haus der Vorzeit seine Pforten. Es sollte „unserer nationalsozialistischen Weltanschauung besser“ entsprechen, „als die meisten unserer bisherigen Vorgeschichtsmuseen“, wie der Museumsgründer Alfred Tode 1943 in der Zeitschrift „Germanen-Erbe“ darlegte. Es sollte einen möglichst übersichtliches und leicht fassbares Geschichtsbild, „und zwar von der Entstehung der Menschen, insbesondere der nordischen Rasse, sowie der völkischen Entwicklung der Germanen und ihrer Nachbarn bis in die frühgeschichtliche Zeit“ vermitteln. Die Wände waren hell, die Räume lichtdurchflutet, die Vitrinen konzentrierten sich auf wenige Objekte. Die Modellwerkstätten des Reichsbundes für Deutsche Vorgeschichte konstruierten die Modelle. Der braunschweigische Staatsminister Dietrich Klagges griff direkt in die Ausstellungsgestaltung ein und bestand beispielsweise auf der Verwendung des Begriffes Urarier statt Indo-Germanen. „Leitende Beschriftungen" erläuterten das Wesen des nordischen Menschen. Drei Bilder des Künstlers Wilhelm Petersen kommentierten die Begleitsätze folgendermaßen: „Schönheit und Offenheit des Antlitzes lassen die hohen Charakterwerte der nordischen Rasse erkennen: Wahrhaftigkeit, Stolz, Kampfesmut, Beständigkeit, Glaube und Treue. Auf diesen Werten beruhen die Leistungen nordischer Menschen für die gesamte menschliche Kultur." Ergänzend sollten zwei Schädel nachweisen, dass „die nordische Rasse … bereits zur Jungsteinzeit blond und blauäugig war. Kurzschädelige und brünette Rassetypen sind im Kerngebiet der nordischen Kultur sehr selten."

Die Kernaussage der Ausstellung fand sich in einem Lebensbild mit bronzezeitlichem Zierrat: Ein Vater, durch Kleidung, Lanze und Schwert als Elite-Krieger zu erkennen, legt Hand auf seines Sohnes Schulter. Der Text dazu lautete: „Germanischer Kampfesgeist mit dem Willen, neues Siedlungsland zu gewinnen und urbar zu machen, und germanische Stammes- und Bodentreue mit dem Willen, den Lebensraum artgemäß zu gestalten und für die Enkel zu verteidigen, begründen die germanische Vorherrschaft in Europa."

Das Gros der Fachwelt versuchte dem nationalsozialistischen Germanenkult den Anschein von Wissenschaftlichkeit zu verleihen. „Germanenbrote" und „Germanenwecker" waren 1936 in der Zeitschrift „Germanenerbe" zwar als „Germanenkitsch", die das Bild der Wissenschaft im Volke verzerren würden, indiziert worden. Dennoch beteiligten sich die meisten Wissenschaftler auch an unwissenschaftlichen Darstellungen – wenn es der Propaganda diente. Der Archäologe Lothar Zotz etwa hatte schon 1932 Ausgrabungen filmen lassen. Dieses Material wurde 1934 in dem Film „Wir wandern mit den Ostgermanen" verwandt. Zwar gab es erneut eine wissenschaftliche Beratung der Archäologen Zotz und Seger, im Gegensatz zum ersten Streifen erfolgte hier jedoch eine Nachbearbeitung durch die NS-Propagandaabteilung. Fertig gestellt kam der Film in die Wochenschauen. „Wir wandern mit den Ostgermanen" galt als für „die jugendliche Zielgruppe" gemachter Dokumentarfilm. Der Archäologe Tom Stern bewertet ihn als „offene Propaganda".

Zu den abstrusesten Machwerken gehört der Film „Germanen gegen Pharaonen", von Anton Kutter 1939. Es sei „ein Sammelsurium von Pseudofakten aus den unterschiedlichsten Jahrtausenden", stellte der Archäologe Tom Stern fest, in dem sogar Stonehenge „eingedeutscht" werde.

Die deutschen Vor- und Frühgeschichtler legitimierten nicht nur die nationalsozialistische Blut-und-Boden-Ideologie. Mit dem Angriff auf Polen und die Sowjetunion rückten schließlich auch Archäologen in die besetzten Gebiete ein, um Kunst und Kulturgüter zu rauben. Als treibende Kraft erwies sich Herbert Jankuhn, der ranghöchste Archäologe im SS-Ahnenerbe. Als er von der Geheimoperation „Unternehmen Barbarossa", dem Überfall auf die Sowjetunion, erfuhr, diente er sich als Leiter archäologischer Maßnahmen an. Schließlich ließ Heinrich Himmler das „Sonderkommando Jankuhn" erstellen, das im Sommer 1942 der fünften Waffen-SS-Panzerdivision „Wiking" unterstellt wurde und mit dem Vormarsch der Wehrmacht aus sowjetischen Museen und Grabungsstätten archäologische Kulturdenkmäler raubte. Andere Wissenschaftler beuteten für die Ausgrabungen auf der Suche nach germanischen Spuren Zwangsarbeiter und KZ-Häftlinge aus.

Ein gefährliches Buch?

Tacitus war nicht ohne Wirkung geblieben. Dies zeigt ein Beispiel aus dem Jahr 1941. „Überaus selten ist trotz so zahlreicher Bevölkerung ein Ehebruch. Die Strafe folgt auf der Stelle und ist dem Manne überlassen: Er schneidet der Ehebrecherin das Haar ab, jagt sie nackt vor den Augen der Verwandten aus dem Hause und treibt sie mit Rutenstreifen durch das ganze Dorf", hatte Tacitus geschrieben. Am 7. Juli 1941 ließ der örtliche Leiter der Deutschen Arbeitsfront (DAF), Richard Äckerle, in Ludwigsburg morgens um neun Uhr zwei Frauen von der Kriminalpolizei abholen, zum Betrieb führen und bezichtigte sie dort der Hurerei mit französischen Kriegsgefangenen. Er schor den Frauen das Haar und ließ sie von über 150 Fabrikmitarbeiterinnen durch das Dorf treiben.

An der Front sollte die durch und durch kriegerische nordische Sagenwelt den Kampfgeist der Soldaten stählen. Ab 1943 erhielten Wehrmachtssoldaten das Werk „Geist der Germanen“ von Wilhelm Grönbech als Frontbuch. Als die 6. Armee im Januar 1943 in Stalingrad unterging, schwor Hermann Göring in einer Radioansprache die Soldaten ein: „Wir kennen ein gewaltiges, heroisches Lied von einem Kampf ohnegleichen, das hieß ‚Der Kampf der Nibelungen‘. Auch sie standen in einer Halle von Feuer und Brand und löschten den Durst mit eigenem Blut – aber sie kämpften bis zum Letzten. Ein solcher Kampf tobt heute dort.“ Germanismus und Rassismus waren eine unheilvolle Verbindung eingegangen.

Dass Archäologen den Ursprung der Germanen bis in die Bronze- und Steinzeit vorverlegten, ist nur eines von vielen Beispielen dafür, wie eine Wissenschaft die nationalsozialistische Politik zu legitimieren versuchte. Dass Frauen im Jahr 1941 das Haar geschoren wurde, weil man sie der Unkeuschheit bezichtigte, ist nur ein Beispiel, das zeigt, wie aus den antiken Germanen-Klischees ein fataler Mythos wurde. Wagners Fantasien einer heroischen Nation, verkündet durch Joseph Goebbels, zeigen die Dimension, die der über Jahrhunderte gewachsene Germanenmythos angenommen hatte. Nachdem er zu Beginn des 19. Jahrhunderts zuerst den deutschen Nationalismus und Chauvinismus und schließlich auch Rassismus befeuerte, war er mit diesen eine unheilvolle Verbindung eingegangen, die am Ende Millionen von Menschen das Leben gekostet hat. Insofern war die Germania des Tacitus durchaus eine folgenreiche Schrift. Das allerdings ist nicht dem antiken Autor anzulasten, sondern jenen, die daraus die falschen Schlüsse zogen und propagierten: Wie Ernst Moritz Arndt mit seinen Hasspredigten, Gobineau mit seinen Rassentheorien, die Völkischen, die Nationalsozialisten und schließlich auch jenen, die noch heute längst widerlegte Mythen aus dem Nationalsozialismus, wie den von Germanen in der Bronzezeit, für bare Münze verkaufen.

IRRTUM 20:

Der Deutsche ist Germane!

So, wie der Mythos, die Deutschen seien Germanen, lebten nach 1945 auch viele andere falsche Mythen über die Germanen fort. Deutsche Schulbücher zeigten Bilder des Künstlers Wilhelm Petersen, die einst im „Haus der Vorzeit“ in Braunschweig eine „altgermanische Kulturhöhe“ bezeugen sollten, noch bis in die 1960er Jahre. Die „Guido von List Gesellschaft“ bestand fort und Neuheiden orakelten mit erfundenen Runenschrift einer angeblichen Armanen-Priesterschaft. Im lippischen „Hermannsland“ hielt vor allem der Detmolder Geschichts- und Lateinlehrer Dr. Hermann Kesting die Erinnerung an die Tat des Cheruskers, der die Deutschen angeblich vom Joch der Romanisierung bewahrt habe, lebendig. Seine Schrift „Der Befreier Arminius im Lichte der geschichtlichen Quellen“ wurde bis in die 1980er Jahre in mehreren Auflagen 70.000 Mal gedruckt.

Erst seit den 1990er Jahren wird die unheilvolle Rolle, die Archäologen und archäologische Laienforscher zur Zeit des Nationalsozialismus spielten, im Fach auf breiterer Basis thematisiert. Zuletzt, im Jahr 2013, zeigte das Bremer Focke-Museum in der Ausstellung „Graben für Germanien. Archäologie unterm Hakenkreuz“ die Auswirkungen des Germanenmythos.

Vor allem in der Wissenschaft verliefen die Karrieren zum Teil erstaunlich bruchlos. Nach 1945 setzte sich in der Vor- und Frühgeschichtlichen Archäologie die Legende vom Konflikt zwischen zwei NS-Partei-Institutionen durch: Auf der einen Seite hätte das Amt Rosenberg propagandistische Zweckforschung betrieben und auf der anderen Seite das SS-Ahnenerbe unpolitische, seriöse Archäologie. Der Großteil der Fachwissenschaft hätte sich deshalb dem SS-Ahnenerbe angedient, um sich dem Amt Rosenberg zu entziehen. Hans Reinerth, der in der NS-Zeit im Amt Rosenberg diente, durfte zwar Direktor des Pfahlbaumuseums Unteruhldingen bleiben, wurde jedoch 1949 von Kollegen, darunter Herbert Jankuhn, auf einer Zusammenkunft in Regensburg aufgrund „unsachlicher und tendenziöser Wissenschaft der Prähistorie" aus der Wissenschaftlergemeinde der Ur- und Frühgeschichtler verbannt. Damit war der Hauptschuldige im „Amt Rosenberg" ausgemacht und das SS-Ahnenerbe rein gewaschen.

Die zwei großen Studien zur Rolle der Archäologie im Nationalsozialismus von Historikern, die eine des Kanadiers Michael Kater, die andere von Reinhard Bollmus, brachten zwar etwas Licht ins Dunkel, mangelten aber vor allem daran, dass sie auf Interviews basierten, die mit den an der nationalsozialistischen Archäologie beteiligten Wissenschaftlern geführt wurden. Manch Mitschuldiger wurde so zum objektiven Augenzeugen gemacht.

Herbert Jankuhn, der ranghöchster Archäologe im SS-Ahnenerbe war und mit seinem „Sonderkommando Jankuhn" innerhalb der SS-Panzerdivision „Wiking" die Plünderung archäologischer Museen und Ausgrabungsstätten mitinitiierte, wurde nach 1945 als Professor an der Universität Göttingen zum akademischen Vater einer ganzen Wissenschaftlergeneration. So waren die alten Mären nach 1945 noch lange nicht ad acta gelegt. Vor allem der Fall des „Mädchen von Windeby", eine Moorleiche, ist ein Paradebeispiel für die ungebrochene Kontinuität des in der völkischen Bewegung und im Nationalsozialismus propagierten Germanenbildes in der Nachkriegs-Archäologie. Die Moorleiche wurde im Mai 1952 von Karl Schlabow freigelegt, geborgen und präpariert. Schlabow war gelernter Kunstmaler, wurde in den 1920er Jahren Direktor des Textilmuseums in Neumünster und später auch Konservator der Restaurierungsstätten am Archäologischen Landesmuseum in Schleswig-Holstein. Ein Band soll die Augen der Mumie bedeckt haben und ihr Haar geschoren worden sein. Ihr Daumen habe zwischen Zeige- und Mittelfinger gesteckt und so ein obszönes Zeichen gebildet. Zwanzig Tage nach dieser Entdeckung kam nur knapp fünf Meter vom „Mädchen“ entfernt ein Mann mit einer um den Hals geschlungen Haselrute zum Vorschein. Die Illustrierte „Stern“ widmete im Jahr darauf dem Fund eine Doppelseite: „War sie eine Ehebrecherin? – Zwei Menschen wurden vor zweitausend Jahren zum Moortod verurteilt. Ein gemeinsames Verbrechen muss sie in den gemeinsamen Tod geführt haben.“

Wieder stand die „Germania“ des römischen Geschichtsschreibers Publius Cornelius Tacitus Pate, in der es heißt, die Germanen hätten Ehebrecherinnen das Haar geschoren. Der ehemalige SS-Mann Herbert Jankuhn nahm Schlabows „Vorlage“ auf und interpretierte den ganzen Fall so, dass die Moorleiche von einer hingerichteten Ehebrecherin stammen würde. Einige Tage vor der Tötung hätte man ihr einseitig das Haar geschoren und sie schließlich einer Grube im Moor übergeben. Einen Zusammenhang mit dem erdrosselten Mann hielt Jankuhn für sehr wahrscheinlich.

In den archäologischen Seminaren wurde der Fall daraufhin als Beispiel für eine hingerichtete Ehebrecherin dargestellt. Filme und Krimis handelten von ihrem Schicksal. Selbst ausländische Schulbücher bildeten sie ab – obwohl der ganze Befund bald mehr als nur fragwürdig erschien. Michael Gebühr, Wissenschaftler am Archäologischen Landesmuseum Schloss Gottorf, äußerte schon 1978 den Verdacht, dass zahlreiche „Indizien“ durch Schlabow schlichtweg verfälscht dargestellt worden waren. Unter anderem war, statt einer feigenartigen Geste der Hand, auf den Ausgrabungsfotos zu erkennen, dass der Daumen die Fingerkuppen nur locker berührte – eine typische Haltung der Finger während der Totenstarre. Die Feige entstand somit wohl erst nach der Bergung der Leiche. Zudem erwies sich die wissenschaftliche Publikation als völlig unzureichend und stimmte nicht mit den tatsächlichen Fundumständen überein.

Doch erst nach über zwanzig Jahren wurde die Deutung als Ehebrecherin endgültig aufgegeben: Radiokarbondatierungen im Jahr 2002 bewiesen, dass die beiden unmöglich ein gemeinsames Verhältnis gehabt haben können, denn zwischen ihren Todeszeitpunkten lagen etwa 150 Jahre. Mehrere anthropologische Geschlechtsbestimmungen – zuletzt 2005 – und eine DNS-Untersuchung lassen heute außerdem ein männliches Geschlecht der „ehemaligen" Ehebrecherin vermuten. Wie sich in den vergangenen Jahren herausstellte, ist der Fall des „Mädchens von Windeby" bei Weitem nicht der einzige gewesen, in dem Karl Schlabow Funde weder objektiv noch wissenschaftlichen Standards genügend, dokumentierte – wenn nicht sogar absichtlich fälschte.

Der Deutsche ist kein Germane

„Sind Sie Germane?" fragten Internet-Anzeigen zum 2000-jährigen Jahrestag der Varusschlacht im Jahr 2009. Wie nah diese Frage an Harald Grävells Einstiegssatz „Du bist Germane!" in seinen „10 Geboten des Germanen" lag, war den Autoren vielleicht nicht bewusst. Nach der selben Logik könnte man Italiener fragen: Sind sie ein Römer?

Doch der Italiener ist kein Römer, der Franzose kein Gallier und der Brite kein Angel-Sachsen-Kelte. Und der Deutsche ist kein Germane. Genauso wenig wie viele deutsche Städte und Orte nicht germanisch sind. Lübeck, zum Beispiel, Deutschlands Perle an der Ostsee, wurde im 7. Jahrhundert n. Chr. etwa 6 km vom heutigen Stadtkern entfernt von Fürsten der slawisch sprechenden Stämme der Wagrier und Polaben gegründet. Ihr Name heißt „die Liebliche" und er kommt vom Alt-Slawischen „Liubice". Ebensolche Fürsten ließen den noch heute imposanten Ringwall erbauen, um den Oldenburg in Ostholstein entstand. Die Spuren, die Slawen im heutigen Deutschland seit etwa 1300 Jahren hinterließen, sind unübersehbar. Das sie einmal da waren, kann man sogar hören. Denn inmitten des heutigen Deutschland, etwa entlang der ehemaligen Grenze zwischen BRD und DDR, trennte die so genannte „deutsch-slawische Sprachgrenze" zwei große Sprachräume. Dabei bilden die Region Ostholstein und das Wendland die westlichsten Gebiete des slawischen Sprachraumes. Letzteres trägt seinen Namen vom Stamm der Wenden. Fast alle Orte, die auf -ow und -itz enden, haben einen slawischen Ursprung. Und davon gibt es östlich von Elbe und Saale reichlich.

Ebenso hat Preußen slawische und baltische Ursprünge: Als „Bruzi" wurden im 9. Jahrhundert die Bewohner des Landes zwischen Weichsel und Memel bezeichnet. Ihre Sprache war ein baltische, die eher slawisch als althochdeutsch klang. Zu „Deutschen" wurden sie erst mit der Unterwerfung durch den Deutschen Orden im 13. Jahrhundert. Das neue Preußen war zunächst ein polnisches Herzogtum. 1618 fiel es an die Markgrafschaft Brandenburg. Weil dessen Herrscher aus dem schwäbischen Geschlecht der Hohenzollern stammten, schwang Preußen sich zum größten Staat im Deutschen Reich Heiliger Römischer Nation auf.

Als „Germania Slavica" bezeichnet die Mittelalterforschung seit Ende der 1970er Jahre die historische Landschaft östlich von Elbe und Saale. In diese Gebiete gelangte die deutsche Sprache erst allmählich ab etwa 1000 n. Chr. mit der Ansiedlung deutscher Siedler unter den Ottonen und Saliern („Deutsche Ostsiedlung"). Nach einigen Jahrzehnten, zum Teil nach Jahrhunderten, hatten sich die zuvor slawisch und mittelhochdeutsch sprechenden Bevölkerungsgruppen assimiliert. Noch im deutschen Kaiserreich sprachen weite Teile der Bevölkerung östlich von Elbe und Saale slawisch. Die letzten Reminiszenzen der „Germania Slavica" im heutigen Deutschland finden sich in der Lausitz, wo mit den etwa 40.000 heute noch sorbisch sprechenden Menschen eine der vier anerkannten nationalen Minderheiten Deutschlands lebt.

„patriotisch wütende Barbaren"

Schon Christoph Martin Wieland, eines der „Viergestirne" der Weimarer Klassik, warnte am Ende des 18. Jahrhunderts, dass es „unrätlich wäre, die Deutschen des achtzehnten Jahrhunderts für Enkel Tuistos anzusehen. Denn seit Tuisto, seit Hermann und Tusnelda, sind mit dem germanischen Staatskörper nach und nach große, mannigfaltige und wesentliche Veränderungen vorgegangen." Es sei gefährlich, so Wieland, „den unbändigen Enthusiasmus für eine Art von Freiheit, die wir zu unserm Glück längst verloren haben, den kriegerischen, blut durstenden Geist und die patriotische Wut dieser alten Barbaren durch die Magie der Dichtkunst verschönern und zu Tugend und Huldetum adeln zu wollen.“ Und im „deutschen Merkur“ mahnte der Dichter: „Je ungeselliger ein Volk ist und für sich selbst und von allen andern abgeschnitten lebt: je besser erhält es sich freilich in seinem National-Charakter; aber desto unvollkommener bleibt auch sein National-Zustand.“

Es gab sie, die Germanen – und zur Bezeichnung eines antiken und historischen Konstrukts war und ist ihr Begriff sinnvoll. Als zentrales Identifikationsobjekt für die heutigen Deutschen aber sollten sie ausgedient haben – sieht man davon ab, dass ihr Mythos ein bedeutender Teil der deutschen Geschichte der Frühen Neuzeit und Moderne geworden ist.

Weiterführende Literatur

R. Augstein (Hrsg.), Die Germanen. Spiegel-Geschichte 2/2013 (2013).

H. Beck/H. Steuer/D. Timpe (Hrsg.), Germanen, Germania, Germanische Altertumskunde (Berlin/New York 1998).

H. Beck/T. Hakbijl/H. Steuer, Zur Geschichte der Gleichung „germanisch = deutsch" (Berlin 2004).

B. Bleckmann, Die Germanen (München 2009).

R. Bollmus, Das Amt Rosenberg und seine Gegner (Stuttgart 1970).

S. Brather, Ethnische Interpretationen in der Archäologie (Berlin 2004).

H. Castritius, Die Vandalen (Stuttgart 2007).

L. L. Cavalli-Sforza, Gene, Völker und Sprachen (München u. a. 1999).

M. Deissmann (Übers. & Hrsg.), Gaius Iulius Caesar – De bello Gallico/der gallische Krieg (Stuttgart 1980).

K. Deppmeyer/H. Pöppelmann/W.-D. Steinmetz (Hrsg.), Roms vergessener Feldzug: Die Schlacht am Harzhorn (Darmstadt 2013).

K. Düwel, Runenkunde (Stuttgart/Weimar 2008).

M. Fansa, Gerstensaft und Hirsebier. 5000 Jahre Biergenuß (Oldenburg 1998).

M. Fuhrmann, Tacitus Germania, Übersetzt, erläutert und mit einem Nachwort versehen (Stuttgart 1972).

S. Geringer u. A. (Hrsg.), Graben für Germanien. Archäologie unterm Hakenkreuz (Stuttgart 2013).

Chr. Geulen, Geschiche des Rassismus (Bonn 2007).

H.- W. Goetz/K. W. Welwei, Altes Germanien. Auszüge aus den antiken Quellen über die Germanen und ihre Beziehungen zum römischen Reich (Darmstadt 1995).

H.-W. Goetz/S. Patzold/K.W. Welwei, Die Germanen in der Völkerwanderung. Auszüge aus den antiken Quellen von der Mitte des 3. Jahrhunderts bis zum Jahre 453 n. Chr. (Darmstadt 1993).

B. Großkopf u. A. (Hrsg.), Interdisziplinäre Untersuchungen auf dem Oberesch in Kalkriese (Mainz 2007).

H. Haarmann, Die Indoeuropäer (München 2010).

U. Halle, Die Externsteine sind bis auf weiteres germanisch! (Steinhagen 2002).

J. Heinzle, Das Nibelungenlied (Frankfurt a. M. 1994).

J. Herrmann, Griechische und lateinische Quellen zur Frühgeschichte Mitteleuropas bis zur Mitte des 1. Jahrtausends u. Z. (Berlin 1992).

I. Heske, ‚Inszeniertes Germanantum' – Das archäologische Museum ‚Haus der Vorzeit' in Braunschweig von 1937 bis 1944. Archäol. Nachr.bl. 10, 2005, 482–491.

M. R. Hofter, Graben für Germanien. Die deutsche Vor- und Frühgeschichte im Nationalsozialismus. Frankfurter Allgemeine Zeitung vom 09.12.1998.

S. Horstmann, Bilder eines deutschen Helden: Heinrich von Kleists Herrmannsschlacht im literarhistorischen Kontext von Klopstocks Hermanns Schlacht und Goethes Hermann und Dorothea (Frankfurt a. M. 2011).

R. Junkerjürgen, Haarfarben: Eine Kulturgeschichte in Europa seit der Antike (Köln 2009).

M. H. Kater, Das „Ahnenerbe“ der SS, 1935–1945 (München 2005).

A. Krause, Die Geschichte der Germanen (Frankfurt a. M. 2002).

Chr. B. Krebs, Ein gefährliches Buch. Die „Germania“ des Tacitus und die Erfindung der Deutschen (München 2012).

A. Leube (Hrsg.), Prähistorie und Nationalsozialismus: Die mittel- und osteuropäische Ur-und Frühgeschichtsforschung in den Jahren 1933–1945 (Heidelberg 2002).

Lippisches Landesmuseum (Hrsg.), 2000 Jahre Varusschlacht – Mythos (Stuttgart 2009).

A. A. Lund, Die ersten Germanen. Ethnizität und Ethnogenese (Heidelberg 1998).

G. Neumann/H. Seemann (Hrsg.), Beiträge zum Verständnis der Germania des Tacitus (Göttingen 1992).

R.-P. Märtin, Die Varusschlacht (Frankfurt a. M. 2008).

E. Pöhlmann (Hrsg.), Einführung in die Überlieferungsgeschichte und Textkritik der antiken Literatur (Darmstadt 2003).

Norbert F. Pötzl (Hrsg.), Johannes Saltzwedel (Hrsg.), Die Germanen: Geschichte und Mythos – Ein SPIEGEL-Buch (München 2013).

K. Priester, Geschichte der Langobarden (Stuttgart 2004).

U. Puschner/W. Schmitz/J. H. Ulbricht (Hrsg.), Handbuch zur „Völkischen Bewegung“ 1871–1918 (München 1996).

W. Richter, Caesar als Darsteller seiner Taten (Heidelberg 1977).

W. Schlüter, Römer im Osnabrücker Land. Die Ausgrabungen in Kalkriese (Bramsche 1991).

M. Sénécheau, Die Germanen sind wieder da: Archäologische, didaktische und gesellschaftspolitische Perspektiven auf ein altes Thema in neuen Lehrwerken. Archäologische Informationen 35, 2012, 219–234.

H. Steuer, Eine hervorragend nationale Wissenschaft (Berlin 2001).

G. Uelsberg (Hrsg.), Krieg und Frieden. Kelten – Römer – Germanen (Darmstadt 2007).

Varusschlacht im Osnabrücker Land GmbH (Hrsg.), 2000 Jahre Varusschlacht – Konflikt (Stuttgart 2009).

Varusschlacht im Osnabrücker Land GmbH (Hrsg.), Varusschlacht im Osnabrücker Land. Museum und Park Kalkriese (Mainz 2009).

G. Walser, Caesar und die Germanen. Studien zur politischen Tendenz römischer Feldzugsberichte (Wiesbaden 1956).

R. Wiegels (Hrsg.), Die Varusschlacht: Wendepunkt der Geschichte? (Stuttgart 2007).

R. Wiegels/W. Woesler (Hrsg.), Arminius und die Varusschlacht. Geschichte – Mythos – Literatur (Paderborn 2003 (1995).

H. Wolfram, Das Reich und die Germanen. Zwischen Antike und Mittelalter (Berlin 1998 [1990]).

H. Wolfram, Die Germanen (München 2005).

R. Wolters, Die Schlacht im Teutoburger Wald (München 2008).

Register

Germanische Personen

Sonstige Personen

Antike Personen

Sonstige Stichworte